BAOMI
JUZHANG
Mao Renfeng

保密局长

毛人凤传

吴新华 ——— 著

团结出版社
UNITY PRESS

图书在版编目（CIP）数据

保密局长毛人凤传 / 吴新华著 . -- 北京：团结出 /
版社，2019.3（2022.5 重印）
ISBN 978-7-5126-6710-5

Ⅰ . ①保… Ⅱ . ①吴… Ⅲ . ①毛人凤（1898-1957）
- 传记 Ⅳ . ① K827=7

中国版本图书馆 CIP 数据核字 (2018) 第 241970 号

出　版：团结出版社
　　　　（北京市东城区东皇城根南街 84 号　邮编：100006）
电　话：（010）65228880　65244790（出版社）
　　　　（010）65238766　85113874　65133603（发行部）
　　　　（010）65133603（邮购）
网　址：http://www.tjpress.com
E-mail：zb65244790@vip.163.com
　　　　tjcbsfxb@163.com（发行部邮购）
经　销：全国新华书店
印　装：三河腾飞印务有限公司

开　本：170mm×240mm　16 开
印　张：17.5
字　数：264 千字
版　次：2019 年 3 月　第 1 版
印　次：2022 年 5 月　第 3 次印刷

书　号：978-7-5126-6710-5
定　价：58.00 元

目　录

第一章　求学

【也有一个苦难的童年】

清光绪二十年(1896),毛善馀出生在浙江衢州市江山吴村乡水晶底一农户家。

毛善馀兄弟有6人,上有四位兄长,善安、善庆、善国、善富,下有六弟善高,即毛万里。从富、庆、高、安、馀的名字中可见当时老百姓生活的贫困,乞盼富贵。名字中共用一个"善"字,这是父母希望儿子为人正直、善良,具有讽刺意味的是,善良还剩余的善馀,后来却成了双手沾满人民鲜血、遭后人唾骂的杀人魔头——毛人凤。可见,名字与性格、为人、命运无关。

童年的善馀随父亲去田间,人家割稻他也割稻,人家捡稻穗他也捡稻穗。他经常倒进泥田中睡懒觉,起来时变成小泥人。看着拿着账本、算盘行走在田埂上的账房先生,他会痴痴地望着,羡慕极了。他向往长大也能成为一位账房先生。可是,想成为账房先生是要上学的。

1906年,10岁的毛善馀望着有钱人家的孩子进入私塾读书,他第一次向父亲提出请求——读书。父亲看了一眼宽广的田野,他的回答干净利落,两个字"不行",这给做梦也想读书的毛善馀当头泼了一盆冷水。

这个时候,毛家生活温饱有余,让毛善馀读几年书经济上完全能够支撑。父亲不答应他,但绝非是无知,也不是蛮不讲理,而是有更深层次的考虑。如果让6个儿子全去读书,一家人都得喝西北风。如果让毛善馀上学,其他儿子有意见,这事怎么能摆得平。

一般情况，孩子遇上父亲不同意读书，都会按照父亲的意思，认命了。可是毛善馀这个人却与众不同，他就是后来杀人不眨眼的军统特务头子毛人凤。他能有什么绝妙的点子呢？没过多久，小小的毛善馀想好了点子——装病。在这块土地上，人们在刨食，驴子在拉磨，牛儿在耕地，毛善馀却要跳出面朝黄土背朝天的命运！

毛善馀身材瘦小，弱不禁风，经常躺在床上不起来。母亲去叫，他说头疼。父亲去叫，他也说是头疼。头疼嘛，在当时历史条件下确实不好识别，如果是现在，庸医也能一眼识破。这个谎言有点经典，把大家给蒙了。

毛善馀病快快的样子，给全家营造了压抑的氛围，当然最担心的不是父母，而是他的兄弟们，他们担心父亲干不动了，这个病鬼就成了他们共同的累赘。

毛善馀的哥哥联名请示，要求让毛善馀出去读书。这事让父亲不可思议。父亲问，这个病鬼怎么能去读书啊？老大毛善安说："就死马当活马医啊。"父亲问："这个对你们有什么好处啊？"兄弟几个脸红了。最后，老二说："善馀读书后，将来我们的孩子就让他教书啊。"其实，毛善馀曾向兄弟们悄悄承诺，如果他上了学，今后兄弟们的孩子都能上学，由他来当这个老师。

老爸望了一眼粮囤里的十几担积谷，拍了一记桌子说，好吧，就答应他读三年书，他要是争气，三年后可以去当个账房先生。这事印证了一个道理：往往会哭的孩子是有糖吃的。

毛善馀担负着这种特殊的使命，挎着书篮，进入本家私塾读书。

【我要上学】

毛善馀进入私塾后，见到先生就磕头，见到师母也磕头，总之见到长辈就磕头。同学们给他起了外号叫"磕头虫"。

然而，从这里开始，命运之神向他微笑。

自古礼多人不怪啊！毛善馀的大礼讨得老师毛先生和师母的欢心。这给他的求学创造了良好的氛围。毛善馀学习《三字经》《千字文》，练习算盘、书法。毛先生教得认真，毛善馀学得也认真。不久，他学习的天赋显现出来，毛先生上过的课，他都能记住；布置的作业，他都能出色地完成。

同学们不相信穷小子毛善馀读书会超群，一定是先生中了这个"磕头虫"的马屁，暗中悄悄点拨了他。其实，毛先生没有给毛善馀开过小灶，也没有传授学习心得。是什么让毛善馀取得佳绩呢？是态度！毛先生亲切的态度（先生对其他学生很严肃）！老师亲切的态度让毛善馀学习时处在放松状态，收获事半功倍的效果。

毛善馀在私塾越学越有味道，但是眨眼三年时间到了。毛善馀当个账房先生的水平够了。毛善馀的内心在呼喊，毛善馀还要上学。

而现实不可能再让他去读书。毛先生送他回家时，叮咛他以后要多看书，多练毛笔字。最后，毛善馀庄严地向毛先生一拜三叩首。

毛善馀的三年私塾生涯结束，他的优秀学业、正楷书法，在乡里村里非常有名气，人怕出名猪怕胖。村民遇到红白喜事，跑来请毛善馀写毛笔字。好运马上要降临下来，轻财重才的郑地主，托媒人传话，愿把女儿姜春梅嫁给毛善馀，同时供养善馀继续上学。好运羡慕煞左邻右舍，也招致富二代（地主的儿子）的记恨，大骂一朵鲜花插在牛粪上。

善馀中了好运，但是好运从来不是天上掉下来的，都是有内在条件的，赌徒赢钱的条件是赌技，经营者挣钱的条件是懂得经营，善馀好运的条件是读书好！

读书是毛善馀梦寐以求的，姜春梅比善馀大两岁，品貌都不错。遇上这等好事，祖坟不是冒青烟，简直是喷火焰。正当毛善馀父母、兄弟们沉醉喜悦之中，毛善馀作出惊人决定，不同意这门婚事。在这个以媒妁之言、父母之命为主的社会中，哪里容得了毛善馀提意见，他又没有一票否决权。

毛善馀的鬼点子也是有的，他扬言向郑财主退了这门亲事。

父亲知道这等好事不能有闪失的，立即请来了毛先生，他知道善馀最爱听先生的话。毛先生也感觉毛善馀的决定出乎人的意料，忙问为什么。毛善馀说，我怕成家后，老婆瞧不起我。

毛先生望着善馀说："要让人家看得起你，你必须比人家有出息。读书可以让你变得有出息。"

毛善馀茅塞顿开，微笑地站在大门口眺望蓝色的天空！

【报复】

宣统三年（1911），14岁的毛善馀考进江山县文溪高等小学。

毛善馀考试经常取得一节甘蔗，二只鸡蛋（100分）。这是老师最喜欢的分数，也是很不简单的荣誉。

有的书上说，毛善馀小时候傻乎乎的，智商比正常人低得多。好像老师叫他三声，他都没有反应的样子。我认为这不是真实的毛善馀。

几年后，毛善馀考入全省最好的中学——省立一中（现在的杭二中）。这是绝大多数学子做梦都不敢想的好事。能够进入这所学校的同学在全县也是凤毛麟角，足以说明他的好学和聪明。

毛善馀在文溪高等小学认识了戴春风（戴笠）、周念行、姜绍谟、王莆臣等人，请注意这些人的名字，在以后的腥风血雨中还会出现。这些人都会成为国民党的高级特务。哎，一不小心，文溪高等小学成了培训特殊人才的摇篮。

这里介绍一下王莆臣，他是姜春梅家的内亲，比毛善馀小五岁，称善馀为五哥。他父亲是郎中，在镇上开了诊所，家里很有钱。但是有钱有时也会变成坏事，王莆臣就是实例，因为有钱，时常遭受高年级乡绅子弟的勒索，带头大哥是蒋同学。

蒋同学带领小混混们在外面干吃喝嫖赌的勾当，缺钱了就向同学们敲点竹杠。蒋同学认为向你敲竹杠，就是给你面子，像有的人永远没有这种机会，比如毛善馀。毛善馀是吃软饭的主，怎么可以拿他的钱，一旦有人传出去，自己会被责骂成吃软饭的，跳进黄河也洗不清啊。

王莆臣怀揣着当当响的银元出去，回来时口袋被撕破，泪水直奔。王莆臣又遭勒索了，毛善馀愤怒了。

他娘的，给蒋小子点颜色看看。

蒋同学这个带头大哥也是有心计的，他很早就为报复者设计过三条路线：

一、打架，这个他有足够的信心，他手下有100多号兄弟，这个社会100条狗不好找，100号人随便找找。二、向父母告状，这真是笑话。无数事例告诉他，父母从来都是袒护他的。三、向学校举报，他也不担心。王学监常去他家蹭饭，世上从来没有免费的午餐。

这是万无一失的计划，无论走哪条报复路线，他都是高枕无忧。

毛善馀就是与众不同，他偏偏走了第四条路线，一条让他哭笑不得的路线。

一个月黑风高的晚上，他约上戴春风、周念行、姜绍谟，悄悄地将蒋同学蒙着双眼，堵住嘴巴，捆成"大粽子"，狠狠地打了一顿，最后扔在茅厕的门口……

恶有恶报，历史无数次证明了这个观点！

第二天早上，蒋同学这只"大粽子"被发现救起。王学监非常重视这起无头案，查来查去就是没有进展，不是王学监无能，实在是嫌疑人太多（勒索过的同学太多）。最后，王学监只得作罢，自认晦气，备了一份厚礼去了蒋同学家，将事情平息下来。

进入教室后，戴春风（戴笠）用钦佩的眼神望着毛善馀，他万万没想到，少年的毛善馀有出谋划策的本领。后来，两人在校同进同出，说话非常投机，不久，就结为金兰之好。在以后的岁月中，两人在隐蔽工作中配合得天衣无缝。

【偷窥】

那天中午，一个瘦弱的少年走过崎岖的小路，来到山脚下，远远眺望一间冬凉夏暖、采光极好的破草屋。里面住着一位远近有闻名的张寡妇。这个少年就是毛善馀。他听说张寡妇美若天仙，特意前来看看。爱美之心人皆有之。

张寡妇扭着细腰从内屋走出来，毛善馀疾步向前，清楚地看见她白皙的皮肤、瓜子脸、大眼睛，比传说中的还要俊俏。毛善馀正如痴如醉之际，突然，他额头被击中，一阵疼痛。毛善馀正欲发火，见那个人是王学监。他像漏气的皮球一样瘪了下去。

毛善馀沿着小路往回走了几步，突然，他回头向张寡妇看了一眼。王学监叫住他说："小子，以后不要让我在这里再看到你，滚吧。"毛善馀点着头，连滚带爬地跑远。此时，他也没有时间思考另一个问题，老师可以过来看美女，他为什么不能啊？

戴春风知道了毛善馀去看美女的好事，多次叫毛善馀带路，毛善馀不敢答应，怕遇上凶狠的王学监。一天午休期间，戴春风兴高采烈地跑进寝室说，今天王学监请假了，我们去看美女张寡妇。毛善馀也觉得机会难得，爽快地点头。

戴春风、毛善馀顶着火热的太阳，匆匆来到张寡妇家门前，见铁将军把守大门，戴春风上去使劲敲了敲门，听里面没有动静。张寡妇应该不在家里，戴春风责怪自己运气不佳。

毛善馀说："来了一趟也不容易，我们就四周转转吧。"两人沿着墙根向屋后走去，还没有到北窗口，就听见"吱呀、吱呀"的竹板声。毛善馀快步来到窗前，从小缝里看见一男一女。女的肌肤白净，正是张寡妇；男的让他不敢相信自己的眼睛，此人正是让他担惊受怕的王学监。

毛善馀看着看着，兴致盎然，仿佛看见了天空中久违的彩虹！

戴春风用手臂碰了碰他，毛善馀没有反应，完全沉醉在这场男人和女人的"战斗"之中。戴春风大声说："我们走啊。"这时毛善馀听清了，屋内的人也听清楚了。

偷窥从来不是光彩的事。它的情节轻重可以从次数来衡量：一次花心，二次好色，三次耍流氓。少年的毛善馀属于第一种。

王学监从张寡妇光滑的身上翻爬下来，快速套上衣裤，然后追赶出来。此时毛善馀、戴春风见风头不好，早已跑过到门前的小路，来到拐弯处。王学监眼尖，远远地望到了毛善馀那个熟悉的瘦弱背影。他放弃了继续追赶。

跑得了和尚跑不了庙。

王学监是厉害的角色，当天下午将毛善馀传进办公室，叫他写一份偷看张寡妇沐浴的认错书。

如果不写，就开除。王学监有这种特权。

毛善馀站在墙角，低着头抹着泪水小声地哭泣（其实没有泪水，但是毛善馀还是这样抹）。王学监说："我是为你好，你不写，说明你思想还是存在问题，如果把错误写出来，说明你知错了，将来一定改正的，这样对你今后的发展没有影响。"毛善馀蹲在地上大声哭起来（雷声大却不下雨）。王学监退了一步说："你就写偷看我王老师沐浴吧。这样你负担轻点。"

把房事比作沐浴或洗脚很有文学味，在大文学家鲁迅先生的日记里，我们可以看到用洗脚比喻房事。

不写认错书马上要完蛋，写了认错书就像安装了一颗定时炸弹，随时要完蛋。少年的毛善馀经过痛苦的思考，选择了一个置之死地而后生的绝路。

他端正身子，拿着毛笔在白纸上写了一段话，然后工工整整地签上自己的大名。王学监看过认错书，脸色发白，嘴唇颤抖。毛善馀写了什么东西呢？内容是"我偷看了王学监和张寡妇沐浴"。

这分明是同归于尽的鬼点子，厉害啊！王学监怒火中烧，但是一盆冷水迎头而来，那是一件重要的事情，让他不得不忍气吞声。这件重要事情要在六年之后见分晓。

【五四弄潮儿】

毛善馀在文溪小学连跳两次级，毕业后考入浙江省最好的中学——省立一中。

1919 年 6 月，"五四"浪潮冲入浙江，"外争主权，内除国贼"口号深入民心。毛善馀和同学跑出教室，呼口号、开大会、打电报、发宣言、口诛卖国贼。在如火如荼的爱国运动中，毛善馀有了从来未有的受人尊敬，深刻体会到爱国的伟大和群众力量的强大。

这个时候，毛善馀的特长——好看的毛笔字，得到淋漓尽致的发挥。他写的宣言、标语、通电，字形端正、大方、好看，让老师和同学们连连称赞。

当一个人被称赞时，多数人停留在这种羡慕之中，其实我们应关注他背后的故事和辛勤付出，世上从来没有不耕耘有收获的美事！

日本鬼子侵占东北三省，国人提倡抵制、消毁日货。毛善馀臂上别着标志、手里举着小旗带了一队同学去商铺搜查日货。沿路市民拍手向他们致敬。他们在路口商店内搜出一箱洋火、两箱肥皂，准备要带走。店老板挡在门前说，同学们，我也是穷人出身，好不容易开了这家店，这些东西都是我真金白银买来，你们不要带走。同学们都静下来，你看看我，我瞧瞧你。毛善馀上前一步，高声说："日本人打进中国了，你还卖东洋货，给日本人挣钱，让有钱的日本人继续侵略我们大中国。你这个狗汉奸。"

店老板的一条手臂颤抖起来，他倒在地上，用全身去压这条手臂，但是没有用，他全身都颤抖起来，就如同一个抽风的人。

杭城的各路学生分队搜缴很多东洋货。在这个贫穷社会中，理性的人一定在思考是不是分给困难家庭？但是感性的人占据上风，决定用火焰来表达老百姓的爱国主义情操。在西湖岸上堆放着搜缴的东洋货，毛善馀和另一位学生代表点燃火焰，东洋货很快燃烧起来……

真是众人添柴火焰高！

熊熊烈焰升天，观者如潮，群情鼎沸，一次真正的爱国主义洗礼。

杭州成立学生联合会，选派代表去各地宣传爱国主义活动。鉴于毛善馀在搜缴东洋货的行动中表现突出，指派他作为学生代表去衢州地区"点燃"爱国主义的火种。

毛善馀穿着中山装坐车回到衢州，在多家学校慷慨演讲"爱我中华，抵制日货"的文章，非常受当地师生的欢迎和好评。

不管是哪个朝代，不管是男人还是女人，是大人还是小孩，只要是爱国都受欢迎，这个市场潜力无穷，一本万利！

在衢州，毛善馀见到了老同学周念行、姜绍谟、戴春风，相互畅谈离别后的学习、生活情况，抨击这个社会不公平的现象。

从衢州返回杭城，毛善馀回归平静的校园生活。但是他的心却久久不能平静，尊敬、荣誉、地位、特权（搜缴权）在心里留下深深的烙痕。

毛善馀，你绝不能平平淡淡过日子。

理想是丰满的，现实是骨感的。毛善馀毕业后，没能进入向往已久的政府部门，而是被分在江山新塘边嘉湖小学，月薪二十元。但是，毛善馀绝不是池中物，有一个远大的志向在等待着他。

【黄埔军校】

毛善馀虽然教书，但是经常把自己比作人中凤凰，时间一长，愿望渐渐地强烈起来，后来，他干脆将自己的名字改为毛人凤。

男大当婚，女大当嫁。毛人凤和姜春梅的婚事在锣鼓喧天中拉开序幕。新郎毛人凤步入洞房，轻轻地掀起姜春梅的红盖头，看到姜春梅一往情深的眼神……

毛善馀，春宵一刻值千金。

有人说，女人是男人的学校。一点也没有错。新鲜感、好奇心接踵而来，毛人凤如饥似渴，流连忘返。姜春梅是毛人凤的第一所学校，称母校吧。毛人凤以后还要进众多学校，记也记不清楚，但是这所母校他从来不会忘却。

毛人凤教书之余，时时关注天下大事。在军阀割据、争权夺势的乱世中，孙中山创建的中华民国深得民心，也深深地打动毛人凤的心。他向往去黄埔军校读书，然后实现心中远大的抱负。

毛人凤通过痛苦的思考和选择，摆在他面前的路有三条：1.账房先生。2.教书匠。3.从军。

投笔从戎的念头经常在他脑海盘桓，挥之不去。

从军就要打仗，打仗随时可能丢脑袋的。毛人凤为什么要放弃安逸的生活，铤而走险呢？有三种原因：1.爱国主义情绪。2.向往荣誉、地位。3.冒险精神。江山的地理环境复杂，这里的人自古爱冒险，和平朝代出现的抢劫、盗窃犯比较多，乱世之中，英雄、豪杰也比较多。

毛人凤看了一眼坐在梳装台梳头发的老婆，和气地说，我要报考黄埔军校。姜春梅手中的梳子"啪"地丢落地上，她弯腰时长长的黑发不再有条不紊。

姜春梅坚决反对毛人凤报考黄埔，他去了，自己就是守活寡。她知道自己一个人势单力薄，就把这事告诉了毛人凤的父母亲，得了大力支持。毛人凤在父母的强逼之下，只得许诺不去黄埔，安心在家乡教书。

大家对毛人凤的许诺很相信,只有一个人不相信,那个人就是老婆姜春梅。姜春梅太了解毛人凤这个人了,他要做的事,一定会去做的,九牛二虎也拉不住。

毛人凤坐在床沿上望着姜春梅俏丽的背影,知道这个女人太了解自己。让她来支持自己完全不可能。最好的选择就是趁她不备悄然溜走。

姜春梅像看清毛人凤的心事一样,每晚睡觉前将门窗关得严严的。她还用一根红布条将一只手和毛人凤的一只手捆绑一起。毛人凤问:"这是为什么?"

她说:"晚上睡不着,算命先生教的这法子,可以治睡眠。"这种雕虫小计怎么能逃得过毛人凤的双眼?

绑着一个人的手,却绑不住一个人的心。心对每个人来说都是自由的。

一天夜晚,毛人凤悄悄解开手腕上的红布条,打开家中的小门,猫一样溜了出去,奔跑出村口,站在大路上仰望繁星点点,然后大步流星地向广东前进。

黄埔军校,我来了!

第二章　邂逅

黄埔军校矗立在毛人凤的眼前。

进黄埔军校要过两个关：文和武。文这一关，对毛人凤来说是小菜一碟，他轻松地通过文化考试。武关就是体能测试。进入测试室，毛人凤傻眼了，因为自己个子矮小，"汉阳造"上了刺刀就比他高，他扛大枪起来有点困难。教官毫不客气地赶他出门，毛人凤拉着教官的衣角苦苦哀求，教官只是大摇脑袋。

但是天无绝人之路，马上传来让毛人凤振奋的好消息，广东革命军要第二次东征，急需兵员。"急需"这两字真好，终于让毛人凤如愿以偿，他被安排在黄埔军校潮州分校，成为黄埔第五期的学生。

毛人凤穿着笔挺的新军装，微笑地行走在充满阳光的校园内。前几期的胡宗南，这个人也是矮个子，身材不到一米六，现在都当军长了。

毛人凤，你一定行的。

然而想法终究是想法，困难终究是困难。军训开始，毛人凤感觉压力山大，十几斤重的枪比那轻巧的毛笔难拿得多，压在他瘦弱的身子上，时间一长，让他苦不堪言。因为他不具备胡宗南那种强壮有力的体魄。

在烈日下，学员们冒着大汗挺直站立，站如松啊。可是两个小时后，有些人就受不了，如毛人凤，他眼前发黑，晕倒在地。毛人凤生了病躺在床上唉声叹气，眼睁睁看着别人立功受奖，他骂自己无用之外，也责怪父母，不能给他一副好体魄。因此生孩子的父母一定要尽心尽力，不要留下一笔还不清的债。

俗话说：祸不单行。一个更坏的消息传来，毛人凤的父亲病重了。过了一两天，毛人凤身体好转，急匆匆往家里赶。

父亲死的这一年，毛人凤二十九岁。

办完父亲的丧事，毛人凤没有回军校，他知道军校已不能成为向上攀爬的阶梯。他经常来县城游荡，去茶楼、闯赌场、进菜场，哪里热闹他就去那里，这让他的亲人、朋友们很担忧，难道他变了？答案当然是否定的。游荡只是表象，不是目的，真正的目的就是打探消息，什么消息呢？当然是对他前程有利的好消息。

表象就是表象，我们永远不要被表象所迷惑、欺骗。

江山是三省交界之处，消息十分灵通，好消息、坏消息什么都有。不久，幸运之神从天而降。他从茶馆得知老同学江振新发迹了，正确地说是他父亲当县长了，这就够了，上阵父子兵啊。想着去投靠县长大人，毛人凤兴奋得一夜也没合眼。

毛人凤发现了一棵大树。其实这棵树与后来的树相比，只不过是小树。

毛人凤出发前，向姜春梅告别，姜春梅苦笑一声答应了，这让毛人凤很奇怪。其实时间这个东西真是活宝，可以让人变得聪明可爱，姜春梅就是实例，她知道这个男人管不了，就选择了放手，也解开了她多愁善感的心结。

天黑了，毛人凤急步行走在乡间小道，路上人来人往，还很热闹。突然，毛人凤和迎面而来的男人相撞，毛人凤脸部一阵疼痛，正要发怒，那人骂道"瞎了你的狗眼"，然后扬手打了毛人凤一记眼罩。毛人凤人小力气小，鬼点子还是不少，他假装要倒下去的样子，顺势来了个海底捞月。那人"哇哇"地大声求饶，毛人凤这招真绝，抓住了那人的命根子。这个人的叫声、样子有些熟悉，但是毛人凤一下子想不起来。

那个男人突然说："毛善馀，原来是你小子啊！我是戴春风啊！"

"误会、误会，一场误会啊！"

【戴笠】

戴春风根据《左传》"君乘车，我戴笠，他日相逢在车揖。君戴笠，我跨马，他日相逢为君下。"将名字改为戴笠。意思是我不会忘记贫贱的朋友。

从古至今，出来混的不论平民还是英雄，都有自己的一套宣传方式，比如屠夫爱讲手脚利落，卖得肉好吃；梁山英雄杀人货越，却喊出替天行道的口号；将领们起义造反为了更多的权力，却口口声声说让老百姓过得好。戴笠起这个名字时，他混得很不怎么样，但他宣传自己富贵时不忘朋友，虽然是一张空头支票，但还是有一定的市场。更重要的一层意思，他在不断提醒那些有钱有地位的朋友，别忘了贫贱的他。

邂逅毛人凤这一年，戴笠正好三十岁。

这时戴笠非常苦恼，凭他的能力和水平应该混得相当不错，可是事与愿违，他偏偏混得很不好。但是，他身上的聪明才智值得借鉴，向大家介绍两点。

首先，戴笠十分注重自身打扮。戴笠吃什么都不在乎，只要填饱肚子就行，睡什么（庙宇里、屋檐下、木桥下）不在乎，只要养足精神就行。但是，他非常在乎自己的打扮，希望有一个好形象。他很穷，穷得没有替换的衣服和鞋子。只有一套灰军装，脏了怎么办？戴笠不愧是戴笠，他先将衣服冲洗，然后自己跳入河里游泳，当他游累上岸时，那套衣服也晾干了（如果不是很干，也将就穿上）。

他还有一双白色的力士鞋，这是他唯一的一双鞋子，当脏得白色变成了黑色怎么办？戴笠稍稍动脑子就有了点子，他从建筑场所拿（偷）来一块石灰，在球鞋上涂了一层，立即变成了崭新的白色球鞋。

这种注意形象的风格，用现在时髦的话说，就是尊重别人，把好的一面留给别人，确实给马脸戴笠加分不少，让他结交了许多能人异士，如蒋介石、胡宗南、王亚樵等人。

其次，他擅长往最富有的地方钻。当时中国经济最富有、最热闹在上海，上海最有钱的地方在证券所区域，戴笠就跑进证券所所在地的金园路一带，可见他眼光尖锐。

戴笠干的工作叫跑腿，现在没有这种专业性的职业，当时受到大家的普遍认可，也实实在在地解决了许多穷苦人的就业。比如，你要香烟，我去买；你要瓜子，我去买；你要喝茶，我去拿；你要三轮车，我去叫；你要给家里捎个信，我去说。

他们用微笑、敏捷、勤劳说话，怪不得一位企业家说，服务工作比他办企业还要难。我们向这些跑腿的同志致敬！

戴笠在闹市区跑进跑出，夜幕降临时，他开开心心心地清点那些小钱。然而一个不幸的消息，很快打碎了他的如意算盘。在风云变幻的市场中，证券、股票大跌，证券所陷入瘫痪，投资亏光的商人有的跳楼、有的跳海、有的跳井，当然有的挣了钱悄悄跑路（这是极少数商人）。戴笠见没有服务的对象，也跑回来了。

这个时候他还不知道自己真正的收获是什么，当然是交友啊，如他认识了一生中的重要人物——蒋介石。

戴笠对毛人凤说："这些年，胡乱混日子，这辈子可能要完了。"

毛人凤却摇着头说："戴兄也太悲观了。国民党在南方闹革命，有志青年应该投奔孙中山，去打倒帝国主义和反动军阀。"

戴笠说："善馀兄，你怎么也讲大道理啊？人生在世，吃喝玩乐、金钱美女，这是你我追求的，操那份心干什么？"

毛人凤失望地看了戴笠一眼，说："周瑜云，大丈夫处世须立功名。要想立功名只能顺应历史潮流，走革命之路。"

戴笠盯住问："那你为什么不去革命呢？"

这话不光刺中了毛人凤的伤疤，还在伤疤上撒了点盐。毛人凤把去黄埔的经历和盘托出。又说他的校长是蒋介石，叱咤风云的人物。

戴笠听到"蒋介石"三个字，顿时睁大眼睛问，是不是浙江奉化的蒋介石？

毛人凤点了点头，奇怪地问："你们认识吗？"

"何止是认识，我们是朋友。"

毛人凤端起酒杯说："北洋政府腐败，不可能治理中国，蒋校长是当今的拿破仑，你与他有一面之缘，应该去投奔他。"

戴笠听了虽然热血沸腾，思考了半天还是摇头。有什么阻力呢？是一个人的话，此人非亲非故，甚至叫不出名字，但是戴笠非常相信。此人就是算命先生。预测戴笠去战场，将死得很惨，不是刀枪，就是牢狱。

毛人凤说："是祸躲不过，躲过不是祸，大丈夫死于战场，比其他死法强多了。"

戴笠看了看身上那件洗了又洗的旧衣服（差点要破了），如果这样默默无闻地老去死去，还不如出去闯一闯，说不一定换来一生风光。他狠狠地将酒杯摔在桌下。

"我要进黄埔军校。"

毛人凤凭三言两语，成了戴笠的贵人，后来戴笠发达后，成了毛人凤的贵人，原来贵人这个角色是可以相互转换的。

戴笠故居

【喷血】

天下没有不散的宴席。毛人凤依依不舍地送别戴笠，在香樟大树下留住了脚步，目送着戴笠远去的背影。毛人凤有理由相信，戴笠这次真的被自己说服了。

可是毛人凤回到房间刚坐下，戴笠却推门回来了。这让毛人凤大吃一惊，戴笠怎么了？

戴笠说："我刚听到重要消息，县城要执行砍头。这种刑罚已经十多年不实施了（现在用枪决）。我们一定要去看看。"

毛人凤也觉得机会难得，与戴笠两人向刑场赶去。戴笠把这事看得非常重要，与一个传说有关。传说被砍头之血喷中，这个人会升官发财。传说太诱惑了，升官发财是戴笠追寻的目标，来不及考虑是真是假，一定要去。机会来了怎么能错过啊？

两人急匆匆来到刑场外围，看了看那份告示，让他们不可思议的是砍头之人他们不仅认识，而且还有师生关系，此人就是曾经让毛人凤吓得差点流尿的王学监。故事很俗套，西门庆和潘金莲的故事。他与张寡妇合谋杀了张寡妇的丈夫。怪不得当年偷窥，他不敢再找毛人凤的麻烦。

砍头现场里三层、外三层，戴笠不断地往里挤，毛人凤还以为戴笠孝心大发，要送王学监一程。王学监低着头，一副认罪的样子。戴笠与王学监只有几步之遥，突然，他向刽子手大喊，快动手啊，杀了这个魔鬼。王学监没有抬头看谁在叫喊（如果知道是昔日学生，他会有何感慨？），他最后看了一眼蓝色的天空。

白光一闪，刀起头落，王学监的脑袋在草地滚动，一股鲜血射在了戴笠、毛人凤的脸上。毛人凤正想骂娘，戴笠笑容满面地说，善馀，这是好运啊，往后你我要升官发财。

昔日，王学监对毛人凤不怎么友好，但是，毛人凤看到老师被砍头，心里不是滋味。他闷闷不乐地和戴笠回到悦来客栈，两人坐在窗前正要吃饭，突然见窗外站着一个女子，此人正是张寡妇。毛人凤、戴笠吓了一跳，全城都在抓捕这个逃犯，她怎么会出现在闹市中心？

难道张寡妇脑子有问题了？当然不是的，她是来看王学监最后一眼，好在当时官吏没有张寡妇的照片，让她逃过一劫。

明知山有虎，偏向虎山行。

张寡妇见到了毛人凤、戴笠激动不已。当叫她吃面包时，她双手抓住两只面包，狼吞虎咽，她两天没吃东西了。

雪中送炭往往是人世间最珍贵的感情！

【越轨】

与戴笠、张寡妇分别后，毛人凤直接去了崇德县。

老同学江振新很够义气，马上将毛人凤引荐给当县长的父亲，县长得知毛人凤是省立一中出来的才子，当即委任他担任秘书。这是毛人凤当官的第一个职务。

毛人凤从县衙正门出来，走了100多米，感觉身后有人跟踪，他快，那个人也快，他慢，那个人也慢。这个地方人生地不熟，是谁盯梢啊？毛人凤见前面拐角，快速过去躲进墙角，那人鬼鬼祟祟过来，他掏出尖刀（出来混总要带家伙的），从背后抵住那人的腰，那人马上说好话求饶，声音是女的，细看一下是张寡妇。张寡妇目前无依无靠，见毛人凤来崇福，她也跑来，在县衙门外守候三四个时辰，见毛人凤出来，就跟随毛人凤。

毛人凤帮张寡妇在郊区租了一间民房。

那天，毛人凤来到出租房，见张寡妇穿着薄薄的半露内衣，仰躺在竹床上，张寡妇比毛人凤大七岁，经过这几天的调养，她也恢复了本来的俊俏面容。毛人凤春心荡漾，他伸手向张寡妇摸去，哪知经验老道的张寡妇迎头而上，吻住了毛人凤……她是毛人凤的第二所学校，如果姜春梅是小学，张寡妇应该是中学。

第三章　逃婚

【考验】

　　毛人凤当上了科长。官儿不大，办事利落，鬼点子多，深受县长大人的喜欢。他又能左右逢源，同事间关系也不错，这让推荐人江振新刮目相看。

　　毛人凤三十六岁生日那天，江振新一定要请客，毛人凤心里乐意，嘴上没答应。江振新说，我请客的地方你能不能猜中啊？毛人凤心想，崇德这个小地方，怎么能难倒我。他把崇德有名的酒楼、茶馆、戏场报了一遍。江振新摆了摆手说，都不是。毛人凤猜到了另外一个去处，就是青楼，但是他不敢说出来，怕让江振新扫兴。

　　见毛人凤东一句、西一句地猜来猜去，半天还是猜不中，江振新有点着急，心想这个机灵鬼今天怎么了，这样下去到天亮也猜不中的。他无奈地说，去青楼，送你一位大美女。说到美女，毛人凤脸红了。脸红有许多种解释，在江振新眼里就是道儿不深（女人方面）。

　　毛人凤为了混出个好名堂，作出了意想不到的决定，向江振新和崇德的所有人隐瞒了一件事情——已婚，他把事业看得比家庭还重，确实为他加分不少。现在有的明星大腕也一样，为不让粉丝失去那份热情，到四五十岁还装嫩，不承认已婚啊。毛人凤平时不搞欺骗（可能欺骗高明，没人发现），让人更容易相信这个没有水分的欺骗。怪不得古人说，前半世不骗人，后半世骗人也能混饭吃。

毛人凤确实适合做保密工作。

毛人凤和四五个同事来到青楼，穿着长衫的江振新早已等候了。桌子上放着名酒好鱼大肉，大家刚落坐，进来两个小姐，一个抱琵琶，一个执牙板，咿咿呀呀唱着风骚的小曲。江振新问毛人凤，这两个小姐你看中谁啊？

毛人凤脸一红。有人说眼睛最容易出卖一个人的心灵，我认为脸也同样会出卖一个人的心灵。毛人凤的脸红说明他喜欢两个小姐，但是他假惺惺地说，不要。江振新是实在人啊，当然不能领悟毛人凤真实的意图。

江振新轻轻一拍手，八位打扮得花枝招展小姐缓缓地出现在眼前。江振新高声说："今天是毛兄生日，我的礼物只有一个：美女。"

毛人凤用眼睛向小姐们扫去，心花怒放。这年头，请吃请喝的还真不少，请嫖还是头一回。今天和江振新两个人出来多好啊。毛人凤回头看了看同事，他们正聚精会神盯着那些小姐，样子像色鬼一样。同事们好色归好色，但是他要小姐这档事得保密，不然就是露出了小辫子，以后得看他们的脸色行事。

江振新将一位小姐引到毛人凤的跟前。那是十五六岁的小姑娘，脸红扑扑的，低着头，挺着尖尖的小胸部，又俏又俊。毛人凤的眼睛死死地盯住那小姑娘，很想得到她，可是嘴巴偏偏不听指挥，说出来自己最不想听的话：江兄看中的姑娘，我岂敢夺爱，完璧归赵。说完话后，毛人凤的手真想狠狠揍那张口是心非的嘴巴。

同事姜科长起身走过来说，江兄，你爱吃青桃，毛兄喜欢熟透的蜜桃。他从队伍中拉出一位叫桂香的女子。

不管青桃还是蜜桃毛人凤都喜欢吃。桂香坐在毛人凤身边，一只手在毛人凤身上乱摸起来。关键时候，毛人凤抓住桂香的玉手。情场高手毛人凤说，小姐，你摸了我，也该付钱。

同事们起哄了，应该付钱。

姜科长皮笑肉不笑地说："毛兄受点委屈吧，但是小姐的钱千万不能拿，传出来难听啊！"

毛人凤看了看身边的桂香，站起身说："姜科长，我开个玩笑。这么好的桃子，你自己留着吧。"

毛人凤，你考验过关。

在青楼给毛人凤过生日，江振新的目的是考验毛人凤，阴错阳差的原因，让毛人凤意外过关，他将收获一份大礼，崇德县有名的一位大美女。

江振新看了一眼众人，他宣布了一件事，给毛人凤保媒，女方是他表妹。

江振新的表妹，就是县长的表侄女，是崇德有名的美人，尊贵体面，多少人想高攀还攀不上啊。毛人凤当然愿意，可以说一百个愿意。不过毛人凤说得给母亲禀报一声，免得被人说私自婚配。这正是毛人凤的狡猾之处，说的与做的永远是两回事，其实他不会禀报家母，万一让家里的黄脸婆知道了，她来吵怎么办？这不是自寻麻烦吗？

最后，毛人凤肯定地说："过几天，我一定上门提亲。"

毛人凤脸上露出灿烂的笑容，他第一次感觉江振新这个人非常的帅！

【怀上野种】

江振新喝了几杯酒，就起身告辞，从青楼出来，他去会见一位如花似玉的姑娘。

夜色灰茫茫，江振新来到一座小楼前，见四下无人，他溜进屋内，悄悄地上了小楼，轻轻地推开门，屋内黑洞洞的，江振新熟门熟路摸进去，他在桌子前点亮一截红烛，借着光线见一位楚楚动人的姑娘坐在床前。

江振新上去抱着姑娘，姑娘却哭泣起来。江振新不解地说，有什么好哭的？

姑娘说："都怪你，自己风流快乐，给我留下这个样子，下半辈子要我怎么过啊？"

江振新摸了摸她隆起的小腹说："不要着急，我为你想好了办法。"

"什么办法呀？"

姑娘就是江振新的表妹。办法大家也知道了，将姑娘许配给毛人凤。

姑娘说："你不能随便找户人家把我打发了，也不懂得是哪个猫不闻狗不叫的男人，要我去受那委屈。"

江振新正色说："表妹，这个人叫毛人凤，是县府内的科长，抱负远大，我父亲很欣赏他，等你嫁过去后，让他连升几级，你就是官太太了，保你天天吃香的喝辣的。"

姑娘不依不饶说："要我过去做小，我可不答应。"

江振新笑着说："此人还没有结婚，今天带他去青楼，他的手都不知道该往哪里放。"

姑娘说："就你鬼点子多。"

江振新介绍完毛人凤的事，他感觉火候到了，在表妹额头深深地亲了亲，然后轻车熟路地给她解衣扣，一直百依百顺的表妹却变了，她阻挡了江振新不断前进的双手。

江振新没能向纵深阵地推进，非常不快乐。他反复寻找答案。江振新不愧是县长公子，不久就找到了。他说："刚刚给你做了媒，你就一心一意想跟着这个男人，如此专一啊。"

这完全是江振新一个人的分析、判断。

表妹哈哈大笑，笑得差点掉下泪水，说："我会为一个还没有见面的男人守身如玉呀？"

江振新傻了。这次他的判断失误了。

表妹摸了摸自己的小腹说："我心疼孩子，才不让你压呀。"

江振新呵呵一笑，说："孩子嘛，从胎儿起就要给他压力。说完，江振新重新搂住表妹。"

从青楼出来，街边灯火零零碎碎。大家酒醉饭饱，毛人凤与一高一矮两个同事同路，三人摇摇晃晃走了一阵，高个子内急要去茅房，矮个子挥手叫一辆三轮车，请毛人凤舒服地坐个车回去。

毛人凤坐着三轮车走了。

高个子从茅房出来，大着胆说："江振新这个鬼东西，竟然把自己的相好送给毛人凤，恐怕玩出麻烦没有办法收场，才急着给姑娘家找婆家吧。"

矮个子看了看左右没人，说："这事你可不许随便跟人说。"

"我们多年的交情，你应该信得过我。"

矮个子压低声音说："江家表妹不只有江振新一个相好的。"

原来江家只有门口的石狮子是干净的。看来毛人凤要做绿头乌龟了。

也不知道毛人凤是帮江振新还是他爸爸养儿子，总之，他头上的官帽越做越绿啊。

两人大笑着而去，却忘了隔墙有耳的古训。转角的阴影里，站着一个男人，一动不动听完他们的谈话，这个人就是毛人凤。

原来毛人凤见他们两个人背着他有事，心里便起疑，他让车夫转了一圈，他杀了一个回马枪，偷偷地听了。

毛人凤望着高矮两人远去的身影，他没有生气，反而高兴极了，这门婚事，就是打着千只万只灯笼也找不到的好事。女人嘛，什么样的女人还不是一样的，他觉得经验越多越好。至于别人播种，生个儿子，还不是口口声声叫爸爸，百年之后能给他烧纸钱，多划算啊。如果孩子是江振新的，江兄少不了对他感激、帮助。如果孩子是县长大人的，县长对自己青眼有加，重用提拔，县长这个位置就算不给他，将来也留给他的孩子。

毛人凤的想法非常独特、超前，到今天，人们还自叹不如，望洋兴叹！

【毁婚】

和县长表侄女的婚事，毛人凤知道铁板钉钉，因此一点也不着急。但是未来的新娘着急，她的肚子不争气，天天变大，她经常催促江振新，江振新也理解表妹的处境不易，就催促毛人凤，当毛人凤看到江振新乞求的眼神时，知道火候到了，他代替母亲宣布：同意（其实，母亲还蒙在鼓里）。

正月十五结婚，那天崇德街道扎花灯、闹彩船。毛人凤的新房装饰考究，整个摆设显示中西合璧，红柱烛、雕花大床、红被子、红地毯，什么都是全新的东西。

毛人凤穿着新衣服，迎接贵宾来客人上门祝贺，他对这套礼仪可以说熟门熟路（两婚），此刻他陶醉在当新郎的幸福之中。这时，突然出现了一个人，将改变这门婚事。

毛人凤正在招待商界的朋友，突然差役喊道，毛科长，你老家来人了，要见你。这把毛人凤吓了一跳，他从来没告知家人，难道家里的黄脸婆知道了，前来兴师问罪？如果闹开来，面子是小事，婚事告吹，可怎么办？

在毛人凤胆战心惊之时，进来一个男人，高喊毛人凤为五哥。此人是毛人凤的六弟善高，也叫毛万里。

毛人凤见毛万里后面没有跟随的人，猛跳的心恢复了原样。其实，毛万里不是为毛人凤结婚而来。他担负着一项重要的工作使命，就是邀请毛人凤出山。是谁相中了毛人凤这匹千里马呢？此人就是经毛人凤点拨的戴笠。这几年，戴笠跟着蒋介石混出了名堂，成了南京特务处一把手。他始终忘不了这位贵人，特别是欣赏毛人凤那出谋划策的本领。他担心毛万里请不动，亲自写了一封热情饱满的邀请信。毛人凤拆开信封，字迹太熟悉了。

人凤兄：

别来无恙！

光阴荏苒，时光如梭，自民国十三年，江山一别，至今已有九年，弟在九年间，投身革命，效忠国家，至今事业小有所成。得知你在尚蜗居县城，做一个小小的科长，大丈夫生当立志，献身于国家、领袖。人凤兄，志大才高，如能出山助弟一臂之力，弟将万分荣幸，定将付之重任，虚位以待。

戴笠

毛人凤看完信，心里很激动啊，自己的真才实学不光被人欣赏，同时升官发财的机会来了，但是他还有不舒服的地方，这份封信迟也不来，早也不来，偏偏自己抱美女要进洞房时，却来了，这分明坏了他的好事。

毛人凤说："我小日子过得滋润，不去。"

毛万里太了解六哥了，他不是真的不去，而是舍不得到嘴的天鹅肉呢。

毛万里说："女人嘛，哥不要看得太重，外面到处都是，一定比这里多，比这里好看。如果这次不走，结婚了你根本走不了。"

毛人凤想想如花似玉的新娘，还是摇头。

毛万里说："戴处长经常在我面前提起，说你有点子，文采好。他还说过这次请不到你，让我也不用回去了。"

毛人凤看着帅气的六弟就想到了家，从小自己读书，家都是父亲和兄弟几个支撑的，如果六弟的铁饭碗因为自己的原因砸碎，万万不行的。何况戴笠对自己有情有义。再坚持下去，也太自私（好色）。

毛万里说："马上把这门亲事推掉吧。"

毛人凤说："不行，已经推不掉了。"

"那就赶快跑。"

毛人凤说："慢慢来，越急越容易出错。"他去外面又招呼了一阵客人，然而他很自然地回到内屋，和毛万里收拾东西，悄悄地从后门逃走。

【毛万里】

毛万里是毛人凤的六弟，从小跟着毛人凤学了几个字，但是他不喜欢读书，没有毛人凤那种文化。他天生爱使枪弄棒，对付两三个汉子没问题。兄弟两人互补，一位善文，一位善武。

不喜欢读书，不能说明不聪明，毛万里就是一位不读书但很聪明的人，他深深懂得一个道理，出来混一定要有靠山，大树底下好乘凉啊。当他知道同乡姜绍谟在南京混出来名堂，当了教育部总务司长，大字不识几个的毛万里前去投奔。

有权不用过期作废。姜司长马上聘用这位老乡来上班。教育部是管教师的，让一个没有文化的去管有文化的，最终没被有文化的人轰走，可想而知，这个人确实不是一般的聪明。然而好景不长，1932年，国民党政府改组，部长一职落到 CC 派手中，姜绍谟不是 CC 派人员，只得下野。毛万里就卷铺盖要回老家。

毛万里途经杭州时，意外地得了一个好消息，浙江警官学校招生。

毛万里

警官学校招生要文化考试，肚里没几个字，拿起笔杆子却似千斤重担的毛万里不知天高地厚，居然敢去报考警校。

天下无难事，只怕有心人。毛万里发挥找靠山的专长。他很快打听到一个熟人在浙江警官学校任大官，此人不但是同乡，还与五哥毛人凤关系很铁。这个人就是戴笠，他兼任学校的政治特派员，这个职务可以说比校长权力还大。

当毛万里见到戴笠，聊起了家常，又说了投奔他的目的。戴笠听到家乡的口音亲切极了，非常爽快地说，你不用进警官学校，直接上班吧。次日，毛万里去南京路鸡鹅巷53号报到。毛万里没进警官学校读书，但他有靠山啊，摇身一变当上了令人羡慕的公务员，还成了戴老板的贴心人。后来这个没有文化的聪明人当了军统东南办事处主任，少将军衔。

【逃跑】

没过多久，江振新和所有喝喜酒的人，发现了一个重要问题，新郎毛人凤不见了踪影。他们在房前房后，左邻右舍找了一遍，就是不见新郎，最后认定新郎毛人凤逃跑。

活要见人，死要见尸。县长、江振新和表妹愤怒了。

毛人凤打架不行，可是逃跑还算是一流的高手，他带领着毛万里穿巷越桥，再选择了僻静的小路奔跑，他们来了河边的一间小房子，快速地从小院躲进去。这是毛人凤给张寡妇租的房子，应该是安全的。

毛万里说："都怪我，给你带来麻烦。"

毛人凤说："我一直向望闯番大事业、做出大成就，要做真正的英雄。"

突然，院外响起敲门声。毛万里吓了一跳，难道追兵赶来了。毛人凤轻手轻脚过去，从门缝里张望，是张寡妇。

张寡妇进院问："出了什么事呀？衙役到处在抓捕你。"

毛人凤说："我退了县长侄女的婚事，他们不会放过我的。"

毛万里说："今天晚上我们走不成了，只能留宿这里吧。"

这也不行。

今晚搜不到，明天县衙派人挨家挨户搜查，到时候一定暴露。毛人凤的判断还是正确的。

找不到毛人凤，找到尸体也行。

县长和家人正发疯似的骂人，可是骂人没有用，只会伤身体，根本解决不了问题。

张寡妇说："车站都有当兵的把守，墙上贴着你们照片，我看你们插翅难飞。"

毛万里打量着张寡妇，见此女四十开外，五官端正，脸蛋抹红，有几分姿色。他看了看坐在睡床上的五哥，凭多年的特务工作经验，认为张寡妇是五哥暗中私通的相好。

张寡妇见毛万里看着自己，便对毛万里露出讨好的笑容，拿了长凳请毛万里入座，然后泡茶。

毛人凤突然问："六弟，你身边带了多少银元？"

毛万里说："出门前，戴处长给了我五十块银元。"

毛人凤对张寡妇说："你去叫一个人过来，必须想办法让他一个人来，不许旁人跟着。"

张寡妇在围裙上擦擦手就出去找那个人。

毛万里说："五哥，要不，我跟戴处长去一封信，让他派人接我们。"

毛人凤说："不用，今晚能出城。"

毛万里问："你找谁来帮忙？"

毛人凤说："县长大人的公子，江振新。"

毛万里大吃一惊说："五哥，江家人都恨死你了，这不是往枪口上撞吗？"

毛人凤分析问题很有套路，他知道江振新也想参加革命，只要将南京的后台戴笠搬出来，同时许给他将来的荣华富贵，他应该会心动的。万一还是不行，兄弟两人联手制服江振新还是可以的。

过了一个小时，张寡妇领回来一个公子哥，此人就是江振新，他见到毛人凤亲兄弟吓了一跳，马上冷静下来说："这个大姐说介绍两个朋友，没想到竟然是逃犯。"

毛人凤说："振新兄，人凤这厢给你赔罪了，你我兄弟一向坦诚相见，这次我也直说了，想跟令妹退婚，不知意下如何？"

江振新也不是傻瓜，两方办了喜酒了还说退婚，分明是给江家难看，以后让表妹怎么嫁人啊。

毛人凤又说："我准备了五十银元，可以将令妹送到乡下，置办房子，将孩子生下来，事情做得隐蔽些，你们的脸面还是保住的。"

这次毛人凤错了，江家又不缺钱。江振新的脸一阵红一阵白，突然，他从靴子里掏出一把匕首，直逼毛人凤的脖子上，恶狠狠地说："你答应娶我表妹，就要履行承诺，不要敬酒不吃吃罚酒。"

毛人凤冷静自若，依然笑面团团的神情。他对身后的六弟有信心。果然，江振新感觉腰间被一个东西顶住，慢慢低头一看，大惊失色，手中的匕首掉在地上。

那是一把黑乎乎的手枪。

毛万里握着手枪指着江振新说："江公子，子弹是不长眼睛的。南京戴笠处长请我哥出山，你若阻挡我们就是阻挡中华民国的事业，你懂得。"

江振新两腿发软，汗流如注，不停地说："我不敢，不敢。"

毛万里软硬相兼的办法很管用，江振新投降了，愿意护送出城。张寡妇早根据毛人凤的要求，叫了一辆子在门口等着。毛万里押着江振新先上车子。

张寡妇拉着毛人凤的手臂，一把鼻涕、一把眼泪，一副舍不得离开的样子。

毛人凤叹口气说："我一直对你不薄，这一走，我最担心的人也就是你。"

张寡妇抱着毛人凤的大腿要跟他一起走。

毛人凤说出了一生中感动人的话，相爱没有距离，我一定会来找你。

这是一个美丽的谎言，但是张寡妇相信了。骗人就是一把无形的利剑，伤人不见血，而且从来不须承担责任，怪不得有人说，打死人偿命，骗死人没事。

后来张寡妇无钱缴纳租金退了房，为了糊口不得已去了青楼，然而她经常来租房前，希望看到那个熟悉的身影。痴心女人负心汉！

出城门时，毛人凤用匕首抵住江振新的腰，江振新第一次看到了毛人凤狰狞的面孔。出了城门，江振新知道自己的利用价值没有了，危险系数正在剧增，但是他得到县长父亲的真传，学过一门关系学，他在自己身上摸了一遍，将全部银元（二十银）拿出来，递给了毛人凤，算是给兄弟路上的盘费。

毛人凤捏住那装着银元的荷包袋，上去紧紧抱了抱江振新。

刚才还仇如敌人，现在却亲如兄弟，这家伙翻脸比翻书还快！

第四章　特务

【起源】

特务机构由来已久，历史上属明朝的锦衣卫知名度最高。军阀四起的乱世之秋，特务工作越来越受有远见的政治家、军事家青睐。但是自命不凡的蒋介石起初对这项工作并不重视，意识也不强，因此屡屡吃亏，受了不少打击。

话说 1927 年，在汪精卫的鼓动下，汉、宁、沪集团和桂系集团联手向蒋介石夺权，因为蒋介石没有及时获知情报，给整个工作造成极大的被动。最后蒋介石也没有精妙的点子，只能对自己说了一个字"忍"，无可奈何地下岗，这绝不是他的真心实意，官儿当了权倾天下的一把手，谁还会愿意主动退位，还会愿意过低一等的生活？这事让蒋介石非常没有面子。蒋介石是经过大风大浪一步步走到权力顶峰的，足以说明他不是省油的灯，好戏还在后面。

蒋介石下岗后，汪精卫和同行们兴高采烈地组建国民党中央特别委员会，要行使中央职权。汪精卫这个人长得好看，是中华民国的美男子，女人喜欢、男人羡慕。汪精卫自我感觉非常好，因为形象好啊！别人看着他舒服。自认为是取代蒋介石的最合适人选。但是政治是讲实力的，他这个派属少数派，只能眼睁睁看着大权落在桂系集团。这对积极争当一把手的汪精卫是沉重的一击。一把手就是好，要风得风，要雨得雨，但是不是你想当就能当的。

汪精卫当不了一把手，也是中央内部的领导吧，但是人倒霉时喝凉水也塞牙，噩运接踵而来，宁、沪两派找了个理由联合反对他。枪打出头鸟啊，谁让你想当领导啊。蒋介石下岗就是生动的例子。汪精卫在万分痛苦之中被迫下岗。这种领导下岗与职工下岗有着重大的区别，领导下岗了，但是他们还是有雄厚的经济实力、众多的部下，有一呼百应的号召力。

领导就是有能力啊！

桂系集团李宗仁、白崇禧以为独揽了中央大权，其实南京党政军方面还是蒋介石的部属，根本无法控制。蒋介石见时机到了，他决定打压这个所谓的国民党中央特别委员会。政治家的手腕是阴险的，蒋介石也不例外，他摸了一下光滑的脑门，想到了狠招，把恶事嫁祸于人，够毒辣吧。就是指使陈果夫策划枪击游行民众。正义的民众被暗杀，这是遭人愤遭人骂的行径，替罪羊当然是执政当局，很快他们声名狼藉，失去民心。

1928 年 1 月，蒋介石见大家斗得筋疲力尽，多派受伤，又群龙无首，机会来了，他向全世界宣布自己复职。这个时候出来可谓是英雄。在国民党二届四中全会上，他当选国民党政府军事委员会主席、国民革命军总司令、国民党中执委常委、组织部长和中央政治会议主席。蒋介石以退为进的办法使大权失而复得，还得到了进一步巩固。塞翁失马，焉知非福。

蒋介石总结经验教训，他认为以前下岗，虽然自己工作方面有不到位之处，但是情报工作确实是置后的，他不能再踩同一个水坑了。这位是舍得花血本的主，当即组织了两支强大的情报机构，一是以陈果夫、陈立夫为主的中统特务组织。二是在复兴社内部设立特务处，由戴笠挂帅。

为什么组建两支队伍啊？特务工作要求耳聪目明，这是根据人的生理特征决定的，因为人有两只眼睛、两只耳朵，缺一不可，可见蒋介石对特务工作的重视。

情报越多越好！

【情报高手戴笠】

戴笠成了黄埔第六期的学生，他比其他学生年长几岁，却有丰富的人生阅历，能察言观色，人情事故通达熟练。

戴笠为取悦老师，经常打小报告，就是讲同学的缺点或者不是，小到迟到早退，大到思想问题。但是成效不大，老师无非表扬他一两句。戴笠经常思考如何才能取得意想不到的佳绩。他感觉除了向书本学习外，向活人学习见效最快，他很快发现一位脑筋活络的样板人物。此人叫胡靖安，靠打小报告升官的，是学校的监察干部，经常把校园内的共产党员的行踪向校长蒋介石报告，深得蒋介石的重用。戴笠知道胡靖安是蒋介石身边的红人后，决定向胡靖安靠拢。戴笠隔三差五去胡靖安办公室，表达自己对蒋校长的忠心不二，还说共产党员分子的一些坏话，

戴笠

这让胡靖安很高兴，又多了一位聪明的帮手。胡靖安向蒋介石推荐他，蒋介石见了戴笠，说："认识、认识，这不是上海滩那个跑腿的兄弟吗？嘱托他多学习，多观察、多监视共产党的教官、学生。"

戴笠为了在学校进一步渗透，经常出入重要场所，讲台前、广场边、图书馆……有人说政治、军事，或者谈论时局话题，他总暗中听取，默记于心。回到宿舍，悄悄地把听到的有用的东西写在纸条上，然后找个机会送到胡靖安手中。

一段时间后，戴笠上报了不少情报，却不见蒋校长的表扬、召见。他是聪明人，很快看到问题的症结，我这样含辛茹苦、千方百计地搜集情报，功劳都记胡靖安头上了。他知道胡靖安这块跳板阻止了他前进的脚步，最好的办法是抽掉跳板，直接向蒋介石汇报。

但是，蒋校长并不是他想见就能见的。有问题就有解决的办法，戴笠很快想到办法：送纸条。他拿纸条请警卫送给蒋校长。警卫说，你们这些学生不要打扰领导。戴笠知道一分耕耘一分收获。当他塞给警卫半个月的伙食钱时，警卫严肃的脸转换成笑眯眯的，很好看，然后他捏住那张纸条向内屋快步而去。

戴笠非常开心！为了前程，破费点小钱算什么啊。值得！

蒋介石见戴笠源源不断地上报信息，经分析信息基本上及时正确。对戴笠刮目相看，很快奖励给他一个肥差，让他去做采办和管学生的伙食问题。猫见有腥儿的东西当然不能放过。戴笠也是这样一位。不久因为他克扣学生的伙食费，在学生的愤怒声中被迫离开学校。

戴笠从黄埔出来，对自己有了明确的定位，他认为自己的特长，就是擅长收集情报，这与以前跑腿工作有关吧，跑腿的人看到的听到的事多，又爱打听闲事，当将这些消息传递给顾客，顾客就像得到了一项额外的服务。有时为讨顾客欢心，他们还会见风喊雨，顾客一定欢天喜地，天天想着见他啊。

此时的戴笠广交朋友，为了信息嘛，三六九等的人物他都需要，让人眼前一亮的是他与上海滩大亨杜月笙等名人有了交往，还成了好友呢。

戴笠在蒋介石的安排下，来了南京，戏剧性地让他跟随原来的顶头上司胡靖安，专门搞情报工作。戴笠知道自己的前途与蒋介石的政治命运是连在一起的。此时蒋介石的处境很不好，军阀们不给蒋介石面子，有的还造反，比如唐生智举大旗扬言要打蒋介石政府，蒋介石也有点害怕啊，他不清楚唐生智内部的真正实力。戴笠主动请缨，要深入敌营刺探情报。然而一张网已撒开，正悄悄在等待着他。唐生智的军队四周设了暗哨，戴笠刚踩上军营周围就被周伟龙的士兵抓住。一般人遇到这种情况，要么投降，要么把脖子一伸，要杀要剐随你们吧。可是戴笠就是不同，当囚犯时能冷静下来，他向士兵打听他们的领导是谁。士兵想你是临死之人，告诉你也无妨。

领导就是周伟龙。

戴笠过来前，早把对方头头脑脑的情况摸清楚了。他提出要见周营长（周伟龙）。领导也是你这种死囚犯能见的啊。戴笠摇着牢门铁栏说，我有重要的情报告诉周营长，见不到周营长，我宁死也不会说。

这是诡计，但是士兵怎么会知道啊？他们的智商比戴笠低得太多了，就好比初中生遇上博士后，无法比啊。

周伟龙见到戴笠，两人你看看我，我看看你，不认识啊。不认识也没关系，戴笠用三寸不烂之舌把周营长说服了，让他丢下部队跟着他逃跑，实属罕见。

戴笠说："我们都是黄埔学生，你比我高两届，叫你周学长。"

周伟龙回想起军校生活，脸上充满幸福。

戴笠说："蒋校长想着你，说你是人才，特意叫我过来见你，要重用你啊。"（临时编造的，但是偏偏许多人信这个）。

周伟龙也不是头脑简单的人，他仔细观察戴笠的神态，见他脸不红，心不乱跳，认定他讲的是真的。

周伟龙感动了，流下了热泪。择日，他带上家小、丢了令多少人羡慕的官帽，与戴笠跑路了。

戴笠的起死回生事迹让蒋介石非常满意，被抓了又逃了回来，还策反了对方的中层干部，这是奇迹啊。中层干部好，可以说是一张活地图，你想知道什么就有什么。这是蒋介石在对唐生智的作战中占据主动，一举取胜的关键。

戴笠同志再接再厉，在刺探东北军的活动中，得了大量内部情报，并精心设计编织了平津情报网，蒋介石大为欣赏，奠定了他在蒋介石心目中的地位。

戴笠问鼎特务处的第一把交椅！

【进山门】

毛人凤来南京的路上想的特别多。特务工作是高风险职业，就像在高空中走钢丝，稍有不慎会摔死。毛人凤并不是那种贪生怕死的人，他担心没有人知道他的英雄事迹，就稀里糊涂死掉了，这才是一个人的悲哀。他认为人活着就是为名为利。这观点与鸟为食亡、人为财死的理论有较大的出入。

毛人凤跟随毛万里来到南京鸡鹅巷 53 号，这是特务处的总部。大门口警卫森严，一个个荷枪实弹，对来往人员例行检查。毛万里上前，警卫并拢脚跟，利落地行了一个军礼。但是毛人凤就不同了，不让他进入，毛万里返回来拿出介绍信，警卫仔细检查了一遍，然后打电话向领导汇报，最后才同意毛人凤进去。

自古以来官场里对人的态度千姿百态，最明显的、完全相反的态度是对待上级和下级。见了长官卑躬屈膝、阿谀逢迎；见了下官颐指气使、态度蛮横。

毛人凤、毛万里进入了特务处。毛人凤感觉如刘姥姥进了大观园。在接待室，戴笠还没有进来，毛人凤便坐下来静静地等待。毛人凤挺直腰杆，端端正正坐着，大气不敢喘。突然，传来皮鞋的脚步声，毛人凤立刻起身，恭敬迎接。

进来的那人正是戴笠，毛人凤差点不敢相认了，只见他身着少将军服、腰扎宽肩皮带、别着左轮手枪、脚穿锃亮的黑皮鞋。

戴笠与毛人凤打了招呼，坐在沙发上。副官贾金南送茶水进来。

毛人凤在官场混了好多年了，感觉自己有自信的功夫就是拍功，多年的马屁拍下来，从来没拍错地方。

毛人凤说："戴兄，这几年你为国家做了许多大事，功劳世人皆知。"

戴笠说："我让万里来请你，我也相信你的实力，你一定不会辜负我的期望。"

毛人凤决定继续拍马屁，多拍有益无害啊。

毛人凤说："我敬佩戴兄的能力，一定要跟着戴兄干出番事业来。"

戴笠满意地点点头，说："革命工作可能要牺牲自己宝贵的生命。有的人组织上知道他是为革命工作牺牲的，但是组织又不能追认他为英雄。"

这事说到毛人凤的要害，投靠政府，为国家办事，但是自己个人的事情也不能吃亏啊，万一刺探情报时牺牲，政府没有人来认领他。这会死不瞑目啊。

此时的毛人凤已经很圆滑了，心想这种事走一步，看一步吧。但是，他嘴上说，我毛人凤为党国效力，纵是上刀山下火海，万死不辞。

戴笠满意，非常满意，他叫副官贾金南马上给他办手续。

毛人凤拿着表格，望着戴笠离开的身影。他坐在桌子前认真填写姓名、年龄、籍贯，工作过的单位，还得写祖宗三代内的亲戚。

当毛人凤填完表格后，贾副官带着他和毛万里去一间神秘的房间。毛人凤见毛万里、贾副官的脸色肃穆，知道这事一定很重要。

这是一间密封式的房间，房顶很高，只有高处开了一扇小窗，明亮的光束射进来。东侧摆着一张桌子，点着两根红烛，墙上挂着蒋介石的巨幅画像。不管从哪个角度看，画像上的蒋介石眼神威严、诡异而凶狠，令人不寒而栗。

桌子上放着两样宝贝，一本是孙先生的《三民主义》，一支是左轮手枪。说孙先生的书是宝贝，大家理解的，为什么说左轮手枪也是宝贝呢？因为当时枪支紧张，毛人凤当了多年科长也没摸过，他只听说县长那里有支手枪。

贾副官说："请毛先生在蒋委员长的画像前宣誓吧。"

毛人凤整了整服装，走到屋顶投下来的光束中，抬头挺胸，随着毛万里的领誓大声复述：

余誓至诚
奉行三民主义
服从领袖命令
遵守团体纪律
尽忠职守
严守秘密
如违誓言
甘愿受最严厉的处分
宣誓人：毛人凤

房间窄小，他们的声音产生了回响，听来更加庄重而阴森，充满宗教狂热主义的疯狂。突然，外面传来鼓掌声。毛人凤回头一看，来人是戴笠。

毛人凤学着其他人的样子行了军礼，说："我一定要按照戴处长的指示办事，忠心为国、忠心为党、忠心为领袖。"

戴笠握着毛人凤的手语重心长地说："从此以后，我们不仅是同乡、同学、兄弟，而且更进了一步，我们是同志。尽力为党国工作，国家不会亏待我们的。"

毛人凤为了表达真诚，站得笔挺，全身的毛孔都在用力。他怕别人认为他不用心吧。

接风的晚宴，戴笠请来了唐纵、张炎元、周伟龙、郑锡麟、徐亮、马策、胡天秋七位特务处重要人物，另外两位在外面公干来不了（黄雍、梁干乔）。可见戴笠对毛人凤兄弟够义气的。

这样一个友好、热闹的环境里，偏偏有人犯错误，扫了大家的雅兴。此人是个小小的卫兵。他把勺子跌落中汤碗中，溅了毛人凤一脸的汤水。毛人凤叫苦不迭。但是他是见过世面的，连连说，没事、没事，大家继续吃。

戴笠大步上前，打卫兵两记耳光，卫兵眼冒金星，两颊留下血红指印。

愤怒是魔鬼，往往不能解决问题，还会将事情越办越砸。卫兵被打后往后摔倒，砸在饭桌上，好好的一桌菜打翻了不少。戴笠更加愤怒了，掏出手枪把子弹上膛。

大家知道戴笠的脾气，不敢上去劝说。

卫兵跪在地上求饶，磕头磕出了响声。

此时，还有与卫兵一样担心的一个人，就是毛人凤。毛人凤自小在乡村长大，很相信封建迷信。他认为第一天来报到，有血火之灾，恐对今后的仕途不利。

毛人凤一求情，戴笠过去踢了卫兵一脚，骂道："快给我滚蛋！"

卫兵过来给毛人凤磕头感谢。毛人凤上前一步拉着他说："你还要谢谢戴处长的宽宏大量。"

毛人凤这招马屁真厉害，让戴笠感慨万千地说："真是遗憾，你到现在才来帮我！"

马屁功不是说你想学就能学会的，需要经过学习、思考、实践的锻炼，才能达到一定的水准。不管古代还是现代，马屁市场的前程广阔，深受许多人的喜欢、欢迎！

第五章　警官学校

【受气】

　　毛人凤分配的单位是浙江警官学校，担任秘书一职。他曾经有过犹豫，认为这份工作不能展示他的才能，太小看了他。戴笠从毛人凤的眼神中读懂了。戴笠说，分配警官学校是对你的绝对信任，我们控制了警官学校，才能掌握青年人才，才能向组织（特务处）输送源源不断的新鲜力量。

　　毛人凤双手捧着委任书，感觉戴笠说得相当正确，蒋委员长也是办黄埔军校才顺利当上北伐军总司令。他仿佛看到了自己远大的前程。

　　毛人凤带着戴笠的厚爱和重托，如一只大鸟一样飞向杭州。

　　毛人凤想在浙江警官学校施展自己的才华，拿出优异的业绩给大家瞧瞧。但是，这里是一个复杂矛盾的结合体，使毛人凤精神上一次又一次遭遇打击。

　　校长朱家骅是 CC 派的元老人物，是陈果夫、陈立夫兄弟领导的中央部派成员，办警官学校是为 CC 派培养警界力量、壮大势力。而毛人凤是特务处派出去的老师，当然受 CC 派的排挤。CC 派办了警官学校，戴笠却横插一脚，他们当然非常憎恨戴笠。其实他们错怪了，这不是戴笠的主意，那又是谁啊？中华民国一号人物——蒋介石。大家一时不理解吧，不管 CC 派还是特务处都是蒋介石的左膀右臂，他为什么要这么做呢？领导当然有领导的想法，蒋介石看到 CC 派的过度膨胀感到不安，为了均衡势力、对各派牵制，他派戴笠去警官学校当特派员。

在学校里，毛人凤对朱家骅校长很尊重，朱校长一直都看不起毛人凤。有一次，毛人凤看到校长朱家骅，就主动上前问候。朱校长说，你就是黄埔军校那个没能毕业的毛人凤，你来警官学校当老师行不行啊？

毛人凤的脸一红，他笑笑说，我还行啊。朱校长也没听他解释，就走远了。

CC派与特务处关系一直都不好，同行相斗，这个大家都理解。CC派给毛人凤脸色看，毛人凤也能接受。因为他们毕竟是外人。可是自己人也经常看不上他，欺骗他，让他深感不解和委屈。

在警官学校政训处全都是特务处人员，这是戴笠能掌控的部门。王孔安任书记、毛人凤任秘书、毛宗亮任译电员。王孔安这个小领导却经常欺负毛人凤，他对毛人凤的不满其实也是有道理的，他认为毛人凤这小子开后门进来，这也能够承受，这个社会什么人还都讲个人情，前门进不了，开个后门也有的。问题是领导太抬举毛人凤，待遇特别好，毛人凤新进来就是上尉军衔，比多两年工龄的毛万里还高出两级。薪水方面，以黄埔出身的人来说，第一期毕业每月80元；第二期毕业每月70元；递减到第六期每月30元，然而毛人凤初来乍到，月薪却90元。这事在特务处内部溅起千层浪。

毛人凤、毛宗亮、戴笠都是江山人，属"江山派"。王孔安却是资格老的黄埔生，他对戴笠的所作所为十分不满意，但是他很聪明，一直选择了最好的办法——沉默。一旦离开南京，天高皇帝远，他有意无意对戴笠的亲信毛人凤冷嘲热讽。

那天，毛人凤打着油纸伞冒着细雨来到学校，找王孔安批个文件。他进入办公室，见屋子里全是黄埔毕业的同学，正在闲聊，看见他就大笑起来。毛人凤叫了一声王书记，大家一下子安静下来，一双双眼睛盯着他，看得毛人凤很不自在。

王孔安一边翘着腿抽着烟，一边拿着他昨天送上去的材料折成飞机，嘴里阴阳怪气地说："毛秘书才高八斗啊。我出生入死十几年，才是一个上尉。老兄，你刚来就跟我平起平坐，真是得来全不费功夫。看来俗话说的好，会干的不如会说的，会说的不如会拍的。毛秘书是戴老板同学加老乡，以后多照顾啊。"

毛人凤面对别人的挑衅，他也有一个绝招，就是"忍"。毛人凤忙说："王书记真会开玩笑，怎么让我照顾你呢，人凤经验不足，资格不老，向王书记学习才对啊。"

另一个人说："毛人凤，你过去叫毛善馀，弟弟叫毛善高，族弟叫毛森，都在组织工作吧？"

毛森

毛人凤知道这样的问话一定不怀好意的，勉强点点头。果然有人说，我们特务处的"毛"很多，怪不得人们常说戴老板身上的毛多（含戴笠的妻弟毛宗亮）。

毛人凤此时走也不是，不走也不是，这个官场老手，正在思考对策，他轻易不会当逃兵的，但是污辱正在发酵之中。

"有人给几根毛排了队，毛人凤称为大毛，毛万里称为二毛，毛宗亮为三毛……"，边说边笑，根本不顾毛人凤的感受。

毛人凤并无尴尬的神色，笑眯眯地说："是。"

王孔安看他这样好欺负，又故意为难他说："大毛，你是戴老板上面的毛，还是下面的毛呢？"

大伙儿哄堂大笑！

污辱程度比骂人还凶。一般人遇上这种情况，谁也受不了，基本上三种选择：一、哭着逃离现场。二、骂人争吵。三、打人报复。然而什么事情都有例外，毛人凤就选择第四条路，让王孔安不得不服的路。他一板一眼地说："我们都是戴老板身上的毛，戴老板是蒋委员长身上的毛，因此，我们都是蒋委员长身上的毛，不这样怎么能够时刻和领袖在一起呢？"

这一招够狠啊，堵住了大家不干净的嘴巴，让王孔安等人气也不是，笑也不得，哭笑不得。

【证据】

毛人凤调进浙江警官学校担负着一个重要使命，就是扳倒朱家骅一派，让特务处全面接管警官学校。但是让朱校长心甘情愿放弃经营多年的"王国"谈何容易，必须有足够致命的证据，否则做白日梦。

毛人凤从校内搜集校方的违规问题，辛苦好长一段时间，问题是一箩筐，都是些鸡皮蒜毛的小事。这让毛人凤很苦恼。如果不能搜集出重要的违规问题，怎么能赶朱校长下台啊？

从校内取证难以有所进展，毛人凤把视野投向校外，这是难以想象的，小小的校内找不出证据，去外面不就是大海捞针？这种难度可想而知，但是毛人凤相信东方不亮西方亮。毛人凤从小到大不怕吃苦，吃了苦也不会退缩。

俗话说："不怕吃苦的人吃苦一阵子，怕吃苦的人吃苦一辈子。"

侦查员毛人凤为了隐蔽自己，他穿着一套旧衣服（刚买的），戴上破草帽就出来了，他在街头巷尾、石桥顶、路边转悠，目的是寻找猎物。一天两天没有取得进展，但是功夫不负有心人，第三天他发现一条重要线索，一个小伙子在路边摆设棋局。一般人可能看不出端倪，而毛人凤是注重细节的家伙，一个细节让他柳暗花明又一村。

细节决定成败。他发现那小伙子脚上的球鞋有问题，这是警官学校学生的统一鞋子，难道他是学生？

象棋比赛的规则，输一局请客一碗面条。

毛人凤说："这是什么比赛？赌资太小了，赌输一局给一个大洋。"

小伙子的笑脸马上转成苦脸，说："我没有大洋。"

"你输一局，帮我干活三天。"毛人凤说。

小伙子心想这个世界变了还是今天遇上白痴了。

毛人凤与小伙子对弈开始了，小伙子的棋艺不错，但是与毛人凤相比还有差距，在这场比赛中，毛人凤认为输就是赢，赢就是输。因此，毛人凤在轻松、和谐、友好的氛围中输了，连败三场。毛人凤认为赢了对方，对方就把你当成敌人或对手，如果输了，对方被胜利冲晕了头脑，把不该说的也会竹筒倒豆一样告诉你的。

小伙子连胜三盘，拿着赢来的三块大洋，心里乐啊，感觉眼前这块肉好香啊，是唐僧肉。他希望以后还有机会吃唐僧肉。

小伙子说："大哥，兄弟在这一带关系不错，有事帮你打声招呼吧。"

毛人凤见时机到了，问："你是哪个单位的？"

小伙子眉飞色舞地说："我是浙江警官学校的学生，早就毕业了，学校说分配工作的，一直都没有兑现，虽然每月发点生活费，但是，吃饭还是存在问题。"

毛人凤请小伙子吃饭。在饭桌上，小伙子以为毛人凤要学棋艺，拍着毛人凤的肩膀大讲棋道，完全把他当成知己。毛人凤趁机利用了小伙子，从他那边得到了一份证据，即延期分配的秘密通知书。

这下，朱校长，你有事了。

毛人凤在总结朱校长的违规证据方面，总感觉分量太轻、数量太少，缺乏致命性。证据是死的，但是人是活的，可以补充、完善，甚至可以创造的。大家怀疑创造证据这句话，那我有必要向大家介绍毛人凤创造证据的一段轶事。

毛人凤对小伙子说："晚上我们去怡红院找小姐。"

小伙子转身向四周扫了一遍，说："我没有钱。"

毛人凤说："我出钱，你享乐就是。"

小伙子嘿嘿一笑。就这样被拉下水了。

原始、真实、可靠的证据这样产生了。

毛人凤就整理了学生赌博嫖娼、风气败坏，校长延期分配、教导无方的情报，这个情报对朱校长是致命的一击。毛人凤绕过王孔安，怕这个家伙刁难自己，他直接找了毛宗亮，叫他拍电报向戴老板汇报。戴笠把这份情报呈送给蒋委员长时又加一笔"浪费资源，图谋不轨"。落井下石从来都是某些人的优良品质，戴笠就是其中之一。

蒋介石本来就要对 CC 派开刀，看到这份有力的证据非常开心，当即任命戴笠全面负责浙江警官学校，将朱家骅及亲信排挤出去。

证据的力量是无穷的，可以让人逢凶化吉、刀下留人，也可以致人死地，铁板钉钉。在历史中，不计其数的大人物天不怕地不怕，就是怕证据。但是证据在狡猾之辈手中不再死板、生硬，变得灵活多样，有时还可以创造证据，正所谓"欲加之罪，何患无辞"。

【特工】

从警官学校赶走朱校长的首功当属毛人凤，他在戴笠心目中的地位又提升了一层，不久，他成了警官学校的领导之一。

为了向特务机关输送优秀的人才，毛人凤决定从正科级毕业生中挑选适合从事特务工作的青年人才。然后进行专门的培训。培训班分成甲、乙、丙班，这些人员出来就会变成高级特工。那高级特工是怎样炼成的，就如读大学本科一样，经过四个年级的艰苦训练才能完成。

第一年级，学文化知识和武艺本领。文化知识除了一般写作看书外，你还要会收发电报，破译电文。发电报讲究的是速度，一分钟至少50个字。速度快，电报信号不会被追查，时间就是生命啊。武艺是一定需要的，连个小流氓都打不过怎么出去混啊，应该打败三五个男人不在话下。还要有放炸弹、投毒、开枪的本事。这里的开枪不是一般的开枪，要成为神枪手，指哪里打哪里，不是打哪里指哪里。如果你学会了文武本领，那祝贺你通过大学一年级的考试。后面还有更多的困难在等着你。

第二年级，欺骗学。做特工就要学会说谎、骗人。明明是假的，敢说是真的，明明是真的，敢说是假的，这是迈出的第一步；第二步还要难，就是让大家相信你说的是真的。比如太阳是圆的，你要说是方的，纸是白的，你要说是黑的。难吧，这门课不是谁都能学会，自己必须具备天赋。能够颠倒是非，混淆黑白已经很难了，还要让大家来认可你这个错误观点。要突破以往的思维模式，把虚假的当成真实的。这要求特工不断刻苦学习，提升自我分析、判断、作假能力，把虚假的东西通过表面或加工使之成为不留半点痕迹的"真相"。这门课说容易，做真的很难啊。

如果你通过第二年级的考核，还算不上是一位高级特工。进入第三年级当然更加困难了，要求学员有杀人的勇气。摧毁一个活生生的生命，对许多人来说很恐惧。有的人出生以来，连杀一只鸡都害怕，现在要去宰杀一个大活人。意志不坚强，承受能力差绝对是不行的。老师会带他们去鸡场，让他们每天杀鸡，过了杀鸡关后，再去猪场宰猪，宰猪过关，然后直接去杀人。可是学校里没有罪该万死的坏人，怎么宰杀啊？

许多人提出：这课模拟一下就过关吧。毛人凤不同意，一定要以杀活人为标准，牢狱也没几个死囚犯，不够杀了，也不能杀啊，传出去政府的名誉扫地啊。怎么办啊？毛人凤这小子点子也多，运用了工作和学习相结合的办法。中国罪犯不能杀，就杀掉外国侵略者吧，这些日本鬼子入侵东北三省，坏事做尽，沦陷的老百姓受尽了折磨。蒋介石虽然恨得牙痒痒，但是拿他们也没有办法。杀敌归来的特工学员一不小心成了民族的英雄。

第四年级是最能考验人的心理、身体素质的一关，要求学员不怕死，但是许多人天生就是怕死，这是人性的弱点。特工的工作性质决定不能怕死，怕死就不能当特工。怕不怕死又不能尝试一次，因为每个人的生命只有一次啊，死了就当不成特工。这个简单的道理毛人凤懂的。他出了一道生死考验题，火刑和水刑。火刑就是四周烤得很红的墙壁，学员要承受死亡极限的挑战。水刑也是用湿布罩在头上，用水从上面淋下去，要过十分钟才算过关。这种水刑比火刑还难以承受。如果你通过死亡承受的极限，那你顺利过关！好了，即使将来你被抓住，在死亡威胁面前也不会当叛徒。

当你具备以上所有条件后，恭喜你就成为名副其实的高级特工。但还有一点，你必须必备的，那就是运气。

说起来似乎有点滑稽，这也是很重要的一个因素，没准当你万事俱备，准备大展拳脚时，出门的路上被人暗杀，那才是比窦娥还冤。你的一切抱负和能力都无法展现了。

只有经过这种残酷的训练，才能培养出杰出的特工。这些特工在以后的反日谍战中起到了关键的作用。

【黄雀在后】

王孔安对校花叶霞娣垂涎已久，但是自己毕竟是老师，又不便说出来。

叶霞娣又是学生，学校规定学生不准谈恋爱，更何况是师生恋。当然这可能仅仅是单相思，叶霞娣不一定对这款男人有想法。

机会往往是给那些有准备的人。那天晚上王孔安终于有机会了。他看到叶霞娣一个快步走向树丛。这么晚了一个女孩子出去，一定是与小白脸约会啊。王孔安的分析决断还是正确的。他按了按腰间的手枪悄悄地跟了过去。来到阴影处，王孔安听到了一男一女的嬉笑声。那女的声音甜酥酥、麻滋滋的，让王孔安的欲火乱窜。

他跳出去大喊："哪对狗男女，竟在警校做这种事啊？"

这一喝声，把另外一个人吓了一跳，那个人正是毛人凤，他盯着叶霞娣好久了，今天正要来个捉奸捉双，半路却杀出了一个程咬金。毛人凤见喊话之人是王孔安，就没有现身，等待看好戏啊。

树丛中扭扭捏捏走出一对男女，毛人凤定睛一看，男学生是张和昆，女学生是全校闻名的校花叶霞娣。

叶霞娣的风流韵事在全校闻名。

王孔安看到了叶霞娣，瞟到了她胸口的上衣，咽了一下口水，大声问，学校正在迎接戴处长的视察，你们在干什么好事？

叶霞娣经过多轮的考试，进入了特工班的高年级，对欺骗学运用得炉火纯青。她大大方方地说："王书记，我们在讨论问题，共同学习。"

王孔安进一步逼问道："恐怕不是切磋学习问题，是切磋生理问题吧。"

这招管用，马上使张和昆吓得脸色发白、虚汗直流。

叶霞娣真是特工的奇才，她色眯眯的眼睛盯着王孔安，似笑非笑，故意把胸脯多露了一些。

王孔安是风月场上的高手，怎么会不理解她的暗示？但是他故意说："两位同学，你们应该知道学校的规矩，学生不能谈恋爱，轻者开除，重者坐牢，我要向戴处长汇报。"

张和昆扑通一声跪下来，哭着说："我错了，请王书记不要告诉戴处长。"

王孔安见他害怕了，知道自己的好运不远了。他首要的任务是将男学生打发掉，让女学生留下来，这会让人怀疑他的不良用心。王孔安自然有正当的理由，不愧是老特工，出的招让身后的毛人凤佩服不已。

王孔安说："张同学，你的错误是严重的，你要仔细检讨自己，看在你认错态度比较积极，你先回去吧。这位叶同学，思想还有问题，需要澄清。"

张和昆千恩万谢离开后，王孔安带着叶霞娣去他宿舍，毛人凤跟踪到宿舍窗下，他要在关键时刻给王孔安颜色看看。毛人凤一般情况下不会干涉王孔安的私生活，他希望团结，多一位朋友多一条路。王孔安虽然很看不起他，他也没有想要报复，报复是一把双刃剑，伤着别人时，自己也要受伤。

深知如此，毛人凤为什么还要阻挡呢？因为叶霞娣长得天生丽质，他也需要啊。爱美之心人皆有之，他留意叶霞娣其实是为两个男人准备的：第一，戴笠，他知道戴老板可以不吃鱼不吃肉，可不能没有美女。第二，自己，毛人凤从崇德逃婚放弃了那位美女，一直念念不忘，看到叶霞娣就找到了那份感觉，如果戴老板不需要，自己要得了。

王孔安和叶霞娣两人在房内目的相同，但是动机完全不同，王孔安想趁机拿下这个美人，叶霞娣知道自己的小辫子落在他手中，一定要想尽办法讨他欢心。

进入房间，王孔安换了面孔："温柔地说，叶同学，请坐，不要害怕。我的严厉也是为你好。依叶同学的容貌应该配英雄啊。"

王孔安又朝叶霞娣的胸部望去。这一次与前两次有所区别，前两次是身不由己的，这次纯属试探性。

叶霞娣见王孔安矮矮的个子不符合心目中白马王子的形象，但是现实还是现实，他是书记，把柄又在他手中，不如顺水推舟，给自己铺一条路。

叶霞娣含情脉脉地注视王孔安说："王书记，我知道错了，您高抬贵手，放我一马。"

特工都会表演吧。叶霞娣的表演开始，她两手捂着脸哭了起来。王孔安抓住了机会，上前给叶霞娣擦泪，谁知她哭得更厉害了，一下子扑入王孔安的怀里。

如此美妙动人的姑娘扑进王孔安怀中，让他欲火熊熊燃烧，几乎窒息了，他将叶霞娣按倒在床上。突然，响起急促的敲门声。这个人大家都知道，他是抓住这个节骨眼出现的。

王孔安非常警惕地跳了起来，摸出手枪问："谁？"

毛人凤说："王书记，我是人凤，看见一个人跑进你宿舍了。"

王孔安本想老天爷过来，他也不会开门的，好事才刚刚开幕。可是毛人凤这家伙厉害啊，说有人跑进他宿舍，难道叶霞娣在自己房间被他发现了。

这扇门开也不对，不开也不对啊。

王孔安经过权衡利弊，决定不开门。但是毛人凤有点子，他的一句话让王孔安不得不乖乖开门。毛人凤说："王书记，如果你不信，我马上叫全校师生都来找。"

王孔安知道这次躲不过了，如果让全校师生知道了，自己还怎么在这里混啊？他主动打开门说："毛兄，你进来啊。"

毛人凤进入房间，故作惊讶地说："有香水味啊？"

王孔安摇着头。

毛人凤说："特工工作是脑袋系在裤腰带上的，疏忽一点都会致命的。"他扫了一遍房间，不见叶霞娣。他上去打开衣柜。叶霞娣果然在里面。

叶霞娣不愧是高年级学生，她有条有理应付了毛人凤，让你不得不服。

叶霞娣说："我在跟王书记汇报工作，听见毛老师进来，就躲在衣柜里想吓唬毛老师，没有想到被提前发现了。"

精彩啊！欺骗达到这个水平可以成为一个职业。

叶霞娣朝毛人凤嫣然一笑说："你们谈公事，毛秘书，再见。"如蛇一样滑出房间。

王孔安到嘴的天鹅肉吃不上。但是叶霞娣为自己化险为夷，感到高兴啊。

毛人凤继续说："王书记魅力无穷，连警校一枝花也能搞到手。佩服！"

王孔安怎么会承认呢？

毛人凤又说："如果真有关系，你的小命也活不了几天啊？"

这让王孔安丈二和尚摸不着头脑。问："叶霞娣是什么来头啊？"

"叶霞娣没有什么来头，也是穷人家的孩子啊。但是，她的精彩人生已经有人安排了。"她是毛人凤为戴笠准备的一件特殊礼物。

王孔安心里恨死了毛人凤，嘴上却说："毛秘书，想得周到，我要给你请功啊。"

这一夜，王孔安想到叶霞娣诱人的肉体失眠了。失眠也不全是坏事情，这次帮了王孔安的忙。

失眠是万分痛苦的事，有时能正确思考问题，想出平时想不到的点子，无数事实证明了这一点！

【借花献佛】

戴笠要到浙江警官学校视察，毛人凤喜出望外，他已经为戴老板准备了一份特殊的礼物——美女叶霞娣。叶霞娣也答应在戴老板面前为他多美言几句，又愿意举报王孔安的种种劣迹。王孔安免职，毛人凤就有可能升官。

戴笠走出汽车，见校门口两幅巨大的标语，一、热烈欢迎戴先生光临指导。二、向特务处的革命同志学习致敬！学生们夹道高喊：欢迎，欢迎，热烈欢迎！

戴笠高兴啊，蒋委员长过来也就是这个礼遇吧。他与带头迎接的王孔安紧紧握手后说，你们不愧是蒋校长的好学生，办事周到、细心，值得同行学习。

毛人凤见王孔安一脸幸福地听戴老板表扬，有点生气。心想叶霞娣向戴老板汇报后，有他的好果子吃。

戴笠在操场上向学生们训话，他先是鼓励：同学们都是国家的栋梁、国家的希望，未来只有依靠你们年轻人。但是年轻人的成长道路是曲折漫长的，关键是把握正确的方向。

台下气氛热烈。戴笠本来喜欢讲话，这次更来劲了。

"同学们，蒋委员长是我们的大救星，没有他，我们就没有希望，可是，竟然有人反对他。同学们，你们说，这种人应不应该枪毙？"

同学们面面相觑，不知如何回答。叶霞娣跳了出来，举起手臂高呼：铲除异己分子，将他们千刀万剐。这个女人好厉害啊，她说出了领导的心声。同学们见她喊起来，顿时响成一片。

在欢呼声中，叶霞娣捧着鲜花跑上台献给戴笠。情场老手戴笠敏锐地发现这个姑娘是个不安分的，她那双勾魂夺魄的眼睛正盯着自己，戴笠突然涌起一种冲动……

欢迎仪式结束时，王孔安给了戴老板一张纸条，戴老板笑得像吃了蜜糖一样。

大家都开心，只有毛人凤不开心，戴笠没怎么理睬他，他的那件礼物还没有送出去，因为叶霞娣还在操场上与男女同学嬉闹。难道毛人凤的计划"流产"了？

人算不如天算。

毛人凤打算亲自去向戴笠汇报，虽然他知道一个男人去汇报效果不会太好，但是他怕王孔安恶人先告状，他快步来到戴笠下榻之处。

贾金南在门口望风，拦住毛人凤，小声说："戴老板正在办事，有事你明天来吧。"

傍晚戴老板有事，难道王孔安在汇报工作？毛人凤的脸煞地白了。

毛人凤一个劲向屋内张望，这让贾金南副官为难极了，说："你也知道戴老板的脾气的，他办事时不喜欢有人打扰。"

毛人凤从手中拿出十块大洋递给贾金南，贾金南接过大洋手说："王孔安送了一位美女向戴老板汇报工作，好像叫姜毅英，也是江山人。"

毛人凤心寒了，想起王孔安递给戴老板纸条那个情景，这小子不是简单的人物，先动手了，这次功劳被他抢先了。

回到宿舍已经晚上了，毛人凤在床上翻来覆去，怎么睡也睡不着，感觉自己只慢了半拍，要失去很多东西。一步之遥，价值无法估计啊！

毛人凤失眠怎么办？他选择到外面走走，也许能够发现新情况呢。他不知不觉地来到戴笠下榻的南边。

一阵浪笑传过来，毛人凤顿时浑身痒痒了，他禁不住诱惑，轻手轻脚地来到戴笠房间的窗下。毛人凤以为神不知鬼不觉，可是他的脚不争气，踩住了破毛竹，发出清脆的响声。

"谁！干什么？"持枪的卫兵叫喊着冲出来。毛人凤知道闯祸了，吓得腿都软了，哪里还有力气逃跑。卫兵抓住他押进会客厅。

戴笠系着裤腰带，怒气冲冲地走出来，看到毛人凤，马上转变一副面孔，让卫兵出去，说："人凤，你找我什么事？"

戴笠这么客气，让毛人凤不知所措。世上从来没有无缘无故的好或者爱，又是什么事让毛人凤逃过一劫？当然有让毛人凤意想不到的事。

毛人凤说："戴处长，我不放心你的安全，特地过来为你站岗放哨。"毛人凤是特工老师，撒谎有"执照"的。

戴笠笑了笑说："有个人为你说了很多好话啊。"

毛人凤战战兢兢向内屋一瞥，看到了一个姑娘，姑娘从蚊帐内露出脸来向他微笑。这才明白有人替他说了好话，怪不得半夜被吵醒的戴处长还如此亲切。

这个人就是叶霞娣。原来，戴笠这个小子从来不会放过任何一位美女，玩儿完了姜毅英，他去叫来叶霞娣。

戴笠很会论功行赏，这个功当然是拍马屁的功劳，如果两个有矛盾之人同时拍马屁怎么办，戴老板也有办法，都有好处啊。他叫王孔安负责警校的工作，将毛人凤调到别处升职，大家皆大欢喜啊！同时，解决了一山不容二虎的难题。

第六章　情报来源

【交朋友】

1935 年初夏，毛人凤接到调令，任军事委员会武汉行营办公厅第三科第一股股长，少校军衔。这让毛人凤激动不已，他在崇德混了这么多年，还不如这几月带给他的荣耀大。

武汉行营与鄂豫皖"剿匪"总司令部是一套人马两块牌子，"剿匪"副总司令张学良兼行营主任。第三科是情报机构，科长叫陈郡年，也受特务处武汉站长周伟龙领导。第二科也是情报机构，科长叫陈昶新，东北讲武堂毕业，在日本炮兵学校镀过金，是张学良的得意门生，对张学良副总司令负责。毛人凤的主要工作就是搞情报，本科室的情报是可以掌握的，但是第二科的情报难以获悉。这让毛人凤如同独眼看大千世界，很不方便。但是，要获知第二科的情报比登天而难。因为两位科长关系极不好，原因很简单，都为自己的靠山服务，谁也不买谁的账。陈昶新的大靠山，当然是东北一号人物张学良。陈郡年的靠山更大，是中华民国"一把手"蒋介石。

有靠山的人往往目空一切。

两个科室的人员见面从来不打招呼，说话不是刻薄就是嘲讽，有时闹得撕破脸皮。

毛人凤提出修补两个科室关系的大胆设想，同事们认为他太幼稚了，有的还说他患了幻想症。修补关系自古都是依靠双方的意愿，一厢情愿有什么用？这次，两科的人员继续绷着劲儿与对方斗时，却发现失策了，他们怒气冲冲的拳头砸在软绵绵的海绵上，怎么也使不上劲。毛人凤面对冷嘲热讽，总是笑眯眯地听完，然后很客气地低头称是，决不还嘴。有时毛人凤还主动上门请教问题，更让第二科陈科长不敢相信的是，毛人凤把情报悄悄地透露给他们。陈昶新科长也不是等闲之辈，小恩小惠怎么能收买他呢？他也早看出毛人凤的如意算盘，小心地应付，怕落入了毛人凤的圈套。

毛人凤为了掌握第二科的情报，继续开展进攻，他请陈昶新科长喝酒、喝茶、跳舞，陈科长就是不给面子。毛人凤见陈科长如此固执，他下了一剂猛药，说日本鬼子派人要暗杀他。陈科长脸上闪过惊慌，毕竟这事关系自己的小命，但是他是行武出身，很快镇定下来，现在假消息满天乱飞，多如牛毛，例如，日本鬼子天天喊着要杀死谁谁谁。结果都是空穴来风，很少有真的，因此他也没当一回事。

毛人凤想这个小子敬酒不吃，就请他吃罚酒。毛人凤的罚酒就是打，打服他为止。陈科长又不是三岁小孩子，打有用吗？而且陈科长级别比他高，武艺比他强，小心偷鸡不成蚀把米。但是毛人凤在"打"字上做足文章，一条诡计诠释"朋友也可以是打出来的"的真理。

那天早上，陈昶新在野外晨练，突然两个蒙面男人持铁棍打向陈昶新，陈昶新躲闪不及，后背中了两棍，一棍子正打向他的脑袋，他双眼一闭，心想这次小命完蛋了。突然，一声枪响，陈科长不知道出了什么事，难道去了阴界？可是当他睁开眼睛时看见的是持棍的男子向远处逃窜，而开枪救自己的人却是毛人凤。

陈昶新非常感谢毛人凤，救命之恩啊，什么报答都显得苍白无力，生命是无价之宝啊。从此，两人的关系发生了翻天覆地的变化。

毛人凤打服陈科长，让陈科长心甘情愿地把重要的情报源源不断送过来。就这样，毛人凤就轻松地掌握了第二科、第三科的机要情报，让远在南京的戴笠刮目相看。

【 肉包子打狗 】

毛人凤受戴老板之命来到西安搞情报工作，职务升为科长。他主要是关注17路军和杨虎城。因为蒋介石提出"攘外必先安内"的政策在全国掀起波澜，特别是西安军队官兵十分反对蒋介石的这个口号，他们的反对是很有道理的。

毛人凤到了西安很快刺探到杨虎城同志同情共产党的行为，这是非常危险的信号。毛人凤考虑再三，最终想出一条自以为是的妙计，让杨虎城的朋友胡逸民打入杨虎城内部潜伏，主要作用：一是可以引导杨虎城一心一意向着国民党走；二是刺探杨虎城内部核心的消息。

戴笠十分支持这个让胡逸民出来戴罪立功的计策。因为，此时胡逸民还在牢狱内。蒋介石在书房听取戴笠汇报后，连连点头，感觉这个间谍计划天衣无缝。

希望越大，失望就越大。

胡逸民是浙江永康人，老同盟会成员，北伐时出任国民革命军总司令部军法处执行科长兼监狱科长。胡逸民这个人工作能力不强，但是很会结交各路朋友，朋友好啊，可以帮胡逸民升官发财。帮忙的朋友很多，蒋介石就是其中一位。"四一二"政变前后，他在蒋介石的帮助下一跃成为"清党审制委员会"主席。俗话说，爬得快，摔得重。不久有人打小报告说他的秘书是共产党！蒋介石火了，赏了他两记耳光，送他去了疗养院——监狱。这事让胡逸民很不理解，老子自己又不是共产党，却享受了共产党员的待遇，谁能保证自己手下没有一个间谍或异党分子啊。如果你蒋介石手下有共产党，也这样处理啊？

不服归不服，监狱还是要待的。好在胡逸民这家伙朋友多，在朋友李烈钧、蒋伯诚等的说情下，蒋介石想想这个胡逸民也没有大罪，就把他放了，还恢复他监狱科长这个职务。蒋介石一定有个天真的想法，在监狱内待过的人管理监狱更内行。可是这次蒋介石失策了，胡逸民这家伙吃了苦头，就寻找补偿损失，不管在工程中还是与犯人家属接触中使尽各种手段捞钱。有钱了他就买地皮、造洋房、购名车、玩女人。可是纸里包不住火，老蒋得了消息后，以贪污罪又把他送回那个老地方。

因为一位朋友的原因，胡逸民将从监狱内出来。朋友就是好！这位朋友叫杨虎城，当然杨虎城不知道是自己的关系让胡逸民出狱的。戴笠给了胡逸民一个秘密任务，让他去老朋友杨虎城那边潜伏。能出狱就好，胡逸民当然高兴，管它是不是潜伏，凭自己与杨虎城的关系，以后一定有好日子过啊。

胡逸民投奔杨虎城，杨虎城预测这是特务处的诡计，并要求手下们讨论这个事情，大家踊跃发言，说出许多不错的点子，归纳有三个：一、给一些钱财，让他走人；二、推荐一份工作，让他别处谋生；三、在图书馆给个闲职，让他天天与书本打交道。从理论上来说，三条建议不管哪条，都是正确的。但是杨虎城都不接受。他要给胡逸民升官，这让手下的同志们捏了一把汗。不能把老朋友看得比江山还重吧。

杨虎城将军任命胡逸民为陕西省政府委员（副省级，比以前监狱科长高出好多职级），兼任 17 路军驻武汉办事处主任。在大堂上，杨虎城宣布了这个重要任命。胡逸民面对杨朋友手摇脚颤，不知道说什么是好。好人要么不做，做了一定做到底啊，杨虎城还让半老头子胡逸民当了一个年轻的角色——新郎，给他介绍了一位如花似玉的姑娘，此人叫向影心。胡逸民感觉杨朋友比蒋朋友够义气多了，送了大官还要外添美女，一定报答杨朋友的知遇之恩，什么潜伏不潜伏的已抛到九霄云外。杨虎城是厉害角色，这次亮出狠招，后来的事实证明：他是高明的、有远见的！

潜伏分子变成肉包子打狗——有去无回。但是，毛人凤不是省油的灯，他会使用阴毒的诡计进行报复！

【流言】

毛人凤见胡逸民迟迟不肯提供情报，派人催过几次，胡逸民总支支吾吾搪塞。毛人凤猜测此人已被杨虎城收买了。一点也没错，确实胡逸民成了杨虎城的人。

　　毛人凤对付胡逸民的一招非常狠毒，不是骂，也不是打，但是比骂比打还凶狠无数倍，就是给胡逸民戴一顶绿帽子。妻子的背叛是男人人生最悲惨的事之一，何等的痛苦啊。

　　胡逸民的老婆向影心在姑娘期间，经常出入舞厅等公共场所，自从嫁给胡逸民后才安分过小日子。毛人凤相信这个女人是可以突破的。

　　毛人凤开始进攻了，他以笔名凤哥的名义给向影心写情书，以他优美的文笔、俊秀的字体，他相信嫁给老东西的向影心见到一定会心动。可是这次毛人凤失策了，一封、两封、三封情书送出去石沉大海。毛人凤写了第四封，向单位最帅的同事借了一张照片，连同照片一并送去，当然都是在胡逸民上班的期间送过去的。可是向影心就是不理睬，她需要一个温暖的家，外面什么诱惑都不能打动她，使毛人凤的求爱计划彻头彻尾失败了。

　　失败的毛人凤，并没有放弃对付胡逸民，反而另外有了诡计，他叫手下四处散布一个谣言，说胡逸民在外面包养二奶，女的是美人胚子穆姑娘。

　　年轻的向影心这次真的上当了，她被嫉妒、愤怒之火烧晕了头脑，不认真分析、判断就相信了流言。流言是写在水上的字，注定不会持久，但是传得飞快啊！

　　向影心回归了姑娘期间的生活，频频出现在舞厅、饭馆、咖啡厅等公共场所。毛人凤的网已撒开，引诱美女的好事，毛人凤要亲自上阵。

　　华灯初上，大世界舞厅人头攒动，其乐融融。毛人凤坐在一角落里静静等待向影心的出现。

　　远远地，一个身形高挑、衣着华丽的女人过来，看着她如蛇一样的身段，毛人凤忍不住吞咽口水。

　　向影心刚坐到沙发上，毛人凤径直过去，他怕被帅哥抢先一步，夺走美女啊。他鞠了一躬说："小姐，请你跳舞好吗？"

　　向影心听到声音转过头来，诧异地看着毛人凤说："你是谁，为什么要我跟你跳舞？"向影心出来是跳舞的，有人请她跳舞当然开心啊。可是，毛人凤长得真不怎么样，向影心根本没看上眼。

　　毛人凤心想这个美少妇还真不好搞。

向影心又说："在大世界，请我跳舞的有两种人，1.英俊潇洒的浪荡阔少；2.腰缠万贯的商界强人。先生是不是第二类啊？"

向影心的嘲讽对毛人凤来说是毛毛细雨，他一点也没有生气，反而欣赏这位直爽的女人。毛人凤为自己找到了一个理由，这个理由一旦说出来，漂亮女人都喜欢听。毛人凤微笑说，小姐，我不是什么阔人，请你跳舞，只是因为你长得实在漂亮，令我不能自己，如果小姐不愿给面子，就改天再会吧。

向影心非常满意毛人凤动听的邀请词。她懒懒地伸出玉手说："好吧，我们跳一曲。"毛人凤又惊又喜地牵着她的手，恭敬又温柔地搂着向影心滑入舞池。

毛人凤的喜大家都知道，我不必多说。那为什么要惊呢？原来这家伙为了认识向影心才去学了几天舞步，见到向影心这种心动的美女，自然紧张啊，一紧张就会坏事，在舞池中他接二连三地踩向影心的脚尖，向影心被踩得毫无兴致，她不想跳舞了。此女子说话也与众不同，说："先生，我们玩点别的，好吗？"

毛人凤听到这话，全身一阵兴奋。但是他知道计划正在实施中，不能停顿下来。果然，舞厅灯光熄灭了。

漆黑的舞厅中有尖叫声、桌椅打翻声、打架声、哭声……向影心有点害怕，自觉地将身子靠近毛人凤，颤抖地问："哎呀，这是怎么回事？"

毛人凤见机会来了，一把抱住向影心说："别怕，有我在啊！"

向影心连连点头，毛人凤心想借机会好好摸摸向影心，不想两个身材高大的家伙走来，拉着向影心就走。向影心大叫大喊也没有用，她被拉上了一辆窗子都蒙着黑布的汽车，不知驶向何方。

不一会儿，汽车在荒郊野外的一处房前停下来，向影心被拉进屋内。等待他的是人生的另外一种命运。

【讨好上司】

向影心被关在阴暗的房间，没有窗户，没有电灯，寂静得如坟场一样，她不敢大叫大喊，怕绑匪堵住她的嘴巴，她的愿望就是想活着出去，没有什么比活命更加重要了。

突然，听见门外有人倒下的声音，一个男人轻声推门进入，向向影心招手示意，向影心站起来跟着他往外走，在大门口，男人又打倒了几位看守，牵着向影心的手终于逃走了。这是英雄救美女的故事，大家眼熟吧，武侠小说中出现的频率很多。这次的英雄是毛人凤。当然是毛人凤自导自演的好戏。在英雄救美的路上他将俘获向影心的芳心。

毛人凤将向影心带入自家，进入自己房内，向影心含情脉脉地望着毛人凤，毛人凤也痴情地看着她，向影心没有说话，她要用实际行动感恩，将这份感激化成刻骨铭心的爱情。当然，她想破脑壳也不会知道面前这位就是绑票的幕后老板。

向影心倒在毛人凤的怀中，毛人凤抱起她放在大床上。突然，急骤的敲门响起来，毛人凤非常恼火，迟不敲晚不敲，偏偏这个时刻敲门。他很不情愿地套上刚脱下的内衣，去打开房门，手下在他耳边说，戴老板来了。

毛人凤望着手下离开的背影，转身向向影心看了一眼，他作出一个惊世骇俗的决定：将喜欢的女人送给戴老板！这可能跟他的经历有关，小时候他总是把好菜好饭让给兄弟们先吃，自己心甘情愿地吃剩菜剩饭。

毛人凤带着向影心去见戴老板。此时的向影心对毛人凤可以说是百依百顺的，当向影心进入戴老板房间，见毛人凤躲在角落里像一个听话的孩子，她有一种不祥之感。

戴笠说："向小姐请坐吧。我们是军统局，希望你能加入我们这个组织，为党国效劳。"

"不想，我老公胡逸民已为国民党工作，他是17路军的高官。"

"你老公胡逸民是我们的老相识，你回去问问他是为蒋委员长还是为杨虎城卖命。"

向影心转头询问毛人凤："这个人是谁？"

"戴笠、戴老板！"

你就是杀人不眨眼的戴笠啊，今天是你们设计害我啊？向影心这时才知道上了当。

　　戴笠打开了一瓶红酒，给向影心倒了半杯说："忠于我们组织的人，我们绝对不会杀。向小姐如此美丽动人，被胡逸民那老头子糟蹋实在可惜啊。我愿与你交个朋友。"

　　向影心仔细打量戴笠，觉得此人长得英俊，谈吐得体，地位更高不可攀，想胡逸民这个老东西包养穆姑娘（她相信），我找个靠山也是需要的。她妩媚一笑说："戴先生绝不是做简单的朋友吧，你想从我身上得到什么？"

　　戴笠见她赤裸裸的挑逗，不禁大笑，站起来抱住她往卧室而去。

　　第二天，毛人凤进入戴老板房间，看到向影心像一只温顺的猫咪趴在戴老板的肩膀上，时不时地深情看着他。戴老板说："向小姐已经答应加入组织了，你带她去办手续，然后送她回胡逸民那里。"

　　向影心作了一个惊人的决定，不要回胡逸民家。理由是胡逸民有了新欢穆姑娘。戴笠怎么会同意啊？搞定向影心的目的就是监视胡逸民的，这条美人计不能白白浪费。

　　戴笠开了几个优惠的条件，组织上不管她的私生活，只要不违背组织规则，每月的报酬加倍，考虑到潜伏工作的困难，毛人凤随时给她提供帮助。

　　向影心也认命了。她经过毛人凤的精心点拨，很快成了一位出色的潜伏人员，为特务组织提供了许多有价值的情报。

　　后来，毛人凤与向影心相爱、结婚，毛人凤每每回忆这段往事便感觉风光无限。

【活路】

　　毛人凤与向影心的接头地点都在灯红酒绿的大世界舞厅。毛人凤认为，最危险的地方往往就是最安全的。当然也有个人的目的，在这个伸手不见五指的舞厅里，他可以拉拉向影心的玉手，抱抱她柔软的香体。

　　在灯光昏暗、人来人往的舞厅里，打扮妖艳的向影心与毛人凤在舞池中尽情跳舞，时而搂搂抱抱，时而中规中矩。期间，他们还要完成一份秘密工作——传递情报。边跳舞边工作，让毛人凤感觉非常满意。

那天，向影心向毛人凤传递了一份情报，说17路军中流传一本抗日的秘密刊物《活路》，在军队、群众中影响深远。严格意义来说，这份情报一点也不重要，为什么呢？这刊物是反对侵略的抗日爱国宣传刊物，作为中国人都不容置疑要支持。

毛人凤对抗日工作还是相当支持的，作为堂堂正正的中国人，不管良心好与坏，在侵略者面前都应举双手高喊反对。在抗日的大旗下，有共产党党员、民主人士、小商小贩、农民、地皮流氓……戴老板要求他关注一支力量——共产党，只有共产党才有能力与国民党争夺天下。在抗日宣传的活动中，他得注意共产党员的人数、规模和带头人。

《活路》刊物宣传观点与共产党的政策、想法很接近。他一定要查一查，这潭水到底有多深。

《活路》实在不好查找，那时刊物只有宣传思想内容，其他什么痕迹也没留下。但是毛人凤自有办法，他排查了一下印刷厂，东北军那边没有印刷厂，在西安绥靖公署军需处有一家颇具规模的印刷厂。

如果直接进去难以查到问题，当时的人也很精明，做事情都留个心眼。为了不打草惊蛇，最理想的办法还是派人潜伏。毛人凤派了一胖一瘦的两个小特务去厂里上班。但是厂里不招工，当时进入企业上班很困难。怪不得那么多人为混口饭吃，甘愿当特务干缺德的事，也不怕遗臭万年！

毛人凤对找工作还是深有体会的，他当然有办法，要求潜伏特务与厂内负责人拉上关系。胖特务不知所措地说："我们八辈子与企业负责人拉不上半点关系。"毛人凤见手下这么不开窍，火了，大声说："金钱，用金钱开路。"没错啊，送钱后两个特务很快进入印刷厂上班，不用当试用工，直接成为正式工。

半个月后，胖瘦小特务在车间操作时，突然看到一本刊物《活路》，他们笑得如春天的花儿一样灿烂，好像看到一条升官发财的活路。事实证明，这是一条死路，他俩面临的是悄悄地离开这个世界。

胖瘦小特务的死路其实是跟毛人凤的失策有关的。毛人凤将《活路》的情报上报给西安站站长江雄风，江雄风转给了"剿总"参谋长晏道刚，晏道刚是直爽人，直接质问杨虎城。

晏道刚说："你派人查查，军队里到底有没有《活路》？"

"我从来不知道什么活路还是死路。"

"你能肯定吗？"

"绝对没有的事。不用查了，查了也浪费军队的资源！"杨虎城说。

晏道刚说："好吧！"

杨虎城是老江湖了，说出了《活路》，自己可能走进死路，怎么会承认这档事？问是问不出结果的。没几天，意想不到的事情发生了，毛人凤派出的胖瘦两个小特务神秘失踪……

这次获悉《活路》让毛人凤的两位兄弟走进了死路，让毛人凤吃了一记闷棍。也是毛人凤第一次在西安吃亏。他把杨虎城认定为自己的敌人。心想，杨虎城，只要你的尾巴露出来了，我一定要抓住！

第七章　西安事变

【不受重视的情报】

　　毛人凤自从失去两位特务兄弟，对杨虎城恨之入骨，但是恨归恨，杨虎城乃是17路军的统帅，随便叫上几千号人对付小小的毛人凤科长，就如踩死一只蚂蚁。毛人凤只能望"城"兴叹，还能有什么办法啊。可是幸运之神又一次降临到毛人凤身上，特工向影心提供一条重要的情报，杨虎城身边不仅有共产党活动，而且杨虎城的夫人谢葆真就是共产党员！

　　这让毛人凤兴奋不已，如同久旱逢甘露，他立即向戴老板发电报汇报，并加了一句：速擒杨，以免造成重大的损失。这句话体现了毛人凤的先知之名，如果按他的方式去做就不可能发生震惊世界的西安事变。

　　戴老板回电说：人凤，你是好样的，重重有赏。

　　可是，毛人凤在西安苦苦等了半个月，南京方面没有奖赏，也没有其他好消息传来。这让毛人凤极不理解啊，这种爆炸性情报，蒋委员长得知一定表扬啊，说不定还要亲自接见自己，升官发财是在所难免的事情。

　　然而从特务处内部传出的信息，与预想的完全两码事。那天，戴老板激动地拿着电报去向蒋委员长汇报，蒋介石皱着眉头看了一眼戴笠，然后在屋里来回踱步，戴老板弯着腰低着头，其实他也在做一件事，就是轻声数着蒋介石的脚步。蒋介石遇上难题时，总这样模仿曹植的方式思考问题，曹植先生七步吟诗一首，在这方面，蒋介石比曹植先生差多了，每次他得走上十几步才能得出结论，当然这个结论也不是百分之百的正确。

蒋介石说："我需要的是证据。"

这让戴笠吃惊不少，蒋介石要求证据从理论上说也是对的啊，但是要情报系统拿出证据谈何容易，简直难于母猪上树。这分明是鸡蛋里挑骨头啊。

其实蒋介石对杨虎城的信任是有原因的，在他眼里杨虎城同志是俯首听话的将军，从来也没有违背过他的意愿，也没有听到背后有人说他的坏话。关键原因是现在需要杨虎城的军队打共产党军队。你说他谋反就谋反，他手下17路军怎么办？如果他正处在摇摆不定中，稍有不慎的决策，就把他推到共产党那边去了，让共产党占了大便宜。

毛人凤工作也是认真扎实的，他盯上杨虎城后，从来没有放松过。他亲自整理、分析、甄别杨虎城的情报，然后上报戴笠，由戴笠向蒋委员长报告。

蒋介石以避开50大寿的名义，要去完成一项秘密任务。他要前往中原的洛阳、西安、济南、太原、兰州等地，与各大军政大员商谈对陕北红军发动进攻的事情，然后集中数十万中央军歼灭红军的计划。

当蒋委员长来到洛阳时，毛人凤向戴老板上报一条十分重要的情报，杨虎城与陕北红军的某一位负责人正秘密接触，很可能做出不利于国民党和中华民国的事情。

蒋介石将要结束洛阳之行，下一站是张学良、杨虎城的地盘西安，这次的情报相当重要，蒋介石去西安有风险。当戴笠跑去向蒋委员长汇报时，蒋委员长很不高兴，训导道："你们说杨虎城通共，也说了不止一两次，但是证据在哪里啊？那些民间的谣传我不要听。我去西安的计划不会改变的。"

情报又不是证据！戴笠灰溜溜地出来了！

毛人凤与往常一样，早早来到单位上班，他从一堆机密情报中看到了一个舞伴发出来的情报，他满心喜悦地打开，看完后激动得浑身发抖，这是向影心向他发来的密报：张、杨将采取兵谏的方式，逼蒋委员长停止"剿共"，领导抗日。

蒋介石与戴笠（右）合影

这是惊天动地的消息。毛人凤和戴笠的命运与蒋介石的命运早已联系在一起。毛人凤立即向戴老板汇报，戴笠比毛人凤还着急，马上打电话给蒋委员长住处，接线员说蒋委员长一行去了机场。

当蒋介石登上云梯时，身后一位调度员大喊"委员长电话"，蒋介石感觉这对西安之行是不吉利的，心里很不痛快。不说你也知道，电话正是戴笠打来的，戴笠在电话中火急火燎地说："蒋校长，西安去不得，杨虎城与张学良要进行兵谏，强迫你一起抗日！"

蒋介石非常不开心，呵斥道："你一会儿报告张、杨不和，现在却说他俩团结起来对付我，我不知道哪个情报是真的。还有，张学良是我的结拜兄弟，他的夫人也是我岳母的干女儿，哪有兄弟相残杀的道理？"

戴笠急得满头大汗，但是他拿不出证据，又说不出道理，为了蒋介石的安全，他只得加重语气强调说："这个情报绝对准确！"……戴笠也知道这个回答显得苍白无力。

"你说他们'通共'，我就是号召他们坚决和红军开战，把共产党消灭掉，我倒要看看是我说动了他们'剿共'，还是他们说动了我抗日。"

蒋介石在骂娘声中非常自信地坐上去西安的专机，等待他的命运让他瞠目结舌，他万万没有想到一位是兄弟、一位是爱将，为了什么民族大业却背叛了他。

自信是不错的品质，但是过分的自信就是骄傲，骄傲往往使人走向失败！

张学良、杨虎城个人是欠了蒋介石一笔人情债，但是他们的爱国精神、民族大义，让我们以及后来者不得不钦佩，他们的英勇事迹将永远地载入史册。

【逃命】

1936年12月12日早晨，天还没有亮，毛人凤接到了一条做梦也不敢想的情报，张学良、杨虎城两将兵变，扣留蒋介石，蒋介石生死未卜。以前，他上报不少不利于杨虎城的情报，添油加醋是有的。现在看看没有冤枉他啊，这些情报都是真实、可靠的！

面对西安的大变故，毛人凤在紧急时刻，没有去做徒劳的事，比如，派人抢救人质，凭自己几十号人无异是以卵击石。刺探情报也失去了意义（找到人也没法营救），嗅觉灵敏的毛人凤作出了一个正确、务实的决定：逃命！他懂得"千军易得一将难求"的道理啊！

毛人凤在出逃前几分钟，向顶头上司江雄风汇报了情况，当听到逃跑时，江站长一改往日强硬的作风，表示非常支持，连声说："好好好，快逃吧！"

毛人凤非常感谢这么好的领导，能明辨是非，果断决策。但是他却说了一句相当傻的话："我们逃走了，工作怎么办？"

江站长愣了一阵，然后微笑一下说："丢失生命，怎么工作啊？现在的主要任务就是保存我们这些革命的本钱啊！"

毛人凤来到大厅向特务们宣布逃跑的决定。

特务们傻眼了，以前在西安城耀武扬威，打人收黑钱，整人，什么坏事都干过，现在要他们离开组织，他们就什么也不是，出去就成了丧家之犬，如同过街老鼠一样，人人喊打啊。许多人宁可让张学良、杨虎城抓去，也不想逃跑。

毛人凤见这些人脑袋不开窍，也只得苦口婆心地说："叫你们出逃，不是让你们离开组织，今后组织恢复了，你们继续出来工作，这期间你们也可以隐蔽下来为中华民国工作啊，当然工资是不会少的。"

特务们见毛人凤科长说到他们点子上，马上破涕为笑，表示支持。

当特务们逃出西安站两三分钟后，张、杨将军的军队包围了西安站。这个地方是蒋介石在西安的出气孔，一定要关闭。可是当军队包围西安站时，已人去楼空。工于心计的毛人凤已将特务化整为零，让他们分散逃跑了。

西安城都在搜捕为蒋介石卖命的特务们，每个路口都有一批人设卡进行严格的盘查。

毛人凤穿着一件灰色的中山装来到街南，见前面有一队人在设卡检查来往人员，毛人凤转身想往回走，但是不行了，后方一批手持长枪的军人将他们往检查处赶，如同赶鸭子一样。

毛人凤大大方方地向检查处走去，当士兵喊他拿出证件时，毛人凤不紧不慢解开上衣口袋，从里面掏出一本崭新的工作证。

难道毛人凤不要命了，怎么可以把自己的证件给他们啊？当然这不是真实的身份。狡猾的毛人凤早已将证件伪造，取名叫毛凤哥。毛人凤这家伙给自己起新名字时，也没忘了占点便宜。什么哥，分明把人家当成小弟啊。

士兵说："凤哥，你可以走了。"

毛人凤轻松地离开检查处，走了几步回头微笑地看了看那些士兵，然而前面迎接他的是更大的麻烦。

毛人凤奔逃到中午时分，感觉又渴又饿，正想寻个地方填饱肚子，突然，前面转弯是检查站，毛人凤正在犹豫之际，带头兵远远地喊，前面那个男子，你过来。

毛人凤是何等聪明之人，他当作没听见，故意向左右前后张望了一遍，表现出比一名专业演员还专业的演技。

毛人凤向四周张望是有目的，他想溜啊。然而带头兵与三五个手下很快来到毛人凤身边，要了毛人凤的证件，便问："你是哪个地方的？"

"17路军11师12营13连14排的。"

听你口音不像是西安人啊。

"我是安徽人，来西安当兵的。"毛人凤知道口音与相貌一样，都是不可以改变的。

"你跟我们走一趟，让 12 营的人来核对你的真实身份才可以离开。"这位带头兵工作好认真，把毛人凤吓得冷汗直流，心想这次彻底完蛋了。

在这个危急时刻，毛人凤想前途要毁，生命难保，多年努力就毁在今天这一刻。

许多人一直想做好人，想成为有救命之恩的好人，但是做好人是要讲机会的，不是你想做就能做的。此时就有一个人遇上这种机会。

一位年轻的帅气军官过来了，士兵们向他尊敬地行礼，他看了看毛人凤，然后对士兵们说："不要为难这个老兄了，他是 12 营的，我认识的。"

年轻的军官走了，毛人凤追赶上去，此人不是自己的朋友，也不是特务机关的人，他为什么要撒谎帮助自己啊？这种做伪证搞不好要丢掉饭碗（工作）吃牢饭的。

毛人凤问："你为什么要帮助我啊？"

那人说："你连我都不认识啊，我是周养浩啊，是你教小学时的学生啊。"

如果不是周养浩提醒，毛人凤根本认不出来了，十多年前的小孩子现在成了英俊帅气的军官。

毛人凤在逃亡的路上如抓到了一根救命稻草，他要策反周养浩。想当年戴笠凭一张嘴让周伟龙投诚，他当然要照猫画虎。毛人凤滔滔不绝地进行攻心战，比如你现在在地方国营单位上班，以你的才华应该去中央国营单位上班啊。毛人凤说了很多诸如此类的话。周养浩爱听这话，他也是爱往高处走的人，当然不会放弃这个好机会。就这样周养浩成了毛人凤的人。

毛人凤暂住周养浩住所，以避风头！

毛人凤好运气啊！

【救驾】

蒋介石被张学良、杨虎城软禁后，南京方面仿佛晴天霹雳，马上召集中央各部委一把手开会，大家义愤填膺地大骂张学良、杨虎城，骂得最轻的不一定是孬种，骂得最凶的人也不一定是忠臣。何应钦就是骂得最凶的那位，他身为"国防部部长"，权高位重，现在众人以他为中心，何应钦感觉从未有的风光，他就越骂越响，突然大手一挥说，派飞机轰炸西安，灭了逆贼。

会场马上安静下来，大家终于从骂人的阶段进入思考营救蒋介石的阶段，这个办法能行吗？明眼人早就分辨出来，这哪里是救蒋介石，分明就是将蒋介石往火炕里推，置之死地而后快啊，派飞机轰炸、派部队攻打，张学良、杨虎城也不是吃素的，非得宰了蒋介石不可。退一步说，他们把蒋介石当人质绑在城墙上，看你们的士兵还怎么打啊？

蒋介石信任的桂永清、贺衷寒、邓文仪见风使舵，先后表态支持出兵，给张、杨两将点颜色瞧瞧。这些人见蒋介石生还的希望渺茫，急着投到何应钦的门下，为新主子——何应钦出力。

此刻最焦急最害怕的却是一位女人，此人就是宋美龄，她实在听不进去了，站起来大声说："轰炸西安是置中正于死地，我坚决不答应，因为他不只是我的丈夫，而且是国家领袖，没有了领袖，国将不国！"

宋美龄虽然无权无兵，但是作为国母，她的话是很有分量的，还是得到了一些人的响应，这与何应钦主战一派势均力敌。宋美龄看了一眼戴笠，希望他出来说两句公道话。戴笠故意低着头，当作没看见。戴笠是主张和的，但是他知道兵权在何应钦手中，天下就是何应钦的天下，稍有不慎之言，自己还不知道是怎么死的。沉默是金！

有良心的人也是不少的，戴季陶站了起来，他说了一番意味深长的话，把大家全给震住了。他说："我是信佛的，去拉萨拜见活佛有三条路：一、由西康经昌都；二、由青海到玉树；三、由印度越过大吉岭。诚心拜活佛的人可以走三条路，不要只走一条路。"

此时，何应钦见在言论上对其极不利，就宣布了散会。

宋美龄抓住这个喘息的机会，马上请人与西安方面联系，要钱、要物、要权、要平分天下，请你们开个价吧，张、杨开出的条件让宋美龄很意外，不要钱、不要物，不要权力，也不是平分天下，只让蒋介石接受一个条件：停止内战，一致抗日。

　　宋美龄经过认真分析，张、杨两将的这次"绑票"不是为了权力，而是为了名义，从这点来看他们是不会加害蒋介石的。蒋介石有生还的希望，宋美龄决定去西安救人。

　　戴笠得知宋美龄要去西安救人，他纠结起来，去还是不去？去了有生命之忧，但是成功后，蒋介石一定更加重视自己。不去吗，自己在蒋介石和宋美龄的眼里成了贪生怕死之徒，从此分文不值。

　　戴笠马上打电话给好友胡宗南寻求建议。胡宗南与张、杨两将熟悉。胡宗南说，蒋校长绝无生命危险，校长没事，岂有学生先亡的道理？这是千载难逢的建功之机。

　　戴笠就这样陪着宋美龄、宋子文前去西安。他们达成默契，好汉不吃眼前亏，让蒋介石先答应条件再说吧。

【跪见上司】

　　毛人凤知道宋美龄带领宋子文、戴笠来西安时，对宋美龄佩服得五体投地。宋美龄长得好看，他一直认为是一个花瓶。这次西安之行说明了宋美龄有胆略，分析问题也准确。

　　人们习惯性认为绑票是危险事件，人质命在旦夕。毛人凤与宋美龄一样，认定西安事变蒋介石不会有生命危险。理由有两个：1.蒋介石与张学良、杨虎城个人关系是不错的，祖上也没有你死我活的仇恨。2.绑票的"赎金"是可以满足的。这个"赎金"不是金银财宝，而是要求蒋介石领导大家一起抗日。这样要求其实也不是要求，蒋介石早想对付小日本，就是担心共产党趁机壮大不好收拾，他想早点灭了共产党。大家在反对侵略，一致对付小日本的本意上也没有大区别。即使蒋介石暂时不打算抗日，但是为了保命或者自身的安全，也可以作个权宜之计，临时答应张、杨两将的请求。过了这一关，回到南京也可以反悔，说自己是被强迫的，这个答应不算数。承诺对政治家来说，都是小儿科的把戏。

　　宋美龄等人到达西安，也遭到张、杨两将的软禁。但是宋美龄知道这是

宋美龄

黎明前的黑暗，一旦蒋介石签下抗日的声明，这些都是过眼云烟。

毛人凤决定去牢里探望戴笠。戴笠也是讲义气的人，当他出狱后，一定把自己视为第一亲信，升官晋级等好事多着呢。

毛人凤把这次行动当作一场赌博，虽然有点风险，但是赢是十拿九稳的。毛人凤业余时间爱玩沙哈赌博，沙哈这门赌博最能体现人的智慧、胆识。毛人凤看清对方手中的底牌，认为机会难逢，决定马上下注。

毛人凤探望戴笠是不是做白日梦，西安监狱防守森严，连只小鸟也难以飞进啊，你凭什么能进去啊。最要命的是毛人凤身份特殊——逃犯，出趟门如老鼠过街一样。见戴老板的想法当然好，可以表表忠心，可是实现的可能性基本属于零。

毛人凤是特工的老师，在最困难的时候，总在寻找办法，终于他找到了一条缝隙：他在武汉的朋友陈昶新也到了西安，担任东北军上校团长。

毛人凤悄悄地敲开陈昶新家的门，陈昶新非常惊讶，毛人凤举起两手说："陈兄，我来投降的，说不定你可以升官。"

陈昶新一把将毛人凤拉进屋内，笑着说："我也这样想的，可惜你这条鱼太小，不够资格。"

毛人凤见陈昶新还没有忘记他，就大着胆说："我确实是一条小鱼，但是请求陈兄让我见一条大鱼。"

"什么大鱼？"

"戴笠，戴老板！"

"据我所知，戴老板下飞机就被扣留了，你去找他不是自寻死路吗？"

毛人凤充分发挥了特工的表演技能，堪称一流。他流着泪水说："戴老板是我再生父母，如果戴老板有什么不测，我也不想活。"

陈昶新被毛人凤的表演感动了，就答应出去打听关押戴笠的地方。

陈昶新的执行力不错，没多久就带来了好信息，不但知道了关押戴笠的地方，而且那个看守曾经是陈昶新的部下，关系好，允许他们今晚探视。

毛人凤和陈昶新走入地下室见到戴笠，毛人凤刚叫一声戴处长，戴笠抬头见毛人凤，就大骂道："王八蛋，你活着见我干什么，给我滚回去！"

毛人凤吓坏了，跪倒在戴笠面前，扶着他的膝盖放声大哭道："你骂的是，我是王八蛋，我该死，我真的该死。"

戴笠听到毛人凤这样哭，哭得比死父母还难过，这样痛哭，亲人听了都会伤心的。戴笠也感动了，深深地叹了一口气。

"你再多骂几句啊，这样我舒服些。"毛人凤还真是厉害！

戴笠扶起毛人凤说："平时我们兄弟相称，今天你冒着掉脑袋的危险来见我，可见你的忠心。"

毛人凤流着泪涕，两手抱着戴笠的腰，好像戴笠马上要赴刑场似的。

戴笠用手搭着毛人凤的肩膀说："人凤，我错怪你了，贫贱之交最可贵啊。"

毛人凤探视戴笠回来一直处在兴奋之中，这次赌注他押对了，戴笠对他会比亲兄弟还亲。现在只等蒋介石签个声明书，他们出去了，中华民国还是蒋介石的天下，戴笠成了蒋介石身边的红人，他也成了戴笠的第一红人。

毛人凤，光明的前程在等着你！

【留春园】

毛人凤满怀喜悦地回到周养浩的住所，周养浩却告诉他一个坏消息，说这个地方不能再住了。

毛人凤看了看门前的小路，转身不解地看着这个昔日的学生。

周养浩又说："有人传话，说杨师长得知这里有嫌犯，要带人来检查啊！"

这对毛人凤来说如同晴天霹雳。像他这样被四处通缉的人，城门上贴着画像，从城门出去根本不可能，上街也得小心翼翼，稍有不慎，马上会步戴笠的后尘。

毛人凤正愁眉苦脸时，周养浩问他去哪里，毛人凤苦笑一下，想西安城围得铁桶一般，能去哪里啊？如果去租私房，谁还敢收留啊。如果去旅馆，正好自投罗网。除了认识周养浩外，又没有知心朋友。可以说上天无路，入地无门！

周养浩这个人不简单啊，他替毛人凤想出了一个安全去处——妓院留春园。周养浩是毛人凤的学生，可谓名师出高徒。

妓院是公共场所，不易藏身的，每天进出的人众多，都是三教九流之徒。但是他们要去的地方不是普通妓院，而是高级妓院，只有有权有势的人才会去享乐，一般老百姓没有这么多钱，只能望"园"兴叹。

周养浩又说："只是、只是，我怕传出去对先生不利。"

毛人凤笑了，说："蒋委员长落难时，也曾在妓院藏身。只要心地正直，无处不是光明大道。而且，进妓院又不是嫖娼，是工作需要。"

毛人凤穿着宝蓝色的夹棉长衫，外套盘龙黑缎的马甲，头戴礼帽，手持拐杖，坐上了豪华汽车，像跑买卖的富商。路上卫兵不敢阻拦检查。

两人迈进留春园大门，吸了一口冷气，楼内金碧辉煌，比秦淮河畔的风月地还气派。

这个地方虽然俗气，但是华丽高档啊，这哪里像是在逃难，分明是来享福的。清一色的姑娘排成一条蛇的队伍，向他们微笑招手。高的矮的胖的瘦的白的黑的各路风尘女子展开双臂，任你挑选！

老鸨突然迎出来说，周公子，好久没来，荷花姑娘想煞你了。

周养浩有点尴尬，向毛人凤微笑一下，毛人凤表示理解。周养浩对老鸨说，这位是张大爷，做大买卖的，你叫新来的姑娘伺候，张大爷一高兴，就长住下来。

老鸨指了一指清一色的姑娘们说，张大爷，你喜欢哪个姑娘？

毛人凤来的目的是找隐藏之处，哪里还有这份闲情逸致？他自顾往里面走，可是老鸨却不知道啊，她以为张大爷没有相中这些姑娘。她说向毛人凤推荐一位美女。这位美女与众不同，毛人凤看见了一定会眼睛发直，不能控制。

老鸨说，这位美女还是有名的交际花，如果张大爷愿意花钱，我愿意带你去看看。交际花，这让毛人凤想起了红粉知己向影心。

老鸨又说："这个交际花有一个特点，能不能得到她，决定权不在你的手中，别人嘛都是顾客挑姑娘的，她却恰好相反，她来挑选顾客，天下奇闻吧。我开了三十多年的妓院还是头一次啊。"

"她一定很美吧？"

"是啊，美丽妖艳，眼光很高，一般的男人都瞧不上啊。"

毛人凤在按捺不住内心的激情，也忘了自己来避难的目的，要去看那位交际花。牡丹花下死，做鬼也风流。

毛人凤走进一间布置好的房间，周养浩、老鸨很知趣地离开了。毛人凤进入期待期，他焦急地等待交际花的出现。

轻轻地脚步声不时传来，门上的纱幔突然掀开，一位身材苗条、美艳风骚的女人出现，毛人凤一看太激动了，此人也太熟悉了，就是朝思暮想的美女特工向影心啊。

向影心见到毛人凤，眼泪唰地流了下来，轻叫一声"毛先生"，然后一下子扑进毛人凤的怀中。两人紧紧拥抱在一起，毛人凤捧起向影心美丽的面孔，饿虎扑食一般深吻过去……

向影心怎么会来妓院呢？原来，向影心向组织打电话时，被胡逸民听见了。这把胡逸民吓坏了，老婆是特工这还了得，以前秘书是共产党让他进了牢房，这次的祸闯得比上次还要大。他将向影心绑了起来，关在房间里。但是不敢声张出去，怕杨虎城知道。

胡逸民不敢声张的做法，帮了向影心的大忙。向影心对看守的老妈说，我们夫妻俩吵架，过几天就好了。但是逸民这次做得太过分了，竟然把我绑起来，传出去多难听啊。

大妈很理解向影心的话，点点头望着向影心，但是不松绑。

向影心当然知道这一关，出来混不就是图个钱吗？向影心说，如果给我松绑，我送你一对好看的金耳环。

老妈子高兴极了，一对金耳环要做多少年的长工啊。大妈就这样成了向影心的救命恩人。

向影心逃了出来，思考着重要问题，去哪里？像军统西安站去不得了，亲戚朋友家也不能去（胡逸民都认识的）。向影心可以说是逃难天才，她想到妓院。她来到了西安最大的妓院留春园，一则避难，二则遇上小白脸也可以解解馋。

两人一次缠绵后，向影心搂着毛人凤的脖子问："戴老板这次来西安有没有提到我？"

戴老板在毛人凤心中的地位一直很高大，这次毛人凤听不进她讲戴老板长戴老板短。嫉妒之火烧到毛人凤的身上。毛人凤说："戴老板来西安又不是玩女人，提你干什么？"

"吃醋了？"

"戴老板身边的女人很多，他不会记得你，不如嫁给我吧。"

"我怕你收了我的人，收不了我的心啊？"

"你有本事，可以出去找自由。"

"男人就会花言巧语，有一天玩够了，就翻脸不认人。"

毛人凤很想娶向影心，因为向影心很称心，特别是她举手投足间，无不施展一种不可言语的美，让毛人凤欲罢不能，如同进入花开花香的春天。向影心不愧是久经沙场的女将啊！

在妓院也会相遇，真是有缘千里来相会啊！

【复仇】

1936 年 12 月 24 日，蒋介石在宋美龄等人的劝说下，终于答应张学良、杨虎城提出的抗日的 6 项要求，同意领导全国人民一致抗日。

这事让蒋介石非常生气，觉得太没面子，抵抗外来侵略是中华儿女应尽的职责，搞得被挟持，作为民国的一把手，怎么向国人解释？一定会被后人嘲笑和唾骂。张、杨两将以下犯上的逼宫行为，必须给予处罚，以儆效尤。但是张、杨两将手握重兵，又不可轻举妄动，稍有不当，可能引发他们投向共产党，这是蒋介石万万不想看到的结果。

蒋介石经过深思熟虑，想出一条各个击破的报复计划。蒋介石坐飞机回洛阳时，就叫汉卿（张学良）陪同。张学良也是讲义气的，大哥蒋介石在西安吃了亏，送他回去也是应该的，否则蒋介石也太没面子了，以后怎么出来混？

中共领导人周恩来想到蒋介石这一阴招，连忙派人去通知张学良，可惜晚了一步，他们的飞机已升上天空。

张学良来到南京，蒋介石派人把他关押起来。12月31日，国民党军事法庭宣判，张学良对长官以暴行胁迫，判处有期徒刑10年，剥夺公权5年。请你不要羡慕国民党法庭办事效率高、能力强啊，一周时间就能给人量刑定罪。其实这都是一个人的意思，这个人就是蒋介石。蒋介石让判几年，就几年，法官不敢多判一天，也不敢少判一天。

蒋介石做了恶人后，马上要做好人。1937年初，蒋介石以张学良"勇于改悔，自行请罪"的名义予以特赦：张学良无罪。但是蒋介石对张学良还是不放心的，不能让他回去，张学良父子在东北军民中威望极高，如果拿起枪杆子来反抗，这不是搬起石头砸自己的脚？

免了张学良的罪，又不让他回去，对许多人也是一种考验。但蒋介石自有办法，他采用了张学良给他的待遇——软禁。把张学良软禁后，好吃好穿好玩一应俱全，为了不让张学良兄弟孤单，特意把他的红颜知己赵四小姐请来。张学良仰望天空，却痛苦万分，天下之大，竟然没有他自由行动的地方。

杨虎城比张学良年纪大，办事老道些，他没有随蒋介石回去，暂时躲过一劫。蒋介石虽然软禁了张学良，但是他真正仇恨的人不是张学良，而是杨虎城，他认为张学良是在杨虎城的煽动之下，才头脑发热做出了犯罪的事。而且杨虎城的老婆就是共产党员。罪魁祸首就是杨虎城。

蒋介石虽然对杨虎城恨入骨髓，但是，他没有直接将杨虎城抓来判刑。老蒋使出的第一招是剥夺兵权，杨虎城能同意吗？当然不会交兵权，但是蒋介石有点子，让杨虎城出国考察半个月，回来时杨虎城就成了光杆司令。

杨虎城回国时，抗战开始了。杨虎城向蒋介石电话汇报要求打日本鬼子。蒋介石认为机会来了，嘴上却说，虎城兄弟，你要锻炼身体，随时报效国家。暗中叫戴笠设法擒住杨虎城。

杨虎城对夫人谢葆真说："我要去见委员长。"

谢葆真却说："西安事变中你得罪了蒋介石，他心狠手辣，你可要当心啊。"

杨虎城说："我先去，你与儿子回西北，观望形势。"

戴笠叫来毛人凤商讨擒杨虎城的方案。毛人凤说："把杨虎城骗到南昌，就可轻松将他擒住。"

那天，杨虎城接到蒋介石的命令，在南昌接见他。杨虎城想，现在全国正值用人之际，蒋介石不会对他怎么样，如果抓了抗日英雄，会让全国抗日志士都心寒的。这次杨虎城却估计错了。

当杨虎城从飞机上走下来，迎接他的是戴笠和毛人凤，他们说蒋委员长在官邸等他。杨虎城就跟随戴笠、毛人凤驱车来到南昌百花洲别墅。杨虎城见四周布满巡逻的便衣特务，还有铁丝网、壕沟。感觉不像是蒋介石住的地方。

"这里像监狱？怎么能让蒋委员长住？"

毛人凤说："战争期间，委员长的安全是大事。"

杨虎城进了内厅，左等右等都不见蒋介石，有点不耐烦了，说："委员长邀请我商讨抗日大事，但是却冷落我？"

毛人凤说："委员长日理万机，哪里有时间听一个阶下囚胡言乱语。"

"什么？"

毛人凤说："我也不再隐瞒你了，杨先生在西安那样猖狂，委员长也只好这样对付你了。"

杨虎城就这样被囚禁了。

毛人凤决定将杨虎城一家一网打尽，但是，杨虎城的夫人斗争经验非常丰富，你让她过来就过来吗？毛人凤此人实在厉害，他想出了一条让杨虎城夫人自动送上门的绝妙计策。

毛人凤叫人仿照杨虎城的笔迹给杨夫人和秘书宋绮云写了一封信，信中称，自己很好，正在搞作战计划，劳累过度，身体欠安，望夫人和秘书过来帮助。

杨夫人没有发现疑点，就带着孩子和宋秘书来到了南昌。

那天，杨虎城正在院内散步，毛人凤带着几个人进来，正是夫人谢葆真、秘书宋绮云、儿子杨拯中。

杨虎城惊疑问："你们怎么会过来啊？"

杨夫人说："不是你写信叫我们过来的？"

杨虎城转身再看毛人凤，他已经溜出去了。

第八章　管家

【好好先生】

戴笠非常欣赏毛人凤在西安冒死相见的勇气，在他的策划下，毛人凤顺利调进军统局总部任正科级机要秘书。戴笠单独叫来毛人凤，每说一句都让毛人凤振奋，毛人凤仿佛看到如探照灯一样光明的前程！

毛人凤进入总部那年正好四十岁，他思路敏捷、精力充沛，正是施展才能的好年华啊。但是与领导们比比，他什么也不是。例如，蒋介石四十岁成为南京国民政府主席；戴笠四十岁成为美国总统点名要见的特工头子；胡宗南四十岁成了名震全国的西北王……

戴笠将毛人凤调进总部有两个目的：一、他领导的军统局与陈立夫领导的中统局竞争激烈，陈立夫和手下能力很强，他需要毛人凤这种搞计谋的人才出来帮助，否则难以交上出色的成绩单。二、毛人凤是老乡、同学，又绝对忠心，用人要用自己人。

毛人凤每当想起戴老板的话，晚上总是兴奋地睡不着觉。戴老板能够对他说这话，说明他是戴老板的自己人。谁做梦都想当领导的自己人，而能成为领导身边的人却寥寥无几。

那句话就是：我要提拔你。

这是让多少人兴奋的话啊。深谙官场潜规则的毛人凤，非常理解领导的话，说明他离升官已经很近，但是这并不代表已经成功，还需要做许多工作。

当领导总比没有当领导强吧。当领导也不简单，就是看你有没有两样东西，一是工作成绩，二是关系。许多人会认为，工作比关系重要，没有工作成绩，最好的关系也没有用。持这个观点的同志，不会像毛先生一样有进步的机会。在中华民国的特殊时期，好关系比好业绩还要重要，如果没有关系，你虽然有满腔的热情、出色的工作业绩，但是休想前进半步，这就是当时官场的黑暗！

搞关系也能体现一个人的能力，毛人凤这方面做得非常仔细、到位，他既向领导服软称小，也给同级同志包庇帮助，又向下级给予关爱等好脸色。上、中、下三方面全方位推进，可谓是大师级水平。

毛人凤对下属好，让许多人不理解，下属本来就是为领导服务的，你对他们太好了，说不定他们会骑在你头上拉屎。其实这种担心是完全有必要的，特务这些人本来就来自社会底层，从小就缺少教育，稍稍给点颜色就要开染房。

但是在领导提拔前，毛人凤不能得罪任何一个下属，如果与哪个下属关系紧张，写封匿名举报书，会给领导造成很大的心理压力，如果领导挺不过这一关，自己的提拔就会泡汤，因此这些下属也要争取的。有的人当面就叫毛人凤为大毛。毛人凤总是客气地回应。有的人完不成任务，向毛人凤耍态度、发牢骚。毛人凤和颜悦色地安慰。

毛人凤成为一位好好先生！

在国民党内，从蒋介石开始，形成上级训斥下级的风气。戴笠也经常训骂手下，有时责备毛人凤，毛人凤都会毫不犹豫地忍受着。毛人凤的难能可贵之处是，当他手下犯错，他也会自己去扛责任。虽然毛人凤有个人的目的，但是这个风格值得学习。

有一次，戴笠与宪兵司令部为交通检查问题闹翻了，主要是各地交通检查所的宪兵不听从军统的指挥，这给军统工作带来困难，戴笠要向蒋介石报告，处罚那个宪兵司令部的领导。

如果只说不配合工作，根本谈不上处罚，戴笠马上叫毛人凤去准备。毛人凤这个人马上领会领导的精神，整人正是毛人凤的特长，他派出特工查了几天，将这位宪兵领导的不法材料一股脑儿搞出来，写了两万字左右的长篇报告。

戴笠看到兴奋极了，打算第二天向蒋介石汇报。俗话说，恶人先告状。先告状就便宜，不少官吏因为被人告了一状，脑袋搬家时，他还不知道怎么一回事。这种事例在历史上数不胜数。

时间就是生命，告状就要讲究速度。但是毛人凤这个两万字报告只是草稿本，涂涂改改之处众多，还需要重新抄写，不像现在电脑上码字。

毛人凤知道时间的宝贵，通知下属郭子良连夜赶写，郭子良这个小子的楷书是相当不错的，可以与毛人凤的字体相媲美。领导喜欢看他的字。

郭子良抄字小心翼翼，生怕写了错字，抄到半夜还没有完成，他感觉力不从心，精力涣散，可能要有失误。郭子良作了一个大胆的决定，躺一会儿精力恢复再写。后来的事情证明这是错误的，因为身体不听从指挥，当他再次睁开眼睛时，天已经大亮了。

戴笠得知郭子良没有把报告抄好，气得拿起棍子要打。郭子良吓得心惊肉跳，想这次难逃皮肉之苦。此时，毛人凤出来救了他。毛人凤说："我不知道事情紧急，我叫他休息的，我错了。请戴老板放心，一个时辰内，我们把报告抄出来。"

戴笠大骂毛人凤："你一直办事稳重，这次怎么糊涂了，差点误了我的大事。"

毛人凤见郭子良跑着去抄写了。他说："你要打骂属下，花了力气，又生气，反而伤了身体，我出面做好人，他们会知道戴老板通晓情理，我也能够做个好人，一举两得。"

戴笠这才知道这个手下阴险不在自己之下，马上转怒为喜，说："难怪别人都说你脾气好，像个笑面弥勒一样。我看你不是笑面弥勒，倒是笑面虎。干我们这一行，如果不心狠，就会被心狠的人吃掉。"

毛人凤见戴老板这样理解自己，开心啊！

毛人凤成了同事们心目中的好好先生，好好先生相当于好人吧，好人有好多种，有献出爱心的好人，也有为达到自己目的的好人，毛人凤无疑是后者。

好好先生只是一块锃亮的招牌！

【代理主任】

戴笠将毛人凤调进总部要提拔他，打算先提他当个副处长，过一两年再将那个副字去掉。然而一件事情的出现让戴笠改变了初衷。

郑介民在军统局任主任秘书，兼任国防部第二厅副厅长，但是戴老板霸道专权，什么事情都是他一个人说了算，这让郑介民对军统局心灰意冷，经常在两厅，很少来军统局。这事传到蒋介石耳朵里，戴笠也多次受到蒋介石的训话，说他有私心，不能团结同志。

郑介民不来上班，特务组织缺少一位内当家，内务混乱，纪律松散，如果这样下去，可能造成恶劣影响，但是戴笠是不可能向郑介民妥协的。

戴笠经过认真分析、苦苦思索，一个大胆的想法在脑海中形成，就是让毛人凤连升两级担任主任秘书。在封建社会连升三四级也有，而且很受广大群众的欢迎，但是现在毕竟是中华民国，连升两级就是破格提拔，破格也是可以的，但是要保证零上访，以避免让领导尴尬。

任用毛人凤这条道路上，戴笠遇上两个障碍：1.主任秘书须经过军事委员会批准。2.郑介民还是主任秘书，现在他还没有走，怎么解决？如果有新老两位主任秘书，怎么分工？

戴笠也是官场老手，这个问题，他想出了一个巧妙的办法轻松解决了。让毛人凤担任代理主任秘书，这一招真绝啊，一者是剑走偏锋，可以避免让军委会批准这道卡；这种既成事实，也相当于事实婚姻，就像小伙子把姑娘的肚子搞大，将孩子生下来，形成事实婚姻，姑娘家父母反对也没有用啊。二者是解决两个主任秘书的重叠问题。三者可以给郑介民颜色看看，没有你军统局照样运行！

军统局是戴笠的天下，他想用谁就用谁，还管别人怎么样？但是戴笠有时也相当心细，也担心毛人凤资历浅，难以服众。因为毛人凤外没有担任过站长，内没有当过处长，这个主任秘书就是局里最重要的处长啊。

如果有人举报到蒋介石那边，得不偿失啊！戴笠决定摸一摸手下兄弟的想法，情报组长沈醉是风向标，问他就可以了。戴笠找来沈醉问：你认为局里谁有资格顶替郑介民的位子？

沈醉愣了一下，这种人事的秘密，戴老板从来不会听他的建议。沈醉也试探性地说，一把手缺席，由副手补上，应该是张严佛副主任秘书顶替吧。

戴笠皱着眉头说，张严佛对我的忠心度还不够，我不放心，最好找一个忠心耿耿的江山人。

沈醉是何等聪明的人，一下子明白了戴老板的意思，老板是让毛人凤顶替郑介民出任主任秘书，但是担心毛人凤不能服众，找他来做工作的。假装是听取大家的意见，实际告诉大家，领导内定了毛人凤当主任秘书。沈醉与毛人凤关系还好，顺便做了一次好人，他说："人凤有勇有谋，才高八斗，能力卓越，擅长秘书工作，如果他能顶替一定为戴老板分忧啊！"

少壮派沈醉

戴笠满意地点点头，问："你认为大家会服从他吗？"

沈醉决定好人做到底，送佛送到西，又说："人凤兄与大家融洽，关系好，肯定顺应民心的，一定会有很多人举双手拥护的。"

戴笠说："你把我的意思传达一下，让大家有思想准备。谁认为能力比毛人凤强也可以找我说说。"

这句话太狠了，我就这样定了，你们认为能力强不服可以找我啊。军统局本来就是戴笠的天下，哪个不要命的还会去违背他的意图？当然你有这个种勇气也是不行的，你纵有上天落地的本领也没有用啊。因为领导没有看好你！

沈醉回去把好消息首先告诉毛人凤，毛人凤故意吃惊说："我哪里有资格啊？"

沈醉急了，见四下无人，悄悄地说，戴老板亲口对我说的。

这次以后，毛人凤更加努力工作，早上上班早，晚上下班晚，还经常晚上加班到凌晨一两点钟。

有一天晚上，警卫通知毛人凤说，戴老板叫他去一趟。

毛人凤激动地来到戴老板办公室，盼望领导谈升官那事。这次戴老板给了毛人凤一个满意的答案。

戴老板说："晚上刚开过局领导会，正式任命你为代理主任秘书。你可能暂时会有一些委屈（代理主任秘书要服从主任秘书），可能工作有些不顺。但是你一定要努力工作，给我争口气！"

毛人凤向戴老板敬了一个标准的军礼，说："决不辜负戴局长的栽培！"

升官说容易也容易，说难也难，其中的奥秘只有当事人领会。许多人升官后会说，我升官是靠自己。这句话其实是不完全正确的，自己怎么能升自己的官呢，升官当然是靠领导，当然这也不排除个人的种种努力、付出！

【三把火】

毛人凤担任代理主任秘书，主任秘书郑介民不但没有生气，反而很开心。说穿了主任秘书还不是领导的秘书？天天处理各种琐事，又忙又累，现在有个替罪羊可以省心省力。反正自己的目标是当大领导。

那天，毛人凤刚从秘书室出来，遇见个老面孔，在哪里见过想不起来。对方却说，哟，这不是大毛吗？升官啦？

这个称呼是王孔安等人在浙江警校取笑他时起的。新仇旧恨一股脑儿涌上毛人凤的心头。毛人凤打算报复他，但是脸上却笑着说："靠戴局长栽培，我只是遵命办事而已。"

沈醉正好路过，对毛人凤恭敬地汇报说："军统刚迁入重庆，不少外勤组织人员对本部情况不了解，工作有点混乱。"

毛人凤说："我认为有必要建立一项督察制度。沈组长，你等会儿过来一趟。"毛人凤说完背着手离开了。

自古新官上任三把火，这就是毛人凤要烧得第一把火。

刚才那特务慌张地拉住沈醉问："毛秘书是什么职务？"

沈醉瞟了他一眼，严肃地说："毛先生是代理主任秘书，与郑介民同级。你如果有不当的行为，趁早去道歉，要不然别想在这里混下去。"

那个特务傻了，以前被他们欺负得像小羊羔一样的毛人凤升官了，会不会报复他呢？答案当然是肯定的。

毛人凤提出的督察制度，这不是他的首创，以前也有督察，戴笠就在各省市站区军统局，都设有自己的内线，工作职能就是督察内部人员。例如上海站长翁光辉查获江西红军的部署和装备，他想越过戴笠，直接向蒋介石汇报，要邀功升官，这也是可以理解的，但是戴老板是坚决不允许的。督察人员汇报这事后，戴老板恼火了，将翁光辉抓住，命人毒打一顿关了起来，打算处死他。但是翁站长也是有朋友的，有人就马上向蒋介石汇报，蒋介石想翁站长只不过抢个功劳，罪不至死，开了金口，叫戴笠放人。戴笠这招叫杀鸡儆猴，在内部起到了震慑的作用。

后来翁光辉销声匿迹了。有人说，被戴老板暗杀。有人说，他逃走了。我也没法查实，这是一个难解之谜！

这次制度是以前督察制度的完善、补充，称作周督察制度，总部以科室为单位，每人轮流担任一周的秘密督察，监视违法行为，附带关照其他部门，有事情直接密报督察室，督察室归毛人凤管。

这把火点得好，给了毛人凤无限的权力。

那个叫毛人凤为大毛的新进总部的特务马上滚蛋了，这个功劳归于毛人凤，欲加之罪，何患无辞。那个人还不知道怎么回事，说有人督察到他的违法行为，什么违法行为，你总不用让领导给你点出来吧。

毛人凤没有让此人去云南、安徽这些没有油水的穷困地方，派他去富得流油的大上海，让他走了一条不归路。此人去了上海军统局报到，此刻日寇快攻到上海。毛人凤知道这个冒失鬼的能力，面前的路只是一条——死路。不出所料，后来这个冒失鬼在与日本鬼子的战斗中牺牲，为国捐躯，给全家人带来荣耀。

这个生动的事例告诉我们：人际关系处理不好的人，工作起来很拼命。

毛人凤当了代理主任秘书也有不顺当的时候，许多情报直接发给各部门，等他获悉情报，领导都知道了，有时领导比他还先知道，这让他很尴尬。他想将情报统一收在自己手中，但是这谈何容易，科室之间大家平起平坐，凭什么让同级处长听你的？何况毛人凤这个处长还未经军委会批准。但是毛人凤是有办法的，他用了借力，借领导的力。他向戴老板汇报，秘书处应该统一接收情报的建议，戴老板是他的靠山，也没有多问一句，写下龙飞凤舞的两个字：同意！

情报统一受理，分送部门。这就是毛人凤的第二把火，凡是各区站办事处呈送的情报，一律由秘书处收发股登记，根据性质，按党政、社会、国际、经济等进行分类，再分送给主管部门。总部有四处五室。这样的规定让毛人凤掌握了第一手情报，任凭再高级的文件也绕不过他的法眼。也是他掌握了实权，替戴老板把好了一道关。

毛人凤的脑子好使啊，将卷宗分成四种，一般件为白色；快件为黄色；急件为红色；绝密件为紫色。将文件通过颜色来区分，进行不同的处理，红色、紫色的文件交给戴笠过目。毛人凤还将红色、紫色的情报整理后，符合条件的装订成通天件和通地件，通天件是直接送给蒋介石，通地件是直接送给何应钦。

毛人凤这把火烧得相当厉害，让他这位中层干部在军统中逐渐居于核心。

毛人凤上任后，许多同事对他不是很尊重，毛人凤决定收买这帮人，他手中有权力。有权不用，过期作废。他分管的食堂，提议改善伙食，提高标准，这把火烧得还真行，非常得民心。革命工作嘛，群众基础是相当重要的，如果没有群众的支持，工作怎么能顺利完成呢？

毛人凤提出改善同志们的伙食，将两日一荤，改为日日一荤。这一把火马上得到了同志们的赞同、支持。俗话说，吃人家的嘴软。同志们吃上好菜好饭，说毛人凤好话的逐渐多了起来，毛人凤在同行心中的地位也慢慢地攀升。

伙食的改善提高，让毛人凤风光无限，许多人遇上毛人凤主动说长说短。

周督察制能有效地管理军统，也成了毛人凤手中的一把枪，随便可以处罚不听话的下属。这是强硬的一面。改善提高伙食是为了得到大家的肯定、支持，这是和风细雨的一面。这种恩威并施的办法效果不错。他提出统一受理、分口办理的制度，加强了他的权力。真是令人信服的内当家啊！

【女特工之死】

女特工可以说凤毛麟角，因此在军统内部备受关注，成了抢手货。头儿戴笠近水楼台先得月，将叶霞娣、陈华等美女收为红颜知己，手下的好色之徒见戴老板带头吃窝边草，也放心大胆地效仿起来。

女特工杨吉昌二十出头，长得美丽动人，很是招蜂引蝶。然而死亡之神正悄然逼近！杨小姐被国际科长叶翔之相中，两人暗中悄悄来往，马上被杨吉昌的顶头上司侦缉大队长谈荣章发现，谈队长不愧是特工出身，手下搞个地下情也能及时发现。谈队长感觉吃亏了，这明明是自己的属下，却成了别人家的小情人。

自古肥水不流外人田！谈队长就发挥了权势、才能、人脉等优势进攻，年轻的杨吉昌立即束手就擒，也成了谈荣章的小三。

杨小姐确实不自爱，好戏"双龙戏珠"正式开幕。叶翔之、谈荣章分别约她，轮番上阵，上天不负有心人，终于有了收获。杨小姐怀胎了。她找到叶翔之说去外地生下来。叶科长说，这孩子不是他的，是谈荣章的。她找到谈荣章，谈队长当然不愿背这个不清不白的包袱，就说这个是叶翔之的。

一个女人与一个男人是恋爱，一个女人与两个男人是偷情，一个女人与三个男人是滥情……在中国这块大地上，历史多次证明：偷情没有什么好结果！

对此，杨小姐一点也没有办法，这也怪不得她，遇上这种事女子再有本领也拿不出证明。杨小姐只得怪自己。

杨小姐愤怒了，你们不要孩子，我一个大姑娘要孩子干吗？她找到江湖郎中堕胎，然而让人意想不到的事情发生了，因为失血过多，不幸香销玉殒。

杨小姐是息烽训练班的高材生，她的同学都在军统的各条线上成了骨干。他们得知消息义愤填膺，觉得杨小姐死得委屈，要给她讨回公道。他们集体到戴老板那里上访，这事轰动军统局，戴老板马上派人将叶、谈两人关押下去。戴笠处理这种突发性事件有手腕，赶紧平息民愤，大家都说戴老板公正啊！

叶、谈两人被关押后，这两个人的家庭吵翻了天，特别是叶、谈两位的老婆，她们还年轻啊，当然没有骂老公花心。她俩怕老公蹲上几年牢，丢失了饭碗事小，还有那漫漫长夜怎么熬啊！毕竟她们还年轻啊！

一个女人敲开毛人凤住所的房门，毛人凤上下打量着眼前这个女人，女人长得俊俏动人。这个女人就是谈荣章的老婆。毛人凤想有这么好看的老婆，却去偷腥，男人就是花心萝卜。

女人小心地掩上门，从荷包中取出两根金条，递给毛人凤，毛人凤没有接金条，却抓住了她的玉手，女人微微一笑，挣脱出来说："毛主任，求你救救我老公。"

"救人不难，但是答应我三件事？"毛人凤太直爽了，可能是遇上美女的原因。

"什么事？"

一、给杨小姐家属一笔钱，同时叫你老公去杨小姐坟前磕头认错。

"嗯，这个也是应该的。"

二、请杨小姐的同学们吃一顿，堵住他们的嘴，确保零上访！

"这个也行的。还有什么？"

三、就是看你今天的表现了！

谈荣章的老婆见毛人凤比自己大十多岁，长得也没有谈荣章英俊，但为了老公、家庭，她就豁出去，上前温柔地用双手搭在毛人凤的脖子上，毛人凤顺势抱住她。

毛人凤也是讲信用的人，马上叫情报组长沈醉安排杨小姐的同学们吃饭。趁着酒酣耳热之际，沈醉说，人死不能复生、家丑不可外扬，得饶人处且饶人等，同时保证让叶、谈俩人上坟磕头认错。杨小姐同学们的心也就软了下来。

毛人凤就向戴老板汇报这件事的处理过程，戴老板见事情被毛人凤摆平了，就同意放人。

第二天，叶、谈两人出狱。

谈荣章老婆高兴极了，她又来毛人凤的住所，说了许多感谢之类的话。

毛人凤说："荣章也受到了应有的惩罚。"

啊！此话把这个女人吓了一跳，应有的惩罚是什么呢？总不会与太监一样，在下面划一刀吧？她的泪水差点流出来。

"他玩弄别人的女人，他的女人也被别人玩弄了。这就是最应有的惩罚。"

这个女人马上破涕为笑，拉住毛人凤的手臂说："你坏、你坏、坏！"

据说，叶翔之的老婆也去找过谈荣章，故事如出一辙！

【枕边风】

毛人凤自从任代理主任秘书后，郑介民就没有来上班。这让毛人凤很开心，主任秘书不来，他就是名副其实的主任秘书，做事完全可以按照自己的想法放开手脚，但是一个不幸的消息传来，郑介民要来上班。不是郑介民自己要求的，而是领导的意图。难道毛人凤的能力不够？难道缺少群众基础？难道他失宠了？真实答案是有人告了黑状。

这个告状之人不是别人，就是不来上班的郑介民。郑介民自己不来上班，却要告状啊，你不可能不明白吧。其实郑介民感觉委屈了，受排斥了，他这个主任秘书还有人代理。这口恶气一定要出！

毛人凤很不理解，自己工作扎实、有效，许多人称赞他比郑介民工作仔细，有计策。在这个大力宣传能力的社会中（实际任用是另外一回事），他这种人才早应该当主任秘书了！

毛人凤找戴老板问：郑主任要回来是怎么回事？戴笠说，我也没办法啊。介民这家伙向蒋介石打了小报告，说我们把他排挤出去。这句话没让蒋介石上心，手下斗来斗去，老蒋一直睁一眼闭一眼。

当郑介民说出那句话：他们结帮入伙，军统局差点成了戴老板自家开办的公司。

蒋介石彻底恼怒了。他提出马上让郑介民来上班，不然，就直接提任他为军统局副局长。提拔郑介民当副局长，是戴笠不想看到的事情。不能让郑介民来分享他的大权。

在戴笠的命令下，毛人凤要去完成一件自己最不愿意干的事，但是此事不得不干，请郑介民回来。

毛人凤提着礼物来到郑介民家，开门的女佣问："先生，找谁？"

"我是军统局毛人凤，找郑主任。"

过了好大一会儿，女仆跑出来说："我家老爷不在家，公干去了。"

毛人凤想，你们骗人也不打草稿。他过来前，特工对他说，郑介民已回家了。说明人家不愿见面。面对这个女仆，毛人凤也没有办法，他也知道强闯进去也不大好，毕竟介民的官儿大。

狡猾的毛人凤进一步追问："你家女主人在不在？"

女仆迟疑一下说，女主人也不在家，先生，你改天再来吧。

毛人凤吃了闭门羹，让情报组长沈醉出面去请。沈醉知道郑介民不给毛人凤面子，凭他一个小小的组长，请郑介民回来仿佛是一项不可能完成的任务。毛人凤对沈醉说，这次你要吸收我的教训，从最薄弱之处进攻。

沈醉恍然大悟。沈介民是怕老婆的，老婆又是贪财的。

当沈醉拿着礼品去郑府拜访。郑夫人柯淑芬亲自到门口迎接。

当沈醉把西洋货礼品拿出来时，郑夫人眼睛直了，这些东西家里看不到，就是有钱，也难以买到啊。

沈醉说："我们在云南破了走私大案，兄弟都在拿东西，郑主任平时不过来，毛秘书让我带好的东西过来。"

郑夫人一把抱住礼品说："毛秘书这个人不错的，老郑不去上班，他还派人把礼品送过来。"

钱财乃身外之物，但是，"人为财死，鸟为食亡"，是历史告诉我们的道理！

沈醉回来向毛人凤汇报，不出毛主任所料，这个郑夫人是贪钱的女人。

毛人凤说："郑介民怕老婆，这次我们找对人了。"

沈醉说："是啊，还有郑介民虚荣心强，爱听别人夸耀他的学问，毛主任过去带上他写的《军事情报学》一书，装装样子请教，效果一定不错。"

毛人凤第一次感觉眼前这个年轻人不简单，与自己想到一起去了，此人的能力不可小觑。

那天，毛人凤去郑府，柯淑芬亲自开门。毛人凤的嘴好甜，柯姐长、柯姐短叫个不停，把柯淑芬叫得摸不着北。

毛人凤抓住了柯淑芬的一个闪光点，然后继续用奉承的形式进攻。原来，郑介民去武汉策反李明端时遇上柯淑芬，两人一见钟情，成了革命夫妻，两人一起努力策反了李明端，为蒋桂战争赢得优势。毛人凤说："如果没有你与郑主任策反李明端，今天不可能有这么好的局面。"

郑夫人开心得泪花纷飞！

正在此时，郑介民回来了，他见到毛人凤吃惊地说："毛秘书光临寒舍啊。"

柯淑芬说："毛秘书也不是外人，你不要假装客气了。"郑介民很知趣地坐在沙发上。

何淑芬问："听说军统要分东西？"

"是啊，仓库有从美国带来的留声机、化妆品、丝袜。下次我派人送过来。"

柯淑芬高兴得眉眼都开了花，一个劲在郑介民面前说毛人凤的好话。

毛人凤借机说："这个月戴老板出差，局里群龙无首，希望郑主任过来主持工作。"

郑介民摆了摆手说："我在国防部工作忙，没有空啊。"

在利益与亲情面前，许多人会站在利益这一边。柯淑芬也不例外。她忙说："耀全，你在军统有职务，怎么可以不去呢？"

她很怕郑介民不去，担心毛人凤所说的美国货就泡汤了，这些东西在社会上很流行啊。毛人凤又说："郑主任水平好、威信高，我拜读过您的著作，还要向您请教问题呢？"

郑介民一听毛人凤读过自己的书，来精神了。毛人凤从包里拿出那本书，与郑介民探讨起来。

后来，郑介民隔三差五去军统局上班。戴笠也趁进向蒋介石汇报郑介民来上班的情况。虽然郑介民文化知识不错，但是，计谋远不如毛人凤，他被人卖了还帮人家数钱呢。

毛人凤的位子坐得更加稳当了！

第九章　调包计

20世纪30年代，日本凭借着军事、工业的强大，对中国虎视眈眈，很想抢为己有。要抢劫必然使用武力。中国这个泱泱大国，在国际上也有朋友，也有地位，不是你想打就能打，必须给一个理由吧，这就是所谓的出师有名，如果无缘无故搞侵略，会背负着强大的舆论、道义压力。

已是军事巨人的小日本，要打人、要侵略自然会想办法啊。1937年7月7日，日本人以寻找士兵为借口要搜查中国的军队，中国的军队当然不会答应这种荒唐、无理的要求。小日本见国民党军队中了圈套，立即以报复为名，大胆地向宛平县城炮轰。说明日本人正式向中国人民宣战啊。这就是震惊世界的卢沟桥事变。

一个国家要有尊严，一定要强大，落后贫穷不是光荣，而是被欺负、被侵略、受伤害的代名词。有良心的中国人永远不会忘记那一天——1937年7月7日。

毛人凤也接到一份绝对重要的情报，日本调集5个师要入侵，强迫中国政府投降。毛人凤编成通天件，由戴笠拿着它直接向蒋介石汇报。

蒋介石看到这份情报，怒气冲冲地大敲一记桌子，骂道，小日本死光光！本来老蒋还幻想卢沟桥事变是纯粹的偶然事件，然而这次的情报让蒋介石深深地感觉到自己已无退路。只能迎难而上，决战！

日本人不光要蒋介石的粮食，也要他的金银财宝钱，更想要全中国人做奴隶。如果日本人的野心实现，蒋介石就是"亡国之君"，遭国人唾骂事小，更会成为遗臭万年的千古罪人。这个帽子决不能戴啊，打死也不戴这顶帽子！

蒋介石问："你说怎么办？"

戴笠说："我们只有号召全国人民一致抵抗，不然，国家就会灭亡。"

"有人说，我们的武器、工业不如日本人，决战必败，你是怎么看的？"

"说这些话的人应该杀头。古今中外，实力对比只是战争胜利的一个方面，以弱胜强的例证不胜枚举。我们地大物博，人口众多，能征惯战的将领不少，只要在蒋委员长的正确领导下，胜利一定会属于我们。"戴笠说。

雨农的水平又提高了，这个仗一定要打的。你们特务人员要增加，职能要扩大。

戴笠一脸开心，终于可以与日本人打仗了，他热血沸腾地离开了蒋府。

日本人的动作迅速，他们马上从国内和韩国调集了 5 个师团，向华北地区进攻。这个阵势，就是想把中国人吓倒，让中国政府投降，可是这次他们失算了，中华民国政府虽然成立短短的 20 多年，这些年大家搞内斗，让国家变得穷困、落后，但是在国家存亡的大是大非面前，他们将抛开个人、党派的恩怨，枪口一致对向侵略者！

【泄密】

1937 年 8 月 11 日，国民党最高领导层开会研究决定对日作战。参加会议的领导都是重量级人物，除蒋介石外，有国防委员会副主席汪精卫、军委会参谋长何应钦、副参谋长白崇禧，以及各大军区司令员。

会议作了一个英明的决策，在海上对日本人先发制人，就是消灭在上海的日军海军，这支队伍约 3000 人。歼灭上海的海军陆战队，意义可谓深远，可以封锁江阴要塞一带最狭窄的江面。目的一是阻止日本军舰由上海沿江西进攻首都南京；二是给长江中下游各口岸的日本军舰与商船震慑，有先声夺人之效。

然而，结果让国民党的领导大跌眼镜，明明胜券在握的行动，收获寥寥无几啊。当国民军到达时，长江上的日本军舰、商船几乎一夜之间逃到了安全地区。据说逃跑过程相当狼狈，有的家里饭菜还热的，说明饿着肚皮逃跑的，他们的行为方式还是正确的，因为生命总比饥饿重要得多啊。

蒋介石得知他们逃跑了，非常愤怒，但是愤怒归愤怒，痛打落水狗就是某人的特长，这样的机会是决不会放弃的。蒋介石命令扬州的空军第五大队追击逃跑的舰船，大多数舰船已逃走，逃得不快的船就成了瓮中之鳖。"国军"俘获了日本商船岳阳号和大贞号，也算是一次小胜吧。

这次日本鬼子主动撤退，说明他们事先得到了情报，可是这种重要的情报，日本人是怎么得到的呢？说明国民党高层内部有问题，因为当时军委员下达命令后，军队是马上行动的，间谍可能隐藏在国民党高层内部，一般的中下级军官不知道这些机密，等接到命令，行动就开始，想去报个信也来不及了。

谁是日本间谍呢？在国民党内激起了千层浪花！大家你看看我，我看看你，就是不知道谁是间谍啊。这事在国民党内部搞得人心惶惶！

你们知道有间谍，痛苦的就是不知道谁是间谍。间谍也知道有人在查他，他就应该有所收敛，那你的判断就失误了。间谍也是讲功劳的，功劳当然越大越好，反正你们这帮饭桶也查不到他的头上。

日本鬼子深知中国兵法，擒贼先擒王，他们提出所谓的斩首行动，就是暗杀蒋介石和宋美龄。日本间谍也抓紧收集最高领导行动的绝密情报，这让蒋介石和宋美龄一次次与死神擦肩而过。

8月22日，宋美龄在外籍顾问端纳的陪同下，去上海前线慰劳抗日官兵，车队行于苏州郊外遭遇日本飞机的扫射、炮击。好在司机也是精干之人，马上来了一个急拐弯，虽然出了车祸，但是成功躲过日本鬼子的炮火，宋美龄因车祸受了点轻伤！

这是不幸之中的大幸啊！

8月25日，蒋介石在第三战区副司令顾祝同和侍卫长钱大钧的陪同下坐乘火车去探望宋美龄，遭遇一阵空袭，幸好没有意外发生。

第二天，蒋介石与英国驻华大使寇尔同行上海，本来是同一辆车，但是蒋介石多了一个心眼，现在日本间谍猖獗，说不定自己的行踪被人发现，他突然决定改乘另一辆车，不久，寇尔乘的车被炸翻了，这把蒋介石吓得面无血色。

多个心眼多条路，这条路的名称很多，比如活路、幸福路、爱情路、友情路……蒋介石大难不死，就是一条活路。

几次暗杀，让蒋介石更加谨慎，也进一步看清日本人丑恶的真面目。蒋介石越想越气，可以说忍无可忍，也无须再忍！

蒋介石大骂戴笠是吃干饭的，连小小的间谍也抓不住，这样的日子让我怎么能全心全力领导全国人民抗日啊？

大将陈诚也在旁边，他一直看不起特务这帮人，认为他们只干鸡鸣狗盗的勾当，都是下三流手段，如暗杀、绑架。他煽风点火地说，军统嘛，内战（自己人内斗）内行，外战外行，应该组织新的情报组织。这对戴笠的攻击可以说相当厉害。

蒋介石又骂道："每月花了这么多钱，养你们这帮饭桶，如果10天内不能破案，你们就自杀吧。"

戴笠连连说是，但是他对这起无头案的侦破一点头绪也没有。他知道蒋介石正在气头上，也知道蒋介石这人好面子，这个时候不能顶嘴，一不小心就会成为冤死鬼的。

戴笠回到单位马上召集中层干部以上的领导开会，戴笠要求大家为泄密案出谋划策。军统局这帮人平时上知天文下知地理，无所不知啊，只要地球上有的，他们好像都知道，可是让他们出点子，你看我一眼，我看你一眼，然后都低着头，就不说话。戴老板见他们不说话相当着急！

戴笠站起身望了一遍大家，说："你们不说话也可以，蒋委员长给我们十天时间，不破案，让我们自杀。"

这帮人听说自杀，都瞪大眼珠转来转去，为了保命纷纷发表意见，有的抢着发言，不说出来好像马上就会被拉出去砍头一样。但是，戴笠听完大家发言，只是痛苦地摇头，这些东西没有一个好点子，其水平相当于小学生。

例如，老特工徐远举说："最好请一个算命的瞎子，帮我们算一下。不然像大海捞针，怎么能破案啊？"

这让大家哄堂大笑。反正肚里什么都没有，没有货，我还能怎么办啊？

没有一个点子能入戴笠的法眼。

会议从上午开到下午，天黑了，都没有令人眼前一亮的点子，戴笠急得如热锅上的蚂蚁。

突然一个人站起来，他说有点子，可以破案。此人就是代理主任秘书毛人凤。

毛人凤说："这起泄密案，不仅涉及政府内部人员，而且是高级干部，知道这个秘密的人不多，不超过 100 人，我们最好的办法是排除法，将一个一个人排除，剩下的人就是嫌疑犯。"

徐远举

特务也是怕领导的，这 100 号人都比他们官大气粗，怎么可以排查啊？自己不想活命了？许多人这样想的。

戴笠看出这帮人的心思，立即说："为了保命我们也没有办法了，反正我们有蒋委员长的尚方宝剑。不配合我们调查，就告他个通日卖国罪，谁还会受得了？"

大伙脸上露出笑容。

毛人凤任专案组长，全权负责侦破日本间谍案。

【一网打尽】

毛人凤带领数百名特务和警察昼夜调查泄密案，进行了大海捞针式的排查，功夫不负有心人，间谍案稍稍露出了端倪，疑点集中在外交部机要秘书黄浚的身上。

蒋介石得知发现嫌疑人后很高兴，改变口气跟戴笠说，10 日内破案是逼你们的，如果不逼一下，你们会有这种收获吗？

戴笠点头哈腰，知道蒋介石恢复了对他的信任。

黄浚是有来头的，早年留学日本，并入日本最著名的大学——东京大学，

93

黄浚

顺利毕业。他儿子也留学日本。父子两人都在外交部上班。黄浚身居要职，还能掌握"中央"最高的军事机密。

黄浚父子的生活奢侈，两人在国内朋友少，常常去酒店、妓院潇洒。以他们的工资收入，难以支撑他们挥金如土的生活。这是经济问题。还有一个问题同样值得重视，大家讨论如何抗日时，黄浚却一反常态，说出了与众不同的观点，说日本人如何勇敢、武器如何精良、工业如何发达，反正不要开打，一打就是以卵击石。这样大谈敌强我弱，值得深思。当然他的言论当即遭到回击，众多正义之士都骂他。

盯了一段时间梢，没有收到效果，大家建议把黄浚抓起来，一审讯就知道他的犯罪勾当，军统局有的是刑具，还怕他不认账吗？

毛人凤不同意这个建议。他说，这个办法行不通的。事实证明毛人凤的观点是正确的。因为黄浚又不是普通的人，他能在外交部担任要职，一定有背景、靠山。军统局是不敢对这种人用刑动粗的。如果不能人赃俱获，难以定罪，更不要提一网打尽。

大家继续盯梢黄浚，盼望他早日显出原形，别让兄弟们太辛苦了。毛人凤从档案中查到一个重要信息，黄浚与日本驻南京总领事须磨是同班同学，从各种信息看须磨就是日本间谍头子。以往他与黄浚经常往来，现在两人不拜访、不见面，仿佛中断关系一样，难道他们觉察到军统布下的天罗地网了？

盯梢、追踪的特工，不管刮风下雨，坚守岗位。可是案件没有进展，他们的信心、耐心不断接受挑战。难道黄浚不是间谍吗？答案当然是否定的。突然，传来好消息，黄浚这只老狐狸露出了尾巴。那天，黄浚下班后，也不带随从，独身一人来到南京玄武湖畔散步，他从衣袋内拿出一颗巧克力，把糖含在嘴里，将剥下的糖纸塞进一株大树的洞内，然后就匆匆离开。

半小时后，一位捡垃圾的老头走过来，他用铁钳子伸进树洞掏出那张糖纸，也匆匆离去。

毛人凤马上向戴笠汇报，戴笠决定下次送情报时逮捕他们，然而黄浚像身后长了眼睛一样，再也没有出来行动。

不久，毛人凤的人马追踪黄浚如断了线的风筝一样，这让毛人凤陷入痛苦之中。然而东方不亮西方亮啊。盯着黄浚司机小王的特工发现重大线索，小王经常一个人去固定的地方。这个地方就是新街口一家咖啡厅，是外国人开办的。小伙子小王过去就是喝咖啡，也没有与什么人见面接头。但是特工王莆臣发现一个常人难以觉察的秘密。小王每次进去把礼帽挂在衣架上，这是正常的动作。但是有一个日本人也来喝咖啡，他的礼帽与小王的相同，挂在一起。这个日本人是须磨的手下河本明夫，也是间谍啊。因为两个礼帽一样，离开时，河本拿走小王的礼帽，小王却拿了河本的礼帽。王莆臣发现这个奥妙后马上向毛人凤汇报。这让毛人凤兴奋啊，他知道离成功仅一步之遥了。

这个时候，戴笠带来蒋介石最新指示，要求军统将这伙间谍一网打尽，这分明是提出更高的要求，原先是将黄浚父子人赃俱获，现在是要求全部抓获。谈何容易啊。间谍是机灵鬼，又不是吃干饭的。

狐狸是不好对付的，因为它狡猾，但是不管它怎样的狡猾，终归逃不出猎人之手。

毛人凤经过苦苦思索，一条大胆的计谋在他脑海中形成。分三步实施：一、偷窥情报。二、偷梁换柱。三、引蛇出洞。这三步环环相扣，缺一不可。

戴笠听了毛人凤的汇报后，连竖大拇指，说："人凤，你比当年的刘伯温不逊色啊。"

那天，河本骑自行车去咖啡厅，在经过中山路垂直相通的汉口路时，突然冲出三个骑自行车的冒失鬼（特工），猛地向河本撞过来，河本躲闪不及，连人带车倒翻在地，头上的礼帽甩落在地上，被风吹了十几步。

河本被磕得头破血流，但是强忍着疼痛，跌跌撞撞去做一件重要的事，就是捡帽子，因为帽子里藏着情报，比脑袋还重要的情报。

好心的路人（特工）和警察路过这里，扶着这国际人士，并把他抬进汽车，警察说，你伤得很重，我们送你去马林医院吧。

　　河本头破了，脑子却没有坏啊，想着自己最重要的事情，连忙喊道："帽子，我的帽子。"如果不了解的人看见，必定认为此人是个吝啬鬼。

　　好心人说："帽子我们会帮你捡的，救你性命要紧啊，马上去医院。"河本想反抗却也不是他们的对手，像绑架一样被拉了过去。虽然有点牵强，但是他还是感觉这些中国人太热心了，我们整天想着灭这个国家，抢了这里的金银财宝，他们还把我当成好人。

　　一厢情愿总是某些人的聪明表现，令人啼笑皆非的是聪明人却被忽悠得不知东南西北。河本就是生动的实例。

　　军统特工把帽子送入附近住所检查拍照。

　　包扎了头上的伤口，打起吊带的河本想起那顶帽子，他焦急地走出急诊室，虽然别人不一定知道帽子里有情报，但是如果落入中国特工之手，麻烦就大了。想到这里，心中不免有点紧张啊，突然一个警察跑过来，把帽子递了上来，河本一把抓过帽子，像在水中抓住救命稻草一样，他查看了帽子，见情报没有动过，才松了口气，心里大喜，有惊无险啊。

　　这就是第一步，偷窥情报。

　　这次以后，须磨感觉河本目标大，派他去其他地方从事隐蔽工作，取而代之的也是日本人，叫山口。

　　那天，黄浚亲自去咖啡厅小坐，山口也在喝咖啡，特工王莆臣也来了，戴着的帽子与他们的一模一样的，而且将帽子并放在衣架上。突然，门口发生打架，黄浚、山口有点紧张起来，打架事小，别把他们的帽子打飞了。他们的注意力被吸引过去，这时一个小特工假装看报纸，为王莆臣作遮挡，王莆臣飞快取走了山口的帽子，并把自己的帽子挂在那个位子。

　　黄浚、山口看着门前打架，他们都能沉得住气，好像外面的世界与他们无关，此时也不能轻易离开，万一出门时遭遇飞来横祸怎么办？间谍就是间谍，不简单吧。打架平息后，山口、黄浚先后拿着帽子匆匆离开。山口拿了黄浚的帽子，黄浚却拿了军统留给他的帽子。一场好戏马上要进行了。

　　这就是第二步，偷梁换柱。

　　第二天晚上11点，黄浚按照信上的指示，约齐了所有立功人员集会，在黄公馆等待着须磨发巨额奖金和慰问。突然院门铃声大响，黄浚以为老同学须磨来了，亲自去开门，看到的不是有山羊胡的须磨，却是一脸菩萨笑容的毛人凤，毛人凤一挥手，将黄公馆内的所有日本间谍抓了起来。

　　黄浚收到的这封伪造的密信，是毛人凤的杰作。怎么让黄浚相信这封信呢，黄浚也不是傻子，是日本大学的高材生，但是毛人凤会动脑筋，决定以假仿真，让伪造专家皮伯圣依照须磨的笔迹、口吻写了一封信，当然纸张、墨水都一样的，可以说天衣无缝。黄浚就这样心服口服地败在毛人凤手下。

　　这就是第三步，引蛇出洞。

　　1937年12月黄浚和儿子黄晟以卖国罪被判死刑，公开枪决。这对父子出卖祖宗、出卖祖国付出自己的生命，他们后悔得大哭，责备自己上学时不认真，败给一个江山的穷小子——毛人凤。

　　黄浚父子的肠子也悔青了，但是后悔来不及了，世上从来没有后悔药啊！

　　有作为才有地位。此事后，毛人凤在军统中的地位大升。在戴笠的推荐下，毛人凤正式成为主任秘书，当了军统的总管。

第十章　逃跑将军

【逃命】

日军由北向南推进，一路攻城略地。蒋介石非常担心南京这座古城失守。南京是有王气之地，紫金山纵横南北，恰似巨龙潜伏，而石头山则临江陡峭，如虎盘踞，这就是南京龙蟠虎踞的来历。相信风水的蒋介石，绝不能把南京丢失。

蒋介石的军队确实不少，但是许多将领表面听命于他，背后却另搞一套，这让蒋介石头疼和无奈。面对真刀真枪的日寇，从地域上最适应作战的将军是韩复榘。老蒋要求韩复榘出兵迎战，有一石二鸟的作用：一、表达自己抗日的决心；二、试探韩复榘对自己的忠诚度。蒋介石当即命令山东省主席韩复榘认真准备，坚决抵抗，一定要阻止日军南下。

日本鬼子做事是认真的，打仗也是准备充分的，先头部队原来是第十师团，从1937年10月后，这支部队增加了坦克10多辆，大炮10多门，步兵2000人，这样使其更加强大。日军企图"扫荡"黄河北岸后，挺进黄河，攻占济南。蒋介石给韩将军的任务就是坚守黄河北岸，将日军牵制在黄河北岸。

韩复榘得知日军增加大炮、坦克的实力，没有出击，也没有防守，擅自作了一个重要决定——逃跑。自以为聪明的他还给蒋介石写了报告，说黄河北岸地域狭小，军队活动余地不足，暂不能作战。

将在外君命有所不受。蒋介石又能奈我何？

蒋介石看到上报书后，大为恼火。

蒋介石愤怒归愤怒，但是他管理手下的手段还是有的。你不是说不能作战吗？我认为是可以作战的，而且是一处好战场。他再次命令韩复榘迎敌。难道你敢公开抗命吗？抗命又不是儿戏，要丢脑袋的。

蒋介石要求韩复榘亲自率兵，迅速渡过黄河北上，主动出击，打击津浦路的日军，策应平汉线宋哲元部作战。当韩复榘接到蒋介石杀气腾腾的命令后，知道这次不能抗命，如果给蒋介石难看，自己的小命还有军饷也都会成为问题的。

韩复榘

其实韩复榘压根不想与日军开战，主要有两个原因：一、自己这点家当，十天半月一打说不定就打完了。这个社会有实力才有作为，有作为才有地位。自己成为光杆司令，怎么会有地位呢？不要说当山东王，就是占山为王也不成了。而且韩复榘的梦想需要借实力来实现呢。二、怕死，以前他不怕，因为他很穷，穷得一无所有，什么也没有，现在却是一省之王，要大洋有大洋，要美女有美女，身价一路飙升啊。

面对蒋介石的命令，韩复榘决定北上，但不是打仗，这事具体操作起来难啊，但是凭借韩复榘的小聪明不会在困难面前受阻，他选择这样一条路——磨洋工，他让士兵懒懒散散地上路了，走走停停，裹足观望，最好不要遇上日军，他根本没有作战的思想准备。这种部队怎么能打胜仗呢？

然而，你不想打仗是你的事情，日本兵烧杀抢掠的任务要完成，他们的进攻不会因为韩将军不想打仗而收手。11月8日，日军主力兵分两路向黄河推进，从盐山出发，接连攻占庆云、乐陵等地。13日，日军进攻济阳，这次韩复榘惊慌了，日军第一次离自己这么近，他率兵上城头查看敌情，当他探出半个脑袋望出城外，清楚地看到日军的坦克开过来，大炮正在搭建，随时随地要炮火轰城。韩复榘在慌乱之中马上套了便服，这有什么作用？他要缩小目标，便于逃命。但是他太紧张了，竟把衣服穿反了。他带领手下卫队数百十人，骑着摩托车冲出了济阳城，一路向济南城逃跑。韩复榘的逃跑相当快，一溜烟就没了踪影。韩将军深深懂得一个道理：千军易得，一将难求啊！

韩复榘的军队见主将逃跑了，大家就一个心思，逃跑。韩复榘军队闻风丧胆，不堪一击，这让日军气焰更加嚣张，以这样的速度三个月内占领中国不成问题，而且能提前实现。

另一路日军进攻济南临邑，济南的几座城池也是不错的，古代把坚城比喻为固若金汤，可是近代战争中，除了钢铁城池外，其他什么都没有用，当日军的炮火、坦克轰城时，最坚固的城墙也会毁掉。

临邑很快沦陷。此时这个第三集团军的统帅韩复榘忘记了自己的职能，没有下令打几场伏击战，也没有下令打游击战。真是丢人，给中华民族丢尽了颜面。面对得寸进尺的日军，韩将军又发挥了自己的特长——逃跑。他带头逃到了黄河南岸，又命令第三集团军全线撤过黄河。

大军正在撤离时，他得知一个重要情报，日军正向黄河追赶过来，这个怕死的将军作出惊人的决定——炸桥，不能让日军顺利过河。然而这个决定害死了无数的将领士兵，他将成为千古罪人。因为炸桥时，手下报告第29师60旅的兄弟还没有过河。韩复榘说，我也管不了这么多了，保全我们大多数生命要紧。60旅的兄弟要看他们自己的造化。有这种领导，他们能有什么造化，很快这批兄弟全部被活活打死，惨不忍睹。

山东省主席韩复榘带头逃跑，让全省老百姓失去了主心骨，成了四下乱飞乱撞的无头苍蝇，到处逃避和藏身，全省陷入一片恐慌和混乱之中。

蒋介石对韩复榘恨得牙痒痒，真想马上宰了他，可是想想他手下数万军队，总有一点使用价值。

蒋介石骂了几声"娘希匹"，再次发出命令，要求韩复榘死守黄河南岸，不能让日军登陆上岸。黄河是天险。韩复榘向蒋介石保证，一定能死守黄河南岸，将日军击败在黄河之中。韩复榘这个想法也属正常。在黄河上日军先进的武器坦克、火炮就会失去优势。蒋介石听了电报汇报，对韩复榘充满希望。

希望越大，失望越大！

12月23日，黄河北岸的日军向黄河以南进攻，日军用炮火向南岸轰炸，掩护日军小汽船向南岸强渡。守军可能受韩复榘逃命的影响，炮火还没有落到身边，他们就拔腿逃命，有什么样的将军就有什么样的士兵。

韩复榘在千佛山寺院里观望军情，听到日军渡过黄河，再次发挥特长——逃跑。他逃跑的速度比当今的奥运会运动健将还要快，一口气跑到泰安。国家利益与他无关，民众生死更与他无关。韩复榘在短短的几天内，把500里齐鲁河山拱手送给日军侵略者。日军如开了龙头的水闸一样，源源不断地涌入，直冲徐州，南下南京，上华北，进华东，整个战局危在旦夕。

韩复榘一次次失败的原因是什么呢？原因有多方面，我认为归根结底是贪生怕死！怕死的人最好不要当兵，更不能当将军，一旦成了将军反而会祸国殃民，害己害人啊！

【阴谋】

韩复榘出身河北霸县的一个穷人家庭，自小爱舞棒弄棍，后来在西北军冯玉祥部队当兵，因为打仗立功，不断升级，成了冯玉祥手下的"十三太保"中的一员战将。以前也很会打仗，靠打仗起家的，为什么遇上日军就仓皇弃城逃跑呢？这与日本人大肆渲染自己的军事实力有关吧。中国人之间的打仗，与中国人和日本人打仗完全两码事。我小时候，村庄上有个混混长得凶神恶煞一样，没说上几句话就要用砖拍用刀砍，村民很畏惧他，然而混混出了村庄什么也不是，在外面被人追着打，他不敢回嘴更不敢还手，用一个词来形容——熊样。我举这个例子是告诉大家一个道理，有的人见自己人不怕，但是见到外来人就吓得不行了，韩复榘就是这种人。

1930年中原大战时，韩复榘见战局不利，这位见风使舵的韩将军马上脱离冯玉祥的部队，归顺蒋介石，蒋介石也没有让他吃亏，而后任命他为湖南省主席。韩复榘对日本鬼子不敢打，但是打中国人从来不会手软，他会同蒋部的刘珍年17军猛攻阎锡山，占领了济南，帮助蒋介石打胜了中原大战。

韩复榘成了蒋介石的大功臣。蒋介石为了更一步拉拢这个人，给了他一个更加吃香的位子，就是山东省主席，兼第三集团军司令员，下属 3 师 1 旅。

韩复榘这个人也是有野心的，他总嫌自己这个官儿升得太慢，实力也不是中国最强大的，他在山东悄悄地招兵买马，不断地扩大自己的势力。蒋介石也有觉察，但是表示理解，哪位将军不想让自己的士兵多点，武器先进点，名气大些？

韩复榘遇上日军就打败仗，在全国上下掀起巨大的波浪。狡猾的毛人凤向戴笠建议要密切关注韩复榘这个家伙。戴笠说，这个人我也怀疑了，按照他的实力与日军拼上三五年不成问题，哪知没几天。

军统开始监视韩复榘，很快发现一个重要问题，韩复榘与一位将军电报来往频繁，这个将军名头也相当响，就是四川省主席刘湘。这个刘湘主席管辖的地区太重要了，面对日军的逼进，蒋介石下一步逃奔的地方就是四川。

难道韩复榘也要逃亡四川吗？

毛人凤面对这两省主席的电报，实在无能为力。他苦苦思索，也不知道内情。电报都用了自己加密的密码，军统虽然截获不少，却始终不知道内容，如同盲人看书一样。

戴笠对毛人凤说："你有什么好主意？"

毛人凤说："要掌握他们的电报内容，必须想办法拿到密码本。"

戴笠说："人凤，你应该有办法了，说说看。"

毛人凤说："韩复榘此人身体不是很好，经常打针挂盐水，但是，这家伙很好色，听说他对一位年轻的胡护士有意思，现在两人打得火热。"

戴笠说："你的意思就买通护士偷出密码本？"

"戴局长高见！"

军统派出了姜绍谟去了一趟济南。姜特工以富家子弟的名义送给胡护士一束花，并约她在永和茶馆品茗。

美丽的胡护士如约进了茶馆，姜绍谟的眼睛有点不听指挥，禁不住多看几眼。美人胚子，怪不得韩复榘这家伙喜欢得不得了。当姜绍谟拿出 500 大洋放在她面前。胡护士瞪大眼睛问："你是想跟我结婚，还是玩玩的？"

姜绍谟摇着头，没有回答。

护士也是性情中人，睁大美丽的眼睛说："你不会无缘无故给钱吧。"

姜绍谟低声说："韩复榘将军那里有本密码，你帮我偷出来。"

护士看了看大洋，摇了摇头站起身示意，你看错了人。

姜绍谟望着胡护士离开的身影，决定继续进攻，因为他从胡护士眼里读懂了一些信息，胡护士对他有好感。姜绍谟长得白净、帅气，本身就讨姑娘们的喜欢。

姜绍谟几次进攻后，胡护士被他的真诚感动了，愿意嫁给他。胡护士也知道自己与韩将军那档臭事，能嫁给这种帅哥是后世修来的福。

姜绍谟用了三个字，让胡护士为他甘冒生命的危险去做事。这三个字就是"我爱你"。

过了三天，为了爱情的胡护士将那密码本偷了出来。

爱情有时是一剂毒药，一旦上瘾，就会义无反顾地为它服务或奋斗！

军统很快译出了电报原意，韩复榘的阴谋，就是他联手刘湘抗蒋。蒋介石和戴笠看到这个份情报时，都大吃一惊，险！

知人知面不知心，原来眼皮底下就有一只"大老虎"。

【智捕逃将】

从韩复榘和刘湘的电报中，蒋介石意识到一些军阀欺负了过来，必须给他们点颜色。拘捕韩复榘，正好杀鸡儆猴，看谁还敢违反命令，暗中勾三搭四，无非想另立山头。

戴笠接到这道命令后，叫来毛人凤拟制拘捕韩复榘的方案。蒋介石下达杀令，韩复榘此人非死不可，但是他手握重兵，凭军统局几号人怎么能去抓他？稍有不慎自己反而遭杀身之祸。

毛人凤把自己的计划向戴笠汇报。戴笠说："这个任务非常危险，你愿意亲自出马吗？"

毛人凤说："我跟着戴局长以后，生死置之度外。"

戴笠让毛人凤出去执行这个危险的任务，难道是戴笠对毛人凤有意见了，要给他穿小鞋吗？当然不是。戴笠是为毛人凤着想，想叫毛人凤再立几个功劳，让蒋介石更一步了解毛人凤的能力，向世人说明自己有眼光。

1938 年 1 月一个下午，毛人凤带着蒋介石的亲笔邀请函来到了山东，当他进入韩复榘军营时，部队整齐、威严，不像他想象中残卒败兵的样子。毛人凤没有丝毫胆怯，非常镇定地对守卫说，我是请韩主席去开封参加战区团级以上军事会议的，事关机密，请韩主席一定要出席。

这给韩复榘出了一道难题吧。不去吧，蒋介石更加怀疑有两心，说不定派兵打他；去吧，自己的命运真的很难说，跟日军打了多场败仗，说不定被蒋介石拿来开刀，这种可能性极大。韩复榘正在左右为难之际，手下向他汇报一个消息，这个送信的使者不是小人物，他是军统局的实际二号人物——毛人凤主任秘书。毛人凤深得蒋介石、戴笠的欣赏。韩复榘脑海中有了点子，他决定将毛人凤当作人质，如果自己被扣留下来，就用毛人凤来交换。这是韩复榘的一厢情愿，事情并未朝他想象的方向发展，这可以说是韩复榘戎马一生中的最后一次错误。

韩复榘带领一营卫队出发了，这一营是他最精锐的部队，能打会杀，武器全是美式的，可以以一当十。当他们大摇大摆来到开封城门口，卫兵拦阻了去路，向韩复榘说，汇报长官，蒋委员长命令，所有参加会议的将领不得携带武装的队伍进入开封城内。

韩复榘本想与他理论几句，但是转念一想对方只是一个小兵，和他争吵有失风度。转向四处看看，其他参会将领也被拦下，因此他带上随身的手枪，嘱咐手下侍卫看管好毛人凤这条大鱼，一起进入城内。

韩复榘坐着汽车来到会务处，一排军警上来拦住车子，指着门口贴着的一张"随员请由此入"的纸条，把韩复榘和侍卫分开。韩复榘见有几位高级将领也来开会，情绪不是很紧张，他对手下说，不要让毛人凤与外界联系，然后同军官们一起向会议大厅走去。

前面又是卫士，要求把武器交出来。韩复榘心想，历史上打败仗的将军多着呢，蒋介石总不会在这 500 名高级将领面前逮捕、处决他。他很自然地把手枪交了出去，和李宗仁有说有笑地走进会议厅。

没过多久，讲台边一个小门打开，蒋介石戴着白手套，穿着军大服，威风凛凛地来到讲台前。各级军官立刻起立，齐刷刷地行了军礼。蒋介石也脱下军帽，举手示意大家坐下。蒋介石的视线立刻落到面带笑容的韩复榘身上，不由得无名之火冒了上来，但是蒋介石不是常人，是政治家，他懂得忍耐。

今天之所以开军事会议，主要是谈谈当前的敌我形势。目前我们在军事上虽然受到了一点挫折，但是国际形势很好，我们是"得道者多助"，而日本人则是多行不义必自毙。日本人并没有什么大不了的，只要你们坚决地服从上级命令，奋勇当先，全力杀敌，胜利一定属于我们。

说到这里，蒋介石不由自主地盯上韩复榘，激动地说："我们有的高级将领，把军队当作了个人的私有财产，自全面抗战以来，一味地只顾保存实力，不肯全力抗击敌人，拥兵自重，不顾国家、民族的安危，请问国家没有了，你保存的实力还有何用？到那时，敌人能让你保存实力？除非你去投降敌人，做汉奸！这种高级将领难道不怕天下人的唾骂？难道就不怕国法制裁吗？"

蒋介石不愧是民国一号人物，有理有节地分析情况，直指问题的要害。

台下的将领们个个都低下了头，韩复榘的脸一阵红一阵白，他心慌意乱，坐立不安。蒋介石很满意自己的的权威受到重视，他又扫视了一周会场说，暂时休息一下。

会议厅内众将领小声议论起来，韩复榘正想找个人说说话时，蒋介石副官毛庆祥走过来说："韩主席，蒋委员长约您说几句话。"韩复榘有一种不祥的感觉，但是他硬着头皮跟着副官来到后台。

韩复榘来到了后台，惊愕地发现一个人，此人就是毛人凤，他应该在侍卫的看管之下，怎么出来了？毛人凤笑嘻嘻地说，这几天，麻烦韩主席照顾了，你们卫兵都休息去了。请你上车说话。

韩复榘想抓着毛人凤撒气，旁边几个特务扑上来按住他手脚推他上汽车，并送上去汉口的专列。韩复榘在列车上大吵大嚷要见蒋介石，戴笠、毛人凤等人出现了，向他宣布：你已经被捕了。

1月24日，特务奉命向韩复榘开枪，韩复榘头部中弹，他倒下去时最后看了一眼这个留恋的世界。韩复榘死了，他活着时候不为国家做贡献，死了却为这个苦难的社会起了点作用，那些曾经想逃跑的将领得知他的死讯，衡量得失，觉得与日军一拼值得，死得光荣。

韩复榘从勇敢变成懦弱，有许多因素，贪图权力女色、投机主义、怕强欺弱等，他不是英雄，不是好汉，也不是枭雄，是地地道道的狗熊，罪有应得！

蒋介石这种铁腕手段在日后的鏖战中马上见效。李宗仁在指挥台儿庄抗战时说，不少杂牌军、中央军的将领能够以死抗敌，是与对韩复榘的正确处理有关的。

敲山震虎！

此时刘湘生病入住在万国医院，他知道失去了韩复榘这个合作伙伴，自己根本不是蒋介石的对手，他找来亲信商量，决定下令封闭中央军入川的道路。不料这个情报马上传到戴笠的耳中。戴笠带着刘、韩密谋"联手抗蒋"的密电悄悄地进入病房，向刘湘宣布了蒋介石的处罚决定。

不久，刘湘就在万国医院"不治身亡"。

第十一章 反间计

【两败俱伤】

抗日战争打响了，蒋介石军队却接二连三失利，国民党政府的领导集体大搬家，来到重庆。军统局也转移到重庆。戴笠叫来毛人凤，问他怎么才能在情报上取得新的突破。毛人凤说："我已经派人在重庆大街小巷寻找可疑的日本人，一经发现马上拘捕。"戴笠觉得这个办法有点儿老旧，但是自己也没有好点子，就点了点头。

那天下午，特工姜绍谟带领两个手下出来巡视，看见戏院门前一个男人蹲在地上，样子不像是本地人，他们上去盘问，还没有等那个人答话，眼尖的姜绍谟一眼认出此人，就是日本间谍河本明夫。河本见势不妙转身想溜，姜绍谟掏出手枪顶住他的脑袋。

河本说："我是正当商人，没做违法的事情。"

河本长期居住中国，中文说得相当利落，是一个中国通。如果不是姜绍谟认识，还以为他是个中国人。

姜绍谟冷笑一声，你跟我们回去一趟。

"好啊！"河本没有一丝紧张，嘴角却笑了。这是他计划的第一步，中国特工进入了圈套。

姜绍谟将河本带进军统局，立即上报给毛人凤。毛人凤说："一定要撬开这家伙的嘴巴，从而掌握日本在重庆的间谍网。我向戴老板汇报，为你们请功啊。"

　　河本进入军统局，姜绍谟给喝茶、聊天，承诺给金钱、美女，条件只有一个：交待日本间谍在重庆的名单。河本也是经过严格训练的老间谍，糖衣炮弹对他没有用，他根本没有理会。姜绍谟见软的不行，就来硬的，将河本送进牢房，准备大刑伺候。

　　在审讯室，河本抬头看了看姜绍谟，神情轻松自如，这一切的一切都按照他的思路进行。当凶神恶煞的特工高高举起鞭子，狠狠打下来时，他闭上眼睛说出三个字：不知道。姜绍谟见鞭子不行，拿来了要人命的东西——烙铁。这是一块红得似火的烫铁，在河本眼前来回晃动，虽然还没有贴着河本的脸，河本的眉毛却燃烧而尽，一股臭味在屋内四溢。河本心惊肉跳，说话结巴。他变成了另外一个人！

　　"你说不说？"

　　"我说，我说。但是，我要见你们领导。"

　　姜绍谟就请来毛人凤，毛人凤就是姜绍谟的领导。

　　"这就是我们的领导毛主任，你说吧。"

　　"我说是可以的，但有一个条件，我交待后就成了大日本的叛徒，他们随时会派杀手过来，我想马上离开重庆去香港，你们放我一马，还得给点路费。"

　　毛人凤说："这要看你情报的价值。"毛人凤也不是随便好欺骗的，万一你给点无关要紧的情报，难道要军统局把你当成活宝一样侍候？

　　"绝对是重量级的情报。"

　　"领导的话我也相信的，不过军统局得给我一份书面承诺，盖军统局的印章。"这个家伙不愧是日本老间谍，在紧要关头给自己留的后路，也讲究双重保险。

　　毛人凤看着河本一脸的认真相，犹豫片刻，就答应了。

　　河本看了看那张承诺书，对毛人凤说："在重庆隐藏着我们一个间谍组织，有计划、有行动，成员渗透到你们的高层。"

　　"哦，这个机构叫什么名称？"

　　"第五纵队。"

　　"你说具体点。"毛人凤说。

第五纵队的其中一只秘密电台就在司法院院长居正的公馆内。

毛人凤叫姜绍谟给河本做笔录，他立即回去向戴老板作汇报。

当天晚上十点多，毛人凤、姜绍谟等人用汽车将河本送到江边。河本已失去利用的价值，准备送他去西方极乐世界。河本迎着徐徐江风，还不知道死神悄悄地临近。他用力捏住军统局的承诺书，这是保命的书面承诺。

不管是口头承诺还是书面承诺，当对方要违背时，再多的承诺都是空头支票！

河本在江边走了几步，他心想自己的任务已经完成，把情报成功地给了军统局，并取得他们的信任，下一步就是自己安全撤退问题。

他微笑地说："你们用船把我送出去吧。"

毛人凤说："用水把你送出去，送到很远的地方。"

河本从小在日本这个小岛看着水长大，但是不知道怎么个用水送，他不解地问："用水送？"

"是的，用水送你入地狱。"

河本大骂："你不守信用，违背了自己的承诺。"

毛人凤呵呵一笑说，我们军统局的特产你知道吗？

"是什么？"

"不守信用。"

"杀我总得给个理由吧。"

"我们依据法律，处死你这个间谍。"

河本没想到世上有人比他还奸诈。他原本想将假情报送出去，然后成功撤离。送情报的计划现在成功了。但是他将要死亡，他决定赌上一次，举拳向毛人凤打去，拳头还没击中毛人凤，姜绍谟的刺刀已刺进他的胸口。河本摇晃两下倒了下去。毛人凤看到河本最后那种凶恨的目光。

姜绍谟不解地问："毛主任，河本背叛了日本，为什么要杀他？"

毛人凤说："原因有两个：一、河本这个间谍不会真心投降的。二、日本人一定在寻找河本，如果见到他的尸体，他们会认为河本不在我们手中，便于我们追查第五纵队案。"

高招！姜绍谟恍然大悟！

毛人凤和河本都是间谍中的间谍，高手中的高手，两人相遇各有胜负、可以说两败俱伤，毛人凤杀死了这个日本同行，但是却中了他的诡计，相信了第五纵队间谍案。毛人凤为此差点付出沉重的代价！

【撒下天网】

毛人凤经过分析，认为第五纵队这个案，理想的侦破方案是从党国元老、司法院长居正家着手，寻找突破口。但是，居正是何等人物，坐阵民国的最高审判院，决定重大案件的走向是掌握当事人生死的阎王爷，官场上的人都得惧怕他三分。他的官职比戴笠大多了，小小的特务不要说搜查，就是进他家的院子也难啊。

一个小小的计谋在毛人凤的脑海中形成，他派了特工王莆臣前去实施。那天下午，阳光明媚，王莆臣与一名兄弟敲开了居正家的大门。当然，此时居正不在家，上班去了。开门的管家大声问："你们有什么事？"

王莆臣说："我们是电厂的，前来检查线路。"

管家说："我们这里线路是好的，没有毛病。"

王莆臣说："这个我知道，我们是负责检查的，如果线路出现问题，不成了亡羊补牢了。"

管家马上点头哈腰地说："是、是呀！"

民国期间的电厂是很牛的，也叫电老虎，如果不配合工作停了你的电，你又能怎么办？这是专业技术领域，你们当领导的又不懂，就是中华人民共和国成立以来的 50 年间，电老虎的名称还是响当当的，不光是老百姓畏惧电老虎，许多社会精英见了它也俯首称臣。管家当然被王莆臣结结实实忽悠了一次。

王莆臣和兄弟在管家的带领下，开始检查线路，从外屋向内屋推进，这两位兄弟虽然不是电工，装模作样的功夫十分了得，让管家对他们的身份深信不疑。特工的特长就是会各种骗人的把戏。管家相信也相当正常，在这个国家里，如果有人来司法院长家捣鬼，是不是嫌命长呢？

　　他们来到居正的卧室前。管家说："这是居院长的卧室，最好不要进去。"

　　王莆臣说："好的，不过，以后卧室停电什么事情，你不要怪我们不来检查啊？"

　　管家犹豫一下，说："那你们进去，里面东西不许动，居院长最反感动他的东西。"

　　王莆臣很认真地说："这个你放心吧。"

　　王莆臣在卧室线路的检查中，他有意敲了两记墙壁，发出很响的空洞声，这墙壁应该是空心的。这个重要发现让王莆臣兴奋不已，说明墙壁里有秘密，有可能存放着传说中的秘密电台。

　　戴笠接到汇报后，决定要采取搜查行动。次日早晨，大雨滂沱，军统局召集中层干部在罗家湾开会。毛人凤主持会议，戴笠当场宣布，马上要去抓大老虎。从现在开始，所有的人员未经毛主任特许，一概不许离开罗家湾本部。

　　戴笠的打算就是擒贼先擒王，去居正家端掉秘密电台，就解决一切问题。只要掌握谋反的证据，戴笠才不管你是什么院长、部长，除了蒋介石之外，其他什么人都敢抓。这么多年来，戴笠抓进过一批党内的高中级干部。

　　毛人凤一直做事谨慎，这个谨慎救了戴笠和他一次。会议中途，他请了戴老板出来，说出了自己内心的顾虑。他说，居院长与国府主席林森、监察院长于右任相邻，这些人物，蒋校长也要尊重几分，万一失手，拿不出证据，他们往蒋校长那边告状，我们都要下岗！

　　在工作中很多人都会义无反顾地往前冲，但是涉及自己的利益时，他们会小心、谨慎！

　　戴笠听了身后凉风嗖嗖，说："那我们怎么办？"

　　毛人凤说："我们撒下天罗地网，一旦有了证据，我们马上收网。"

　　戴笠转忧为喜，马上说："人凤，就按照你的设想去布置吧。"

　　毛人凤就安排人员每天盯着居正家进出的人员，同时将电台监测车放在居正家的附近，日夜监控他家电台的活动。

　　然而二天、五天、十天、半月过后，盯梢的特工没有发现可疑人，监测车也没有发现一点儿线索，这让毛人凤纳闷啊，难道日本间谍第五纵队发现了我们的追查？暂停了联系，隐蔽了下来，要打持久战？

当然还有另一种可能，这种可能毛人凤也想过的，但是不敢多想，传出去脸面尽失，就是中了日本人的反间计。然而不久，他获得一个印证此事的情报，日本人以第五纵队为诱饵，将军统引入了自己人与自己人内斗的消耗战。

毛人凤冷汗直流！

兵不厌诈！

【告黑状】

中了小日本的反间计后，军统局的头头脑脑垂头丧气，但是也有一些同胞不仅没有伤心，反而幸灾乐祸，这帮人就是以徐恩曾为首的中统局（CC系）特务，以前毛人凤侦破了黄浚案，让他们很没有面子，感觉没法与军统相比，压力山大。现在终于有机会了，因为他们发现军统局的软肋，要给予重重的一击，痛打落水狗就是这些人的一惯作为。

整治、削弱军统局，拥有这种特权的人世上只有一个人，那就是蒋介石，但是军统局又是蒋介石的子女，怎么才能让蒋介石教训这帮子女？徐恩曾经过思考，有了绝妙的点子。就叫手下老蔡告状，万一有纰漏或问题，这个黑锅让老蔡扛着。他的目标是戴笠，但是戴笠这个人权力太大，深得蒋介石的信任，一两封举报信是不可能拉他下马的，搞不好把自己也赔进去。对付此人的最好方法就是斩去他的左膀右臂，目前他最得意的助手就是毛人凤。把毛人凤赶回老家种田去，戴笠失去这个谋士，也不会有大的业绩，日子一久，蒋介石会看不起他，到那个时候再动戴笠也不迟！

老蔡把举报信亲自送去，放在侍卫长唐纵的案头。唐纵虽然是蒋介石的侍卫长，也不审批来信来访来电，但是他的权力无限大，所有进入蒋介石手中的信件必须先他这一关，他拥有筛选权，全国各地每天有很多人给蒋介石写信，他有权将一些不重要或者不必要的信件删掉。蒋介石又不是神仙，自然也没有那么多精力啊。唐纵就这样，在减轻蒋介石的工作量时，不知不觉地手中有了非常大的权力。

当唐纵看到老蔡的那封举报信，见举报的对象是毛人凤时，心里有点不爽快，因为毛人凤在他印象中不错，一个难得的谋略人才，国难当头，急缺这种紧俏货。唐纵为蒋介石卖命，就处处替蒋介石的江山着想。何况毛人凤人缘还好，见到自己总是热情地招呼，还唐帮办长唐帮办短地叫个不停，这让唐纵很温暖。他将此信锁进自己的抽屉。

十多天后，见蒋介石没有动静，毛人凤也很悠闲地当主任秘书。老蔡来到徐恩曾办公室，说出来自己的疑惑，一定是唐纵那小子扣下举报信。

徐恩曾说："有道理，唐纵以前也是军统的，他们本来就是一家。"

老蔡说："难道我们就没有办法了？"

徐恩曾说："办法当然有的，但需要有一个人相助。"

"哪位高人？"

"这人不是高人，但是高官，就是居正。他是本案的真正受害者，最有发言权。"

老蔡一拍脑袋说："高见，徐副局长不愧是中统局的一流人才！"

当居正得知自己被完完全全当了一次间谍，遭遇的又是潜伏又是跟踪，他大为恼火，抓起桌子上的茶杯扔了出去，大骂一声，他妈的！老子还蒙在鼓里啊！

居正派人将一封信向蒋介石送去，接收的同志当然是唐纵唐帮办。唐帮办看了信，内容是举报毛人凤等特务盯梢居正的家。居正是国家领导人，盯梢他实在是不应该的，这封信唐帮办是不敢阻挡的。

军统可以说是眼观六路，耳听八方的。毛人凤知道CC系、居正正在告他，脸色难看，心惊肉跳起来。毛人凤杀人是不怕的，但是他是最害怕被人举报的，他好不容易混个主任秘书，人家用两三张纸就能制住他或者让他下岗。他在屋内苦苦思索，很快想到救他的一个人，此人就是他的老乡加同学周念行。

周念行是戴笠、毛人凤放在唐纵身边的一颗棋子。周念行可以说是博学多才，肚子里的东西特多。当时也没有电影电视，也没有卡拉OK，官员的业余生活也不丰富，唐纵这个人爱听历史故事，周念行就讲历史故事，一讲就没法停下来。唐纵每天要拉着周念行讲故事，周念行把讲故事当成了工作，两人的关系比哥们还好。

周念行来到唐纵家里，唐纵拉着周念行的手请他上座，叫管家泡上最好的龙井茶，周念行知道唐纵又要听故事。

周念行说："听说有人向蒋委员长举报毛人凤主任。"

唐纵说："周先生消息灵通哟。"

"请唐帮办，帮帮忙，不要把这些乱七八糟东西呈送蒋委员长。"

唐纵来了一个 360 度的大转身，认真地说："这个不行啊。"

好友毛人凤的命运难道要转变？周念行有点紧张起来，急着回去通知毛人凤，以便他作好打算，总不能束手待毙。

周念行走到门槛边，回头对唐纵说："你真的不想帮忙？"

唐纵说："我什么时候说过不帮忙呢？"

周念行听到了希望，返回到唐纵身边，握住唐纵的手说疑惑地问："你不扣举报信，怎么个帮法啊？"

唐帮办把自己想法全盘托出，周念行佩服极了。

原来，唐纵把举报信重新组合了一次，将 3000 多字的信缩写为 50 多字，将举报信避重就轻、轻描淡写地表达了一下，大概意思：毛人凤与日本间谍的对弈中，势均力敌，毛人凤杀了日本间谍河本明夫，也中了日本人第五纵队的反间计，但是很快识破，没有造成严重后果。

蒋介石看到这份报告对唐纵说，下面的同志也辛苦，给毛人凤这帮人奖励 200 大洋，你亲自送过去。

被人举报不一定是坏事，有时可能帮了被举报人的大忙，可以让领导看清这个人的才华、水平！

徐恩曾、居正得知蒋介石这番批示后，以后再也没有提第五纵队案件。因为他们是聪明人，大领导不但没有查毛人凤的失职，还给予奖励，再闹下去，即使吵得太凶也没用，除解决不了问题外，反而可能得罪蒋介石，这种亏本的生意谁也不想做的。

毛人凤运气不错！

第十二章　特工王天术

【上海站长】

在淞沪会战中，中国军队死打硬拼，虽然伤亡惨重，但是杀敌无数，打破了日军三个月灭亡中国的白日梦。

然而上海还是快守不住了。此时，蒋介石命令戴笠准备一支精干的特工队伍在上海隐蔽下来。戴笠马上召开军统局中层以上干部及有关地区站长会议。戴笠说，上海快要沦陷了，我们退向四川为腹地，继续与日军作战，终会有一天收复失地。上海是国际大都市，根据蒋委员长的指示，我们在这个地方要留下一批精英，收集敌方情报，配合总部开展工作。这个任务是艰巨的，也是光荣的，谁愿意留下来，挑起这支大梁？

会场一下子安静下来，大家心知肚明这项工作的危险、艰巨。以前这帮人在民国的土地上，大摇大摆执行任务，威风八面。现在却要跑到日本人的眼皮底下潜伏，谈何容易啊。

过了好久，大家就是不说话，明显都不愿去干这种不是人干的事。看没有人主动报名，戴笠非常气恼，一拍桌子骂道：你们这群草包，拿钱分官时一个个争先恐后，现在遇上危险任务就成了缩头乌龟。我养你们这群废物有什么用啊？

大家红着脸将头低下去，还是没有人主动请缨。毛人凤想站起来毛遂自荐，不料背后有一个人站了起来说："沈某不才，如果戴局长看得上，我愿意留驻上海。"

此人就是情报组长、少壮派人物沈醉。沈醉从 18 岁加入特务处就表现不错。他年纪轻轻、头脑灵光、手脚勤快，特别肯钻研业务，多次立功，提升也快。但遭到老特务的嫉妒，其中一位老特务吵得最凶，沈醉又不是毛人凤这种一味忍让的人，他很快向老特务开刀，罗织了许多罪名安在他头上，亲自送给戴局长审批。戴笠大笔一挥，老特务就失踪了。从此特务们知道沈醉的厉害，再也不敢在他面前放肆。

看见沈醉同志出场，戴笠脸色好看多了，但是没有答应沈醉，因为这个小伙子能力是有的，但是人际关系不太好，怕手下这帮人暗中使绊。

毛人凤也站起身来说："国难当头，我愿意留在上海工作。"

戴笠感觉脸上有光啊，江山人愿意去最困难的地方。他用赞许的眼光看着毛人凤说："人凤啊，你加入军统时间不长，屡立战功。你已经成了我身边的军师，你要陪我和蒋校长去四川。"

其实，戴笠心中早有上海站长的适合人选，为什么还请大家主动报名啊？这就是戴笠的狡猾之处，一是试探这个人的主动性、忠诚度、吃苦精神。二是将来有个三长两短，家人找上门来，戴笠会说，这是他自己要求去的，我想拦也拦不住啊。

戴笠相中的这个人就是特工王天木。戴笠的眼光再次扫到王天木身上时，王天木站了起来，大声说："王某愿意去上海站工作。"

戴笠拍着手掌站了起来，来到王天木身边，握紧他的手说："好兄弟啊，我就知道你愿意替我分担这个困难的。"

王天木这个人不简单，毕业于东北讲武学堂，后留学日本，获取明治大学法学学士学位。他的日语相当不错。曾经担任驻外使馆秘书、浙江省高等监察厅长，后来加入军统，是特工中的精英！他早已看出戴老板的心意，让戴老板叫着去，还不如自己主动请缨，这样都有面子啊！

伸头是一刀，缩头也是一刀，还不如伸头一刀，死得悲壮些。人生在世谁无死，能够为国家、为民族献身也是值得的！

毛人凤见机也献上一计。他说："上海站隐蔽下来将会遇上很多困难，但是，我们必须利用一种人。"

王天木问："谁？是好人，还是坏人？"

毛人凤说："这种人严格来说是坏人，就是在上海滩上作威作福的黑帮。"

王天木说："黑帮啊？我们以前经常找他们的麻烦啊。"

毛人凤说："日本人也是黑帮的敌人。古话说，敌人的敌人就是朋友。"

戴笠说："这个建议很好，我差点把杜月笙忘了。"

后来的事实证明，黑帮确实帮了军统局上海站不少忙，说明毛人凤的眼光还是相当敏锐的。

【违法的正义行动】

王天木加入军统局，多次立功，深受戴笠的器重。王天木与戴笠虽然口音有异，但是两人长相、气质、身高与五官极像。王天木具有北方人的直爽，守口如瓶的性格，又愿为长官承担责任。这很符合戴笠对特工的要求。这年头的特工，工作经验缺乏，可以说是"摸着石头过河"，但是，王天木能给戴笠提出许多宝贵的建议，深受戴笠的赏识。

戴笠见过王天木的女儿，感觉这个姑娘漂亮可爱，又受过高等教育，很是喜欢。有意让儿子戴善武娶这位姑娘，自己与王天木的关系可以更一步。王天木不是傻瓜，当然会把握这个千载难逢的高攀机会，把自己的爱女许配给戴笠的独生儿子戴善武。

但是，戴善武心高气傲，没有看中这个姑娘，坚持要自由恋爱，戴笠大骂儿子一顿也没有作用。戴笠虽然是军统一号人物，掌握广大干部群众的生死，决胜千里之外，但是面对应该由他作主的婚姻（媒妁之言，父母之命），他却无能为力。这门亲事自然黄了。

爱情是两个人事情，强扭的瓜从来就不甜。

亲家虽然做不成，但是戴笠与王天木之间的关系不是减弱反而加强，双方都认为对方是志同道合的亲密战友。

戴笠非常信得过王天木，决定交给他一件特殊的事情，这件事情就是绑架，绑架都是黑帮或者其他社会组织干的，但是，政府在不得已的情况下，有时也会偷偷实施。因为需要保密，用的人员都是绝对可靠的亲信，如果泄密，不只经办人完蛋，就连戴笠也吃不了兜着走。

戴笠决定这项行动的目的有两个，一是军统经费困难，急需用钱。二是要给贪官一点颜色瞧瞧，算作为民伸张正义吧。

这个任务就是绑架热河省主席汤玉麟的小孙女，赎金10万大洋。因为靠张作霖起家的汤玉麟大肆搜刮民脂民膏，任人唯亲，相当腐败，引起了民愤，也引起蒋介石的反感，只是碍于张学良的面子，没有撤了他的职。绑架汤主席的小孙女当然比绑架汤主席容易得多，汤主席日日夜夜有军警保护，行动难度系数大啊，而且绑了汤主席不一定能顺利拿到赎金。

王天木成功绑走了汤主席的小孙女。要求汤主席给10万大洋。汤玉麟马上派人传话，一个小女孩子不值这么多钱，女孩子将来也是别人家的人，最多给点路费。王天木吃了一惊，他掌握的信息是汤玉麟最喜欢这个小孙女，难道是情报有误？

经查，情报没有失误，只是汤玉麟是个守财奴，金钱看得比小命还要重要啊。王天木马上派人送去一只耳朵。汤玉麟得知这是小孙女的耳朵，非常愤怒和焦急啊。小孙女确实是他最喜欢的孩子，一定要赎回来。他派出副官去协商，经过两方讨价还价，减免一半，以赎金5万大洋成交。

汤玉麟看到了小孙女，抱着她看了半天，说，你的那只割掉的耳朵怎么长出来了？

小孙女说，他们从来没有割我的耳朵。其实王天木根本不会伤小姑娘半根毫毛的。王天木毕竟也是国民党的将领，这种缺德事他不会干的。

王天木得手了，马上让行动成员躲藏起来，可是嗅觉敏锐的汤玉麟很快查到绑架是军统这伙人干的。汤玉麟作了一个错误的决定，他向蒋介石告了一状。蒋介石命令戴笠查办。戴笠通知王天木查办。汤玉麟就这样被耍猴一样耍了一通。

这里可能让你糊涂了，世上怎么会有这等奇怪的事，让犯人去当警察、法官查案审判，还会有什么结果？如果这个人相当老实，也不会自己把自己定罪吧？因此想要一个公正的处理结果就是天方夜谭，是永远不可能实现的事。

王大木接到戴笠的通知后，知道戴老板想把这个大事化小，小事化了。王天木也作了安排，然而一件事情的被发现让王天木提前结束查案。

原来日军来了，要攻打热河。汤玉麟感觉一家人的性命财产受到严重的威胁，就连夜带上家人慌乱逃跑。这事引起蒋介石的不满，那宗绑架案的调查自然也黄了。如果暂且不黄，将来也会黄的。

小缺点小失误每个人都会有，但是千万不要犯大错误，如果犯了，可能把你以前的成绩、功劳都湮没，更重要的是你在领导心中就没有地位了。

【闯祸】

王天木接过军统上海站长的任命书，深知生死难卜，前途渺茫。心情不舒畅，王天木自有调剂的办法，那就是出去好好潇洒一回。

王天木和队员王大虎走上街头，七拐八转进入怡红院。老鸨见两位长得精神、穿着不错，猜测客人不是当官的就是经商的。老鸨相当热情，就把院里最美的几位姑娘叫来介绍。王天木、王天虎两兄弟是直爽人，他们也不推迟，直接跟着相中的姑娘进入寝室。

王天木、王大虎从姑娘家的闺房里出来，带着疲惫的身体要离开时，老鸨挡在眼前说："先生，请付了小费再走呀！"

王天木、王大虎同时把手伸入口袋掏了一会，傻眼了，没带钱啊。王天木对天虎说："你小子怎么没带钱啊？"

王天虎说："这个月工资十天前我消费掉了，我以为王哥请客的。"

老鸨知道了，原来两位都没有带钱，是来吃霸王餐的。

老鸨一挥手，打手已经将王天木、王大虎两位堵住去路。

王天木笑了笑说："我们是警察，我签个名字，过几天来结账就是。"

"是啊！"王大虎连连点点说。

老鸨说："你们给大洋就成，没钱说什么也没门。"

王天木说："我们走了，钱嘛过几天会来付的，信不信由你。"

老鸨是见过大世面的，多少年来什么大风大浪没有见过啊，从没有吃过哑巴亏，厉声喊道："抓住他们，别让他们逃跑。"

王天木对王大虎说："你去把老鸨好好修理一下。"

王天虎是特别训练的特工，拳头狠、硬、准，三四记过去，老鸨倒地，口流鲜血，当场毙命。

见老鸨倒地，打手们知道遇上了武林高手，如鸟兽状一样离开。王天木见出了人命，马上找来箱子将老鸨放进去，然后与王天虎抬着箱子去找一个无人之地埋葬。这是一个错误的决定。你们带走老鸨的尸体，不是说就没有证据了，妓院里有不少人看见的。聪明人也会做傻事。当王天木、王大虎离开现场，叫了黄包车拉箱子。妓院的人也没有闲着，马上向警察局报案，又向媒体举报。后来，媒体报道，这就是著名的"箱尸案"。

若要人不知，除非己莫为！

原来有人认出这两个人就是王天木、王大虎。不久，王天木、天大虎被捕。戴笠也相当焦急啊，王天木是兄弟，不能出事，还要指望他坐镇上海站呢。

戴笠向警察局、法庭打招呼，一定要把王天木这条命保出来。后来军事法庭审理，判处王大虎死刑，立即执行；判处王天木无期徒刑。

官字两张口，兵字两只手。

但是，戴老板还是非常生气，花了九牛两虎之力，王天木还是被判了重刑，王大虎这种小角色丢不丢命没有半点关系。可是，王天木是将才，而且与戴笠有深厚的交情。怎么才能把他捞出来呢？

毛人凤知道戴笠为王天木的事情发愁，献上一计，说："戴罪立功，将功赎过。"

戴笠问："怎么操作呢？"

毛人凤说：'维新政府'的外交部长陈箓气焰嚣张，举国上下热血青年恨之入骨，让王天木去刺杀这个大汉奸，将他从牢里救出来。"

戴笠向相关领导说明后，王天木出狱了，去执行这个暗杀任务。这个赌资相当大，大功告成，为国除奸，自己又可以免罪释放。当然，不成功，就有可能将自己的性命搭进去。

戴笠派出精干的特工协助王天木执行任务，只许成功不许失败。王天木带领暗杀小组成功将陈箫用枪打死，为国争光，此事引起全国巨大的反响。

成功背后有一个个故事，有的精彩、有的无奈，也真应了那歌词：三分天注定，七分靠打拼。

【离间计】

上海沦陷后，军统上海站在王天木的带领下，对日本兵和汉奸进行了暗杀活动，取得了一些进展。

日方对军统这种暗杀活动相当头疼，马上提出以华制华，以特工制特工的方案，得了日本军部批准。招募了有丰富经验的老特工丁默邨、李士群等人，并在上海沪西极司菲尔路 76 号（今天的万航渡路 435 号）成立特务机构。76 号杀害抗日爱国志士，手段残暴，让人闻风丧胆。

76 号有另外一个名称——魔窟。

76 号的人员是怎么招来的？在这个有钱有权就是爹娘的社会，不少特务见"国军"打了败仗，日本人得势，就心甘情愿替日本人办事，成就了名声——遗臭万年的汉奸。

丁默邨（左）和李士群（右）

丁默邨、李士群负责管理 76 号，这两个混蛋早年都是爱国的进步青年，是共产党员，1920 年他们叛变共产党，投靠了国民党中统局，成为特务。不久，他们在陈果夫、陈立夫兄弟负责的中统局遭受冷落，两人一拍即合，一起来上海投靠日本人，当上了日本人的走狗。

叛徒就是背叛自己的主人，没有忠诚度可言，还不如狗，狗从来不会背叛自己的主人。叛徒为了自己的目的和利益，不讲廉耻，一直寻找新主人。因此，叛徒永远就是叛徒。

丁默邨、李士群在76号开始行事低调，可以说"神龙见首不见尾"，他们相当熟悉特工这个行当，高调不得，否则就会成为暗杀的对象。丁默邨、李士群这两个老特工做事不讲情义，破坏老单位，杀害以前的同事，一点也不手软。军统最困难的时期到来了，许多爱国志士，以及军统、中统在上海、浙江、江苏、安徽、南京等地的一批特工被捕，或叛变或被杀害，这给戴笠、两陈打击非常大。

上海站的特务陈明楚被76号抓去，还没有挨打就求饶投降，并供出了王天木等一批老牌特工。王天木就这样被捕。

王天木与李士群是老同事，他被抓后没有受审，也没有挨打，李士群相当照顾他，给他好吃、好住，日子过得相当舒服，如贵宾一样。

李士群没有这么好心吧，如果这么仁慈，他们也不会去抓王天木。不打、不审，自然而然让王天木死心地跟他们一路走到黑，这里有一个恶毒的阴谋。

三个星期后，王天木被释放了，与这帮汉奸们走街穿巷，有时还会去茶楼、歌厅、酒吧。戴笠得到这个情报，认为王天木已叛变，派出精干的特工暗杀王天木、陈明楚这些叛徒。

离间计成功！

那天晚上，暗杀组开始行动。王天木、陈明楚去惠尔登舞厅跳舞，舞会刚散场，王天木去洗手间时，枪手动手了，陈明楚当场被击毙，王天木逃过一劫。也有资料说，枪手是王天木曾经的保镖，记得王天木的恩情，不忍心杀死王天木。

天下从来没有免费的午餐，李士群诡计得逞，军统已中计。他回去的后路被堵了，只能跟着76号干。但是王天木压根儿看不起陈士群这帮人，他虽然嫖过娼，做过不地道的事情，但是在大事大非面前，他决不妥协，他不能背负汉奸这个骂名。

王天木还有回旋的余地吗？当然有的，伟大的爱国事业广阔辽远。不管有多大误会，终究不能阻挡王天木的报国之心！

【计中计】

王天木自知没有退路后，最安全的办法就是在76号上班，可是他身在曹营心在汉，一心想着怎么才能与军统局取得联系，向组织说明自己没有叛变，取得理解、支持。被人不信任是难过的，被人误解是痛苦的。

自从他被抓后，军统上海站转移了，原先的接头方式都取消了。去哪里找组织呢？这对王天木来说是考验，不过特工专家王天木很快发现与军统联系的方式。他看到一位移动烟贩子，20多岁，瘦弱，光头。虽然不认识此人，但是他断定这个人就是军统的特工，以前他当站长时就是用移动烟贩子的隐蔽方式，由站长单线联系。这个岗位作用大啊，可以随时发现情况，同时便于接头。现在虽然烟贩子脸孔陌生，但是挂在脖子上的那只烟柜子太熟悉了，就是以前特工用的那个柜子。王天木作出一个大胆的决定，联系这个从不相识的烟贩子，此事风险相当大，如果泄露，就有性命的危险。

王天木入了76号，但是经常有人对他监视。李士群还是不放心他，不断教育，让他彻底跟着干，不要三心二意。有一次，李士群说："蒋介石依靠英美，我李士群什么也没有，就得依靠日本人。你们说是汉奸也好，流氓也好，现在我们有的是力量，有力量就是硬道理。"

王天木问："你以前宣传过爱国、革命？"

李士群说："过去我们大谈爱国、革命，这真是笑话。这些东西离我们小人物太远了。"

王天木来到大街上，他要寻找光头烟贩，想通过他传递情报，破坏76号的离间计。他走了一阵，感觉身后有人跟踪。做大事不能婆婆妈妈，更不能怕三怕四。他一直向前，来到惠尔登舞厅的东边，看见那个光头烟贩，正靠着青砖墙上卖烟，他上前询问了一下烟价，随手拿起一包烟，向光头使劲眨了眨眼，丢下纸钱就转身离去。光头就是军统的特工，说明王天木的决断是正确的。

那纸钱里裹着一张情报。

当王天木离开后，暗处的两个76号特务过来，他们很兴奋地把光头烟贩带回去，进行搜身检查。

光头说："我是良民。"

特务说："你不要废话，你把衣服脱光，我们要搜查。"

光头边脱边说："内裤要不要脱？"

特务说："全部脱下来，一丝不剩，你要耍花招，让你尝尝76号的刑具。"

他们从光头身上搜到烟柜子上，没有发现可疑之物，最后光头被释放出来。那王天木给光头的那张情报在哪里啊？特务在光头身上找遍了，难道光头吃下去了不成？答案不是的，情报还在的，套了"国军"的一句台词：不是我们无能，是"共军"太狡猾。原来光头看到王天木后面有尾巴跟着，收到那张有密码的情报，作了一个正确的决定，将情报塞入了身后的砖缝中。

光头回去了，半夜他来到那砖墙前，一摸情报还在。这份情报就逐级上报，很快到达毛人凤、戴笠手中。军统内部对王天木的看法形成两条意见，一是认为这是76号的反间计，不要相信就是。二是认为王天木想脚踩两只船，这种小人不要理睬。戴笠与王天木私交甚好，他问毛人凤的意见。毛人凤说："王天木冒着这个大的风险送情报，我们先辨别真伪，如果他没有投敌，还会有重要情报送过来，我们也可以交给他任务，这有什么不妥呢？"

戴笠说："人凤，我的想法与你一样，你有条不紊地一说，我做事更加清晰了。"

王天木就这样通过光头烟贩向组织传递情报，让军统局暗杀了一些铁杆的汉奸，挽回了一些面子。

毛人凤向王天木传达一个命令，就是离间日军与李士群的关系，最终让日本人不信任李士群。

李士群的恶梦开始了。军统经常派人上门给他送钱送物，李士群出来当汉奸就是为了钱财，送上门的礼哪里有不收之理？难道军统被76号打怕，主动示好吗？但有时是一张白纸，没有内容，李士群一时也搞清楚怎么回事。

李士群很快从日本主子的脸上找到了答案，他不但没有像以前那样受宠了，反而被怀疑。日本人一直不相信中国人，他们对李士群等人也是暗中监视的。日本人不会容忍他们的手下与原来的老板勾勾搭搭，有不清不楚的关系。最后，日本宪兵特高课课长冈村以"宁杀错100个，不放过1个"的原则，用毒牛肉饼将李士群毒死。

抗战胜利后，王天木回到军统；解放战争失败后，他随蒋介石逃去了台湾，在那里安度晚年。

第十三章　斩首行动

【刺杀伪市长】

抗战之后，军统主要战斗的目标是日寇，主要行动是暗杀，对象都是那些穿军装的日本兵。但是这个办法不是很高明，而且副作用很大，因为杀掉一个日本兵后，日军会对沦陷区的老百姓进行残酷报复。这引起老百姓极大的反感。蒋介石命令军统先杀大鱼大虾，小鱼小虾放一放。大鱼就是日军将领、大虾就是大汉奸。日军将领确实难杀，有众多士兵保护。大汉奸就不一样了，机会容易寻找，成了首当其冲的目标。

上海市伪市长傅筱庵上了头号黑名单！

戴笠派出特工陈恭澍带队执行密杀令。陈恭澍是黄埔五期毕业生，资历比戴笠还高。此人做事胆大心细，敢作敢当，执行过上百次刺杀行动，基本上都能圆满完成，同行称其为"辣手书生"。

傅筱庵于 1938 年 10 月 16 日出任上海市伪市长后，不断有人发出警告，更有人寄子弹，希望他悬崖勒马，可是，傅筱庵是一位不见棺材不掉泪的家伙，对爱国志士的真诚规劝不予理睬。

陈恭澍带人在傅筱庵去日本军部的路上采取行动。当傅筱庵的司机见前面有四五辆黄包车乱七八

傅筱庵

糟堵塞通行时，急忙踩了煞车，车子还没有停稳，意想不到的事情发生了。陈恭澍带领特工向傅筱庵的车子开枪，先打破玻璃，然后向车内射击。一会儿，见车内的人都已打死，特工全部撤退。然而次日新闻报道，傅市长遇刺，受了点轻伤，身体无恙。原来身边的胖手下挡了子弹，让傅筱庵死里逃生。

一次失败后，陈恭澍并没气馁，他继续寻找机会，很快得知傅筱庵将参加一次中日亲善大会。这个会议相当重要，傅筱庵必须作一次重要的讲话。陈恭澍冒充记者混进入会场，决定亲自开枪，解决这条漏网之鱼。他对自己的枪法非常有信心，然而一副眼镜却救了傅筱庵的老命。陈恭澍的枪口瞄准傅筱庵的太阳穴，子弹飞射时，傅筱庵的眼镜正好跌落，他弯腰捡眼镜时躲过子弹。当陈恭澍再次开枪，已经没有这种便宜可捡，特务们向他猛烈开火。这是一个让人万万想不到的巧合，傅筱庵进了阎王殿又能跑回来。

两次行动失败，陈恭澍没有向军统总部上报，他马上设想了第三套行动的计划，这个计划应该相当完善，理论上傅筱庵将难逃一劫。因为在道路上放了炸弹，等傅筱庵车子过来时，拉响炸药，就是想飞也不可能飞走，大汉奸将粉身碎骨。然而这个计划最终还是失败了，原来傅筱庵遇上两次刺杀，成了惊弓之鸟，非常担心自己的人身安全。他不敢坐原来的汽车（军统认识），换了另外一辆汽车，让他再次死里逃生啊。

三次刺杀失败，陈恭澍脸上无光。戴笠在电话里大骂陈恭澍是饭桶。陈恭澍态度坚决，向戴老板保证杀不掉傅筱庵，决不回来。

傅筱庵这个大汉奸，他的聪明之处就是要有钱有地位，整天想要过好日子。自从遇刺之后，他行事小心谨慎，行踪更加保密，若想再行刺，难度系数增加数倍。

傅筱庵虽然惶惶不可终日，但是他是一市之长啊，还得为日本人做事。他这个伪市长经常替自己辩解啊，如同小偷从来不承认自己是小偷一样。他多次向一些进步人士表达自己的观点：我当市长不是当日本人的走狗，我是为上海市老百姓服务的，希望广大老百姓过上好日子，不要出现你杀我砍的混乱局面。

傅筱庵的忽悠本领也实在高明，他暗中派人向军统送去口信，说我傅筱庵是中国人，你们追杀我没有用啊，我死了，日本人会叫张三或李四来当市长，还不如我真诚为老百姓啊。最后还说，多一个朋友多一条路。

这个忽悠还真行，军统中计了，密杀令暂缓执行！

此时汪精卫成立伪国民政府，戴笠奉蒋介石之命刺杀汪精卫。毛人凤想到傅筱庵这个伪市长，认为考验他的时刻到了，如果傅筱庵能真诚合作，愿意提供汪精卫的情报，就彻底放他一马，不然就是逃到天涯海角也要追杀。

这是一箭双雕的计策。然而后来的事情证明这个决定是错误的，为此害了一位爱国志士。与军统有关系的爱国人士许天民愿意去当说客。许天民是湾煤矿公司上海办事处总经理，他与傅筱庵个人交情不错。许天民说明来意，就是让傅市长提供情报，配合刺杀汪精卫。狡猾的傅筱庵没有答应，也没有反对，只是说需要考虑一下。几天后，让军统大跌眼镜的事发生了，许天民被关进了大牢。

毛人凤责怪自己中了傅筱庵的诡计，向戴笠认错，并申请去刺杀大汉奸傅筱庵。戴笠说，这个任务还是归陈恭澍，相信他会成功的。

戴笠向陈恭澍发密杀令，要求在一个月内杀死傅筱庵。一个月时间真的不短，但是陈恭澍还是感觉压力相当大，此事已经打草惊蛇了，按照常规的计划难以取得突破。

陈恭澍和同事认真思索，却想不出理想的行动计划。此时，毛人凤发来一份电报，让他们抓住了一根救命稻草。电报五个字：从内部着手。

陈恭澍豁然开朗，他派出杜茂在傅家附近（上海虹口斯高塔路）开了一家酒店。现在的困难就是，怎么才能进入内部呢？有人不相信运气，但是我偏偏相信运气。陈恭澍的好运马上出现。傅家的管家叫朱开，此人跟随傅筱庵走南闯北30年多，一直被视为亲信。朱开生性嗜酒，见了酒店就走不动啊。

朱开就这样成了酒店常客。朱开结账时，老板杜茂总是打半折，这让朱开认为杜老板够义气，是可以交的朋友。更让朱井井心的是杜老板也喜欢喝酒，两人有时对饮，真是相见恨晚，成了无话不谈的酒友。不久就结拜了生死兄弟。

酒这个东西是块宝，是加速朋友情谊的催化剂。

杜茂向朱开讲了父母死在日本屠刀下经历。朱开本来对日本人没有好感，听了非常痛恨日本人。杜茂又说了表哥许天民被傅筱庵出卖，自己又无能为力。当朱开看到兄弟眼角滚出泪珠时，他决定要帮助这个兄弟。一直来他对傅筱庵投靠日本人很不满，兄弟的表哥就是自己的表哥。

朱开举起酒杯说："兄弟，喝了这个杯酒，你的事就是我的事啊！"

一饮而尽，酒杯见底。

杜茂说："我怕你不敢做啊。"

"天下有什么事是我朱开不敢做的，你快说。"

杜茂小声地说："杀了傅筱庵，为国除奸。"

朱开犹豫地望着杜茂。

"你害怕了？"

"我答应了！"

"酒能壮胆啊！"

朱开酒醒后，后悔答应去杀傅主人，毕竟风险相当大，搞不好是要丢脑袋的。但是答应兄弟的事，又不能食言，否则明天怎么出去混啊？

酒后的话是不能当真的，但是，朱开是一个认真的人，他决定用行动来证明自己的承诺。那天是 10 月 11 日，傅筱庵参加应酬活动，深夜才归，在净房睡下，没多久熟睡过去。准备多时的朱开悄然入室，用一把锋利的菜刀朝睡下的傅筱庵连砍数刀，傅筱庵当场气绝身亡。

朱开从容地走出傅宅大门，在杜茂的接应下，顺利逃离上海。

【刺杀原总理】

1938 年日军占领上海后，为稳定局面，有意拉拢中国有影响力的上层人物，来组建所谓的"临时政府"。经过一番斟酌，日本人选中了唐绍仪，此人是国民党元老，曾任广州护法军政府财政部长、政务总裁、北洋政府国务总理。唐绍仪正不得志，对蒋介石的作风不满。当日方派出专使秘密接触时，唐绍仪如被雪中送炭，他兴奋不已，甘愿同流合污，当大汉奸。

蒋介石得知此事，怒不可遏，指示戴笠派出得力人员去密杀唐绍仪。戴笠与毛人凤商议，毛人凤建议派出赵理君。

戴笠问："为什么？"

毛人凤说："此人虽然是四川人，但在上海工作生活多年，熟悉情况，特工经验又丰富。"

赵理君与陈恭澍是黄埔五期的同学，原先是上海滩上的阿飞，做事心狠手辣，杀人不眨眼，外号"追命太岁"。后来，事实证明，熟悉情况的人做事容易成功，有事半功倍的作用。

赵理君接到密杀令后潜回上海，如同回家了，上海是他的第二故乡。他开始走访原来的兄弟和熟人。赵理君不是来探亲访友的，而是打探情报的，很快他了解唐绍仪住在上海环龙路，而且获知了他的重要爱好——喜欢收藏古物。有一次，唐绍仪去一家古玩店，相中一件宝物——古瓷瓶，店老板要价甚高，唐绍仪一步三回头地依依不舍离去。

赵理君是一位出色的杀手，经过深入思考，有了一套刺杀唐绍仪的行动计划。赵理君去古玩店重价购来两件古瓶。他伪装成跑街伙计，携带一件古瓶来到唐公馆，由警卫向内通报，唐绍仪听说是卖古瓶的伙计，马上通知进来，看古玩这种事情，唐绍仪是从来不会错过的。

赵理君进门前被保镖搜了一遍身，没有发现携带管控家伙（刀枪）。在会客厅，唐绍仪见到古瓶，还听赵理君介绍了古瓶的一些特点。他故意摇了摇头，好像没有看上眼。见此，赵理君连忙说："家里还有年代久远的古瓶，先生要不要再看看。"

唐绍仪的摇头不代表没看上这件古玩，这是他多年做生意的诀窍，遇上好东西，绝不能说是好东西，更不能有非买不可的样子，不然就不是一位成熟的商人。就像现在去服装店买衣服，合身，感觉很好，但是你不能喊出来，不然店老板就会伸出刀来，轻轻地宰一次猪。

唐绍仪见这个伙计被自己的表象蒙蔽，很高兴地说："周日下午，我在家里，你把另外那古瓶带来吧，我会认真欣赏的。"

赵理君离开大厅时，门口保镖突然对他说："兄弟，你好眼熟啊。"

这让赵理君吓了一跳，全身冷汗直冒，难道被识破了？好不容易混进来探路，如果被人认出是军统的杀手，不要说前功尽弃，就是自己的小命也有危险啊。赵理君不愧是特工，大大方方地说："兄弟，大家都在上海滩上讨生活，不认识才怪呢？"

保镖也是实在人，说："是啊，是啊，兄弟有好生意可要照顾啊。"

赵理君说："好啊！"

有缘千里来相会，无缘对面不相识！

赵理君回到驻地，召集手下商讨行动方案的细节，如何杀唐？怎么逃离？如何接应？最后形成一套完善的行动计划。

周日下午，赵理君带着两件古瓶来到唐公馆，警卫把他带进了唐绍仪的会客室，唐绍仪笑容满面地接见。可是赵理君没有把古瓶从箱里拿出来，唐绍仪有点纳闷。赵理君说："我这两件古瓶专门给先生看的，旁人不能看。"

保镖、警卫用不满的眼神看着赵理君，但是唐绍仪向他们笑着说："这是生意人的规矩，我理解，你们出去吧，把门关好。"

赵理君见房内只有两个人了，他从箱子出取出两件古瓶。唐绍仪抓住了其中一件瓷瓶。这是宋朝的，色彩还清晰。他高兴极了，爱不释手。赵理君见时机已到，他靠近唐绍仪假装一起鉴别瓷瓶，突然，他右手从裤袋抽出利斧，对准唐绍仪的头颈猛砍，唐绍仪倒地毙命。倒地前那件瓷瓶也飞了起来，如果落在地上，一定发出碎声响，外门的保镖听到声音闯进来，就难以逃命。但是赵理君是特别训练过的特工，他轻松地将瓷瓶接在手中。

杀死了唐绍仪，赵理君立即收拾起两件瓷瓶，离开会客室，轻手轻脚地关上门，见到门外疑惑的保镖，他从容地对保镖说："主席在会客室等着我，我再去拿几件更好的古瓶，马上回来。"

保镖要推门入室。赵理君紧张极了，但是他用一句话轻巧地解决了。

赵理君靠近保镖的耳朵说："唐先生说，不要打扰他。"

赵理君按时出了唐公馆，坐上接应的汽车，快速逃逸了！

【刺杀天皇特使】

抗日战争中，国民党军队、八路军给华北日军沉重的打击，日本朝野一片惊呼，华北驻屯总司令多田骏备受指责。

多田骏战功显赫，天皇、日本军部领导对他还相当信任。为了鼓舞士气，天皇通过日本议会，任命高月保、乘兼悦郎两位特使，前去安抚、勉励。

这两位特使在日本陆军中都是威名赫赫的人物。高月保，岛根县人，贵族出身，男爵，日本陆军士官学校毕业，成绩优先一等，获天皇颁赐银表奖励。他才华横溢，又屡立功绩，外号叫"拉脱维亚的樱"。这家伙不简单，对苏战略时，他向领导提供了苏联的重要情报。对华作战时，是指导细菌战的五人小组成员。

乘兼悦郎与高月保是陆军士官学校的同学，也是贵族，长期负责朝鲜殖民事务，在殖民事务中表现突出，也是高月保的副手。

毛人凤得到这个情报后，马上向戴笠汇报，建议下达密杀令。

戴笠说："最好是马上去杀了这两个特使，但是日军一定高度警觉、严密保卫，我怕不一定能完成任务。"

毛人凤说："成了最好，不成我们也煞了煞日军的嚣张气焰。"

那就立即下达密杀令。

军统北平站长刘文修接到这道密杀令，指派两位精英执行暗杀。所谓暗杀就是暗中进行的，不在于人多，而在于人精，能够巧妙地掌握一个点，就能顺利完成任务。

向大家介绍这两位英雄人物。麻克敌，原名景贺，河北遵化人，35岁，是老特工，枪法准，胆量大。邱国丰，辽宁营口人，25岁，少年从军，学过武术，身手好。

这两位特使到了中国后，多田骏将军把他们当成天皇一样对待，可谓风光无限啊，美食、美女、美景享受不尽。

可是，他们二位嫌这些不够。他们下榻之地是孙中山在北京的行辕，这与日军在北平的总部（张自忠路铁狮子胡同1号原段祺瑞府）一步之遥。他们却天天骑马出门。

历史必将证明，不收敛的人，不会有好果子吃。

高月保、乘兼悦郎是爱马族成员，不去遛马散步怎么会过瘾呢？他们骑马出去时，有一双眼睛正在看着他们，此人就是麻克敌，他露出久违的笑容。

两位特使来到皇城根锣鼓巷口，春风得意，加速乘马，与骑自行车的警卫拉开了距离。麻克敌见机会来了，骑马赶上来，向高月保开了一枪，高月保也是特训过的，感觉身后有异样，立即卧在马上，躲过一枪，麻克敌的第二枪响起，高月保又成功躲过，但是第三枪第四枪是连发过去，高月保想躲也来不及了，高月保连人带马被打中。乘兼悦郎见高特使出事，连忙掏出手枪开火。麻克敌翻身躲过子弹，但是马儿受伤失控了。马儿虽然是战争的工具，但是它受伤后才不管你是主人还是敌人。马儿撒野了，蹄子乱踢，经验丰富的麻克敌及时从马背上跳跃下来，举枪向乘兼悦郎一扬，乘兼悦郎以为是开火快速躲闪，遇上正常人都会躲闪，可是上当了，这次麻克敌没开枪，当乘兼悦郎自以为躲过一枪后，正在纳闷枪声不响时，麻克敌的子弹射出来了，他已来不及躲避，脑袋中弹身亡。乘特使紧跟着高特使也去阎王殿报到！

麻克敌不只克敌，而且能够麻弊敌人，真是一块特工的好料。

警卫人员、巡逻警察听到枪声，前来救援。邱国丰同志发挥作用，他在路上进行有力阻截，眼看日军大批人马过来，麻、邱两人边打边退，然而向西进入小巷，成功撤离！

麻克敌、邱国丰两人杀死天皇特使，给日本人一个深刻的教训，中国人不是好惹的，此事在日本国内掀起波澜大浪。

后来，站长刘文修被日军抓去，他出卖了麻克敌、邱国丰两位英雄。两人被捕后很快被日本人杀害。但是，麻克敌、邱国丰的英雄事迹永远记载在抗日的史册上。英雄活在人们心中！

第十四章　女潜伏

【美人计】

戴笠要见美女向影心。向影心内心有着美好的憧憬，快步进去，却看到一脸严肃的戴笠。她用深情的目光注视戴老板。戴老板很认真地说，有一个重要任务交给你。

向影心说："坚决完成任务。"

戴笠说："去滦城，潜伏在大汉奸殷汝耕身边，刺探情报。"

向影心说："啊！这个人喜欢女人吗？"

戴笠被逗笑了，说："喜欢，不是一般的喜欢，有你发挥专长之处啊。"

向影心来了一个立正敬礼，然后尖声说："坚决服从。"

组织上派你潜伏，你只有答应无法拒绝。潜伏又不是当官，相当孤独，没有亲人没有朋友，心里话没处诉说。万一被抓住了也不能坦白（可能被刑讯逼供），组织上又不认领你，认领了麻烦更大，敌人会把你当成活宝。

殷汝耕是浙江平阳人，毕业于日本 早稻田大学，在日期间加入同盟会，参加过辛亥

向影心

革命，也参加过北伐，是老革命家。曾深得蒋介石的青睐，担任过国民政府驻日外交特派员。然而人作为高级动物，是会不断变化的，变坏或者变好。为了谋得不法利益，有的人干脆连老祖宗也不认，把敌人当成了再生父母。殷汝耕就是这样一个家伙。自从他成为日本女婿后，好像怕人家不知道，天天穿着日本和服，这还不够，后来干脆把自己的姓也改了，跟着了日本太太的姓。

殷汝耕

日本人进攻的手段五花八门，这个民族的文化我们不可小觑。

殷汝耕参与签订了《塘沽协定》条约，这个卖国的标志性东西，证明殷汝耕是忘了民族，彻彻底底当了日本人的走狗。自从殷汝耕投入日本人的怀抱之中，自任冀东地区自治政府主席后，他领导的政府就是替日本人办事的傀儡政府，与国民政府对抗，公开叛国。

殷某人当主席后，贩毒走私、搜刮民脂民膏。他认为坏事做得不多，不够瘾，那怎么办？钱可以满足他的贪婪。要钱最好的办法就是印钱，来得多快啊。殷主席真是胆大包天，擅自乱印纸钱，让老百姓手中的真金白银以及大洋换成他的纸钱，这使老百姓的生活处在水深火热之中。

殷某人为了更一步向日寇献媚，分别向宋哲元等知名人士致电，大骂南京政府不地道，要求实现华北自治。这个二杆子想一路走到黑，这种助纣为虐，可以说罪大恶极。

戴笠派出向影心潜伏而不直接采取暗杀，有两个原因：一、要掌握殷汝耕真实情况。比如靠山是谁？身边有多少同盟者和支持者？如果不能掌握这个情报，像以前斩首行动一样，杀了一个大汉奸，又会新冒出一个大汉奸，而且新的大汉奸可能更加狡猾，防范措施到位，密杀令执行起来困难得多。二、向影心这个美人胚子与毛人凤混在一起，而且两人如狗皮膏药，彼此撕都撕不开，传说马上要结婚。当然，戴老板不会吃醋，戴老板身边从来都不缺美女，向姑娘去了，还有周姑娘、沈姑娘、丁姑娘……戴老板这潭水是活水。戴笠这样做就是为了一个人，那个人就是好兄弟毛人凤。这事可能让大家难以理解，把毛人凤的女人送出去，还为毛人凤着想，有点强词夺理。但是什么事情都有例外，毛人凤与向影心关系太好了，极有可能马上结婚。军统严禁内部人员在抗日战争时期结婚，违者处以五年以上十年以下有期徒刑。戴老板就是不想毛兄弟出事情啊。如果向影心与其他男人鬼混后，毛兄弟可能会清醒了，学会放手。然而，事情的发展超出了戴老板设想的轨道。

向影心出发的那天早晨，毛人凤迎着寒风前来送行。火车即将启动行驶，向影心紧紧抱着毛人凤。毛人凤在她耳边轻轻地说："等你回来，我们申请结婚。"

向影心不知道是自己感激还是被晨风吹的，眼里滚出一颗一颗的泪花。

向影心来到滦城后，马上见到了安华兴同志。安华兴是军统在滦城的特工，公开身份是经营煤炭的晋商，与殷汝耕私交甚好。

那天，安华兴带上向影心去殷汝耕家。介绍向影心是他外甥女。殷汝耕见向影心年轻美丽，越看越喜欢。他说："向小姐聪明可爱，如果在我手下干事，可以培养成治国安邦的栋梁。"

向影心心知肚明，殷老头不只是培养她成为汉奸走狗，还要把她拉到床上培养培养。

安华兴却说："小女任性，恐怕让亦农（殷汝耕的号）操心，不妥当吧。"

向影心故意扭捏作态，这让殷汝耕怦然心动啊。他抢着说："当今华北自治，缺乏人才，向小姐是一个难得的才女，可以当我的好帮手啊。"

特工安华兴问向影心："你愿意在殷长官手下干事吗？"

向影心说："舅父，你从来不关心我的前途，还不如殷长官呢。"

向影心上班后，殷汝耕发动情感攻势，这正中向影心之怀，但是，她开心得太早了。虽然殷汝耕送化，请客吃饭，还送一幢房子，但是，交给她的工作都是无关痛痒的公务。殷汝耕确实是一只老狐狸。

周志英是与向影心接头的特工，颇有见识。她给向影心解开了疑惑，认为殷汝耕还是喜欢你的，现在对你有戒备，主要是刚认识，只要你愿意付出，一定能够掌握内部机密的。

向影心勾引男人本来就有一套，当她披着如波的长发，穿上蓝色的旗袍，突出高耸的胸峰参加殷汝耕的晚宴时，殷汝耕看呆了，搂着向影心到怀里。

殷汝耕也是有丰富经验的男人，但是遇上向影心，感觉新鲜的东西太多，当即就纳向影心为小妾。

向影心提出当殷汝耕的秘书，殷汝耕有点犹豫，向影心流着泪水说："你还不完全信任我呀？"

殷汝耕思想的防线被这个感人的泪水彻底击垮，还有什么不能相信啊，向影心把自己的全部给他看，把自己最美好的东西给了他。难道还有比女人的贞洁更重要的东西吗？他完全相信了向影心。

向影心当了女秘书后，如鱼得水，照顾殷汝耕，协助处理机密文件，还建立了与日伪联络的"热线"。这些工作让殷汝耕相当满意，一位新手做得却比老手还好，不简单啊！

向影心通过周志英将这里的情报传递出去，转报给毛人凤、戴笠。这让军统掌握了华北日伪的军事、政权建设等方面的重要情报。

当殷汝耕发现内部的重要资料一个接一个地外泄，大为恼火，要求查出内鬼，查来查去，没有任何进展。后来情报部门提供了一个让他尴尬的事情，新来的向影心嫌疑最大。

殷汝耕说："笑话，向影心是我的姨太，无论如何也不会出卖我啊。"

殷汝耕虽对手下这么说，但并不完全放弃戒心，古今中外，美女间谍层出不穷，防备一下也是有利的。他觉得有必要考验一次。

殷汝耕来到向影心的房间，对微笑相迎的向影心严肃地说："有人反映你暴露党和国家的机密。"

殷汝耕这个人相当狡猾，他死死地看着向影心的眼睛，想从眼睛中看到紧张、慌乱。有人说，眼睛从来不会骗人。最聪明的人说谎也会被发现，出卖人的不是脸部表情，而是眼睛。然而向影心是一个特别训练过的特工，她早过了这一关，她的眼睛没有出卖她。

向影心撒娇地说："亦农，你看我是这种人吗？"

殷汝耕看不到出向影心的半点破绽。他高兴地说："宝贝，他们是出于嫉妒！"

向影心混得相当不错，可以说是殷汝耕的半个当家人，向军统源源不断提供情报，但是有一个人不满意，是相当不满意，此人就是毛人凤。毛人凤不仅担忧向影心的安危，而且思念向影心的身体。对向影心与殷汝耕之间的关系，毛人凤不生气，也不嫉妒，就如以前向影心与戴笠在一起一样。毛人凤感觉向影心与比自己有本领的人有关系，不是耻辱，而是光荣。

为了向影心回到身边，最好的办法是杀了殷汝耕，殷汝耕死了，向影心潜伏也就结束了。毛人凤向戴老板申请密杀令，除掉大汉奸殷汝耕。

戴笠问："为什么呢？"

毛人凤说："此人太坏，对国家民族的危害大，现在没有利用价值，应该制裁（杀掉）。"

毛人凤带着密杀令来到滦城，在一家绸缎店里见到了向影心，传达密杀令，拿出了一剂毒药，向影心藏在自己的鸡心项链里。

毛人凤抱着向影心说："只要你杀了殷汝耕大汉奸，戴老板就会答应我们结婚啊。"

向影心一脸的幸福。

那天晚上，向影心拉着殷汝耕的手说："亦农，这几天你忙什么啊？快想煞我了。"

殷汝耕说："蒋介石那边又想整我，我哪里有心情啊？"

向影心说："亦农，你饿了吧，我下厨煮碗面吧。"

殷汝耕心情舒服极了，连连点头。心想一生有这个女人足也。

欺骗感情是欺骗中最容易得手的伎俩。

向影心烧好面，将项链中的毒药投入。毒药无色无味，极难发觉的。向影心端着面来到殷汝耕面前说，我的亦农，快趁热吃了吧。然而向他抛出一个销魂的媚眼。

殷汝耕接过那碗面。只要他吃上一二口，就会去见阎王爷。正要吃的时候，一个日本人却救了殷汝耕一命。

警卫报告日本人来访，如果是中国人，殷汝耕才不会立即去见，也要吃了面再说，如果吃了面，想见永远就见不了。但是客人是日本人，现在在日本人手里讨生活，哪敢有怠慢之礼。人在屋檐下，不能不低头啊。

向影心焦急啊，这碗面好不容易弄出来，不吃浪费是小事，错过这个机会，实在不好找啊。她在房内左等右等不见回来。原来殷汝耕见日本人如见了父母，拍马屁这些动作一个也不能少的，本来是一次短聊，变成了三个小时的长聊。

殷汝耕回房后，感觉肚子真饿了，想到向影心的那碗面，马上叫佣人拿上来，可是当他看见这碗面，脸色白了。原来时间长了后，下毒药的面变成了灰色。命人来检验，面条确实有剧毒。

殷汝耕狠狠地打了向影心两记巴掌，骂道："我对你这么好，你却要害我啊。来人，把向影心绑了。"

你说："是谁指使你这么干的？"

这是要丢脑袋的事，向影心清楚地认识到这一点，千万不能承认。

向影心使出泼妇的本领，大哭大闹："我冤枉啊，我只想做面给你吃啊。"

向影心被关进了牢房。

第二天，殷汝耕还是亲自审问，向影心一口咬定不是她所为。殷汝耕当然不会对这个美人动大刑。因此也不可能得到想要的东西（真相）。

刑讯逼供在古代、民国很有市场，如果当事人不交代，刑讯逼供会发挥重要的作用，让那些狡猾之人乖乖交代。

美人向影心逃过刑讯逼供这一关，可见美人就是与众不同，连受审也有优势。

向影心暗杀行动失败，毛人凤要营救向影心，不是直接从牢房救人，而是吓逃一个人，那是一个女佣。毛人凤给了钱让她回老家。女佣失联后，向影心的嫌疑明显减轻，因为她是与女佣一起下厨烧面的。但是殷汝耕对向影心还是不放心，继续关在大牢内。两个月后，毛人凤知道殷汝耕的防范放松，通过内线帮助，将向影心偷偷营救出来。

向影心虽然刺杀失败，但是她在军统内的知名度提高了，大家叫她为"裙带花小姐"。

【女佣阿环】

军统刺杀汪精卫几次失败后，大家束手无策。此时一个姑娘来重庆投靠毛人凤，想找一份工作，她叫阿环，江山廿八都镇人，是毛人凤的远房侄女。

毛人凤见阿环长得清秀，口齿伶俐，又知她初中文化，毛人凤心中大喜，答应给她找份工作。这份工作不是在政府机关，也不是在企业，而是去当女佣。阿环有点不高兴，当女佣还需要当官的亲戚啊。毛人凤继续说，这个女佣不简单的，主人是汪精卫。汪精卫已经投靠日本人了。这下阿环知道了，要当卧底。卧底不是儿戏啊，脑袋系在裤腰带上一样。

阿环坐着站起，站着又坐下，一直没有停下来。毛人凤说："潜伏同志属于军统在编人员，也就是说政府聘用人员，如果你工作突出，可以光宗耀祖，成为我们江山人的骄傲。"

阿环最大的心愿就是成为政府编制人员。为了自己的目标，她的目光变得坚定起来，使劲点头说："我愿意。"

经过三个月的特别培训后，阿环进入汪精卫家，成了一位年轻漂亮的女佣。上班两三天，汪精卫老婆陈璧君发现了问题，此女佣相貌好、气质好，比大小姐长得还得体，根本不像女仆，让她最为担心的是口音——浙江口音，浙江是蒋介石、戴笠、毛人凤的家乡，盛产军统特工。陈璧君虽然嫁给的老公是大汉奸，但是她才女的能力不会改变，她判断此女与军统有染，借故炒了她的鱿鱼。

小心驶得万年船，但是坐上了汉奸之船驶不了几年。

阿环潜伏失利后，通过电报向毛人凤汇报。毛人凤当即作了决定，阿环不用回来了，去二号人物家潜伏。

二号人物就是大汉奸陈公博。陈公博时任汪伪政权立法院院长、上海市市长兼保安司令。通过自己同志的举荐，阿环顺利进入陈公博家当了女佣。阿环改变了原来的形象，衣服很旧，旧得快破了，除了干活，很少说话。

陈公博老婆李励庄问阿环有没有读过书。

　　阿环答，从来没有上过学。阿环这样的回答正合陈家对佣人的要求，家里或多或少有文件，如果一不小心给女佣看到，传出去会给工作造成极大的被动。然而这个谎言后来差点让她丧命。

　　李励庄曾经是中共妇女运动的领导人，追随陈公博到南京当立法院院长后，出现了一件让她压抑的事情，陈公博经常在外面拈花惹草，还结交了两个姐妹花的红颜知己，一个叫何焯贤，一个叫何炳贤，都是有名的江南才女。

　　李励庄经常独守空房，就找佣人阿环聊天，还提出教她识字。表面是识字，其实是考验阿环，还好阿环看到报纸、文件没有说漏嘴，总说不认识。李励庄也兑现了诺言，当了老师，教她识字，但是只有三个字：你、我、他。

　　李励庄虽然晚上寂寞，但是白天也经常交际，有时打麻将，与她最聊得来的好友就是汪精卫的老婆陈璧君。有一次，陈璧君进来，这让阿环担心极了，生怕被认出来，远远地躲在一旁，好在陈璧君瞧不起这些低贱的女佣，从来没有拿正眼看过。

　　高傲往往使人远离真相，不断走向失败。

　　四个女人坐在麻将桌前，陈璧君说："日本人承诺的条款一直不能兑现，真是急死人哪！"

　　李励庄说："璧君姐，日本人为什么拖延不办？"

　　"还不是治安太差，重庆方面经常来捣蛋，延安方面也不老实，中国算完了。"

　　"军统上海站被李士群破获，那个王天木也抓住了。"一个女人说。

　　"但是，戴笠还会派特工进来，我们夫妻早已成了戴笠的猎物。"陈璧君说。

　　她们还聊到战略物资紧缺等重要事情。这一切都被阿环听清了，阿环用陈公博家的电话发出密语警报，把情报传递给交通站。当阿环放下电话时，四个女人还兴致勃勃地在麻场大战。

　　阿环在陈公博家干了两年女佣，终于出事了。那天下午，李励庄进室看了阿环在内屋看文件。一个不识字的人看文件，不用解释，她的特工身份暴露无遗。此时的陈公博因汪精卫去世成了一号人物。阿环面临的命运就是被抓受审，或者被人打死。但是聪明的李励庄没有马上进去，而是在外面咳嗽一声，阿环马上放下文件拿起擦布擦桌面。

李励庄遇上家里来了卧底还要放一马，是不是脑子进水了？当然不是，这正是李励庄的聪明之处，她清楚地看到伪政权正日落西山，她要为老公和全家人找一条后路。当天晚上，李励庄向陈公博说起这个卧底时，陈公博大吃一惊，感觉妻子的这个打算不错。

那天，陈公博故意将一些重要文件搁在办公桌上，阿环趁打扫卫生就清楚地看过文件。阿环记性相当好，准备向交通组汇报时，陈公博挡住去路，对她说："你在我家也两年多了，我想与重庆方面联系，你能不能帮这个忙？"

阿环吓得脸色发灰，只得硬着头皮装糊涂说："陈主席，我听不懂啊。"

李励庄拉着阿环的手，温暖地说："小妹，你别怕。我们不会伤害你的，只想你与重庆方面牵个线，事成不会忘记你的大恩。"阿环见自己没有性命危险，镇静下来，她想来想去军统没有交给她这项策反任务。望着陈公博夫妻盼望的眼神，她爽快地说："我试试看。"

陈公博夫妻把阿环当成救命稻草，从这一天开始就不让阿环当佣人。为了不让外人怀疑，李励庄收阿环为妹妹。

阿环通过上海交通站的秘密电站向毛人凤汇报此事，毛人凤向戴笠汇报，给阿环回复九个字：欢迎陈公博将功折罪。

这让陈公博高兴得不得了，好像拿了免死牌，有两颗脑袋一样。

上海军统站的电台被日本宪兵队的无线电定位仪测出来，报务员被抓走，电台搜去，台长陈祖康有幸逃脱。陈祖康在上海的里弄乱窜，没有出路啊，许多地方戒严了。人是最会动脑筋的动物，遇上死亡的危险时，什么办法都有。陈台长也不例外，他想到了向重庆联系的陈公博，决定去他家躲一躲。

当陈台长脸不是脸、鼻子不是鼻子跑进哥伦比亚路的陈公博家时，向接待的李励庄说明来意。

李励庄也诚心要上重庆这条船，马上叫来阿环认人，可是啼笑皆非的事发生，阿环直摇头，不认识这个人。这对大家来说是考验啊，走错一步要丢脑袋的，万一此人是日本人的潜伏呢。

两方僵持了一阵，阿环想到了与台长接头的联系方式、代号，陈台长为了证明自己的真实身份，只得把自己的代号报出来。阿环确认无误，两方重新认识，算是一家人。

陈公博为了进一步讨好重庆方面，决定出手向日本人要回电台。他请了日本宪兵队特高课两个头头到他家吃了一顿"日本料理"，并用责备的口气说："贵国首相请我设法与重庆方面联络，这个非常机密的事情刚有点眉头，电台被你们破坏了，我怎么向首相交代啊？"

不愧是南京伪政权的一把手，忽悠本领真是了得。

日本两个高级特务不知内情，担心首相怪罪，只得连连道歉，并且把报务员和电台交给陈公博。

这是陈公博为民族做的唯一一件善事，得到重庆方面的欣赏。

日本人投降后，阿环接到毛人凤的命令离开陈公博家。陈公博夫妻想想这几年替日本干了不坏事，决定还是逃往日本靠谱，可是这次却意外不靠谱，日本主子不管他了，他还是被国民政府押解回国。

当民国法院审判时，陈公博想到那件事，也是唯一一件好事，要求军统领导对话，要求阿环、陈祖康出庭做证。

戴笠、毛人凤、陈祖康当然不会承认要求大汉奸将功折罪的那档事，与汉奸有勾勾搭搭的事情是被人瞧不起的。而且军统内部有严格的规定，不能为汉奸做证。

与汉奸有不清不楚的关系，浑身都是嘴也说不清。

阿环决定去看望李励庄姐姐。相处了两年多，毕竟有些感情了。当看到李励庄、陈公博乞求的眼神时，阿环年轻的心软了，答应替他们在庭上做证。

开庭那天，李励庄、陈公博眼睛望着门口，希望着阿环走进来，然而一直没有看到阿环的身影。他们感觉被欺骗了，其实阿环没有骗人，阿环来到法庭门外，被军统的人扣留了，她也身不由己。

大汉奸等来的只有死刑！罪有应得吧！

第十五章 破译密码

【中国黑室】

抗日战争期间，军统的间谍相当活跃，但是要掌握日军重要机密相当困难。日军的电报满天飞，破译日军的电报成了国民党的一大心愿。

七七事变后，国民党终于有所突破，军事技术研究室负责人温毓庆接连破译了日军的一些情报，这让蒋介石非常开心啊。另外一个开心之人就是戴笠，虽然破译的功劳与他没有半毛钱的关系，可是作为军统的一把手，破译日军的情报是他梦寐以求的事。为了立功受奖和推进工作，一个大胆的想法在他脑海中形成，就是在军统内部设立中国黑室。

戴笠邀请温毓庆来负责破译谍报工作，温毓庆当即拒绝了。温毓庆一直以来看不起军统打打杀杀、暗中耍阴谋的勾当。温毓庆不把军统放在眼里，是有原因的。他大有来头的，是美国哈佛大学博士毕业，曾在中原大战中给老蒋提供重要情报，与宋子文私交甚好，许多高官都看他的眼色行事。

戴笠手下有密电组，这个小组其实也就是摆摆样子，一年到头也破不了谍报。要发展密码破译事业，必须引进特别优秀的人才，即引领型人物，但是大才了温毓庆嫌门槛不干净，不愿进来。

毛人凤见戴笠解不开这个结，悄声说："让温毓庆进来不难。"

戴笠问："是不是让蒋委员长出面？"

毛人凤说："不用的，只我们请来密码专家雅德利就行。"

戴笠疑惑地看着毛人凤。一般来说同行相斗，让两个专家在一起工作难度更大。

毛人凤是有备而来的。他说："温毓庆最崇拜的人就是雅德利，如果雅德利过来，温毓庆必定加入我们组织。"

戴笠面露喜色。他就是喜欢毛人凤替他分忧解难。

毛人凤指示军统美国站长肖勃聘请雅德利，肖勃的公开身份是中国驻美国大使馆工作人员。

雅德利也是直爽人，说出门在外图钱图女人。肖勃当即表态，只要你去中国，这些不是应该有的，而是必须有的。肖勃想，中国这么多的妓院、红楼，要个漂亮女人不会很难的。

雅德利出生于美国印第安纳州南部的一个小镇，他是美国黑室主要创始人，不只是美国密码破译的精英，也是闻名世界的破译巨星。一切正如毛人凤预测的一样，重金加美女的诱惑之下，雅德利这位国际友人来到中国这块神秘的土地。温毓庆得知雅老师过来，佩服戴局长的眼光。温毓庆是一位好学的才子，决定过来与雅德利老师合作，在破译方面再上几个台阶，争取获得令人满意的成绩。温毓庆主动提出加入军统破译队伍，戴笠热烈欢迎。戴笠兴奋啊，他的梦想实现了——中国黑室正式起航。

雅德利

中国黑室成立后，要钱有钱，要物有物，要专家有专家，但是缺少一样，那就是人手啊。在戴笠的指示下，毛人凤来到江山，从家乡招录一批优秀的女谍报员。

用现在的眼光看，戴笠、毛人凤的招人方式确实不妥，有明显的地方保护主义，但是在那个年代，老百姓认为这相当公平了，因为是公开招人啊。

不管怎么说，这次招人确实招到了一批优秀的学员，如姜毅英、徐贞、姜达绪等人，她们在与日本人的战斗中发挥聪明才智，英勇抗敌、不怕牺牲。

【独臂大侠】

雅德利进入中国黑室后，除带领中国学员学习破译密码知识外，主要职责就是破译日军密电，可以说是边教学边工作。学员姜毅英、徐贞的天赋很高。徐贞姑娘更是特别，除脑袋好使外，长得如天女一样美，让雅德利办事的效率大大提升。

雅德利和温毓庆发现一位日本大间谍，此人经常从重庆向日军发电报，他的英文名字翻译过来为"独臂大侠"，可就是不能破译此人的情报，他的密码属于"无限重复式"密码，就是没有一组重复的。侦破工作一度陷入困境。

"独臂大侠"每次发报后，重庆就会遭到日军轰炸机的偷袭。当时中国的防空落后，防空阵地高炮群少得可怜，基本上难以保障城市的安全。让人称奇的是日军轰炸机像长着眼睛一样，知道哪里有防空高炮，哪里是薄弱城区，遇上防空高炮就高高地飞过，到达薄弱城区，日军轰炸机就肆无忌惮地轰炸，给政府和老百姓造成毁灭性打击。

看见重庆被日军轰炸的惨状，大家心情非常的沉重，发誓要找到内鬼"独臂大侠"，但是天下如此之大，怎么才能找到这个"独臂大侠"呢？

希望的曙光正在渐渐地亮起来。

戴笠、毛人凤来到破译中心听取意见。大家主张在重庆撒下天罗地网抓住"独臂大侠"，不管这个人是男人还是女人，先把独臂之人全部关起来，慢慢地来审，如果此人进入大网，就是审不出来也不要紧，至少日军轰炸的目标不会这样准确了。

从理论上来说，大家的建议是不错的，行得通。毛人凤却说，这是一个办法，但不是最好的办法。此人对军队的熟悉程度可以判断是军人，如果我们从重庆的部队中寻找，范围大大缩小，成功率相当高。

毛人凤不是一般的高手，而是高手中的高手，此人几年内当了军统的总管，后来，在戴笠死后，被蒋介石任命为保密局长，不是靠运气，而是靠自身的实力。

军统很快从重庆防空部队中发现了一位独臂军人，此人姓陈，能讲流利的英语，迷恋女色，挥金如土。他的一条手臂是在一次战斗中被打断的。

毛人凤派徐贞打入独臂陈的生活圈中。那天，雅德利带上徐贞去舞厅跳舞，遇上独臂陈。独臂陈见到美丽大方的徐贞，眼睛不好使了，只死死地望着徐贞。徐贞被他看得满脸火红（伪装得不错）。

雅德利假装有事出去，徐贞一个人喝咖啡时，独臂陈主动邀请跳舞。两个人轻快地进入舞池，一边翩翩起舞，一边用英语交流。独臂陈为了发挥自己的才华，英语说得相当地道，比英国人说英语还好，可是这次他失误了，特工徐贞从英语交流中发现了致命的问题，他的语音中有密码的特征。

这次相识后，独臂陈主动请徐贞吃饭、喝咖啡、跳舞、听戏。三天后，徐贞提出去他家里玩玩，独臂陈脸上露出淫荡的笑容，看来这个美人要主动投进他的怀抱。可惜是单手怀抱啊，他只有一条手臂。

徐贞在独臂陈的带领下，进入他家洋楼大门，然后上楼来到卧室。徐贞目光扫了一遍卧室，书橱里有一本书。因为只有一本，马上吸引住了徐贞的眼球，这是一本美国女作家赛珍珠的长篇小说《大地》，这么大的书橱只有一本书，可能有奥妙？

徐贞决定试探一下，她故意过去拿那本书，动作缓慢。独臂陈的眼睛盯着那书，那条好手臂不停地抖动（说明相当紧张）。

徐贞拿起书说："陈军官，借这本书可以吗？"

独臂陈的这本书就是密码本啊，借了自己用什么呢？书店里不一定有的。怎么办了？独臂陈也不愧是特工，他没有说借，也没有拒绝。用一句话挡住了美人徐贞的要求。

独臂陈说："贞贞，这本书我还没有看完，过几天看完借给你。"

非常漂亮的一个回复，愿意借的，但就是不借，你也没办法。

徐贞为了不打草惊蛇，笑着说："没关系，以后有的是机会。"

事情的不同，机会也是不同的，有的人进牢房，有的人立功受奖。

徐贞去书店买来《大地》，向雅德利做了汇报。雅德利会同温毓庆分析，一致认为《大地》就是密码本，百分之百可以断定独臂陈就是"独臂大侠"。

雅德利向戴笠、毛人凤汇报，申请马上拘捕"独臂大侠"。大家正摩拳擦掌、跃跃欲试时，毛人凤却说，暂时不要抓"独臂大侠"。

"为什么？让这种人溜走了，想抓就难了。"雅德利大声说。

毛人凤说："将计就计，趁这个机会，我们要日军付出点代价。"

三天后，"独臂大侠"将电报发了出去，军统看到了内容，马上通知国军重新布置高炮火力，当日军轰炸机进来了，一只大大的口袋正等着他们。这批十多架飞机正向中国人民伸出罪恶的两手时，隐蔽的高炮突然射击，火光冲天，这批日军机毁人亡。

"独臂大侠"见日军飞机轰炸失败，还是"丈二和尚摸不到头脑"。此时家里大门响起，他听到徐贞悦耳的声音，快步下楼开门，徐贞和特工当场拘捕他。军统通过"独臂大侠"这条线索，一举清除了日本人在重庆的间谍大网。

【铁壁合围阴谋】

雅德利和徐贞根据长篇小说《大地》的密码本，成功破解了日军的"铁壁合围"计划，上报给毛人凤。毛人凤看到这个重要情报，却没有喜悦，反而直皱眉头，好像给他出了一道难题。其实这确实是一道难题。这份情报是日军消灭"共军"的计划，主要是日本的华北派遣军纠集数万兵力，对晋冀豫共产党抗日根据地进行"大扫荡"，日军以驻兖州的三十二师团，驻邯郸、新乡的三十五师团为主力，驻开封的骑兵旅团、驻聊城的骑兵联队，两个野战炮队，出动坦克80余辆、汽车400辆、飞机10多架，另外由周围17个县的伪军5万余人进行合围。因此称"铁壁合围"行动。

现在是国共合作期间，协定情报相互共享的，从这方面来说，毛人凤应该将这份关系共产党存亡的重要情报送给共产党。国共两党以前打打杀杀，现在共同抗日，但是战争胜利后，国共两党就要逐鹿中原，争夺天下。如果不将此情报送出去，共产党出现重大伤亡，自己就成了中华民族的千古罪人，这个包袱背负不起啊。

这是一个烫手的山芋，吃也不行，扔也不行。但是困难难不倒老谋深算的毛人凤。他很快想到了处理的办法，他拿着这个破译情报跑到戴笠办公室，公公正正站着进行了汇报。

戴笠拿到这份情报，相当纠结，可以说比毛人凤还为难啊。在抗日的战场上，共产党领导的八路军、新四军以及地方武装打着漂亮的游击战，牵制了日军、伪军，也取了一些小战役的胜利，给国民党军队在正面战场上减轻了压力。共产党在抗日中的作用太大了。但是，抗日胜利后就有风险，共产党很可能与我们争夺天下，虽然他们不是我们的对手，但搞定他们也不简单，当今的天下是国民政府的天下，也是蒋委员长的天下，那就由蒋委员长拿这个主意吧。

戴笠来到蒋介石住所，进门后就呈上情报破译原件。戴笠说："这份情报相当重要，请校长指示。"

蒋介石接过情报，仔细地看了看，感觉这个雨农（戴笠）给自己出难题啊。如果雨农将这份情报压下去，也就算了，偏偏他好不晓事，把情报呈送上来，让自己决断。蒋介石心里不痛快，又不能说什么。蒋介石虽然与共产党签了联合抗日的协定，但是消灭或压制共产党也是他的目的。现在情况不同啊，如果他压下了情报，事情一旦败露，自己岂不是成了误国害民的奸雄？

此事真让蒋介石为难极了，扣下来也不是，送出去也不是。蒋介石皱着眉头在内屋来回踱步。领导就是领导，很快蒋介石有了办法，不扣也不送，而是他不管。

他说："雨农，由你去办吧。"

戴笠回去就揣摩蒋介石的意图，戴笠在官场混了多年，深知领导不说意见不是没有意见，而是有意见，是不可告人的意见，是要属下领悟的。

几个小时后，戴笠领悟了蒋介石的意图，他将这份破译的情报拖了两天，然后转送给八路军总司令部。

朱德同志看到军统转来的这份情报，虽然知道有点迟了，因为之前"共军"也获得了相同的情报，朱德还是非常高兴啊，这印证了以前情报的正确性。

几天后，朱德带领的八路军部队从黄河故道突围成功，粉碎了日军吃掉八路军主力的阴谋。

【珍珠港情报】

姜毅英在雅德利、温毓庆两位老师精心指点下，加之她聪慧过人，在破译日军情报上取得不少成绩。

1941 年 5 月，姜毅英发现日本外务省和日本驻美国檀香山总领事馆的电报数量剧增。檀香山是美国夏威夷州府所在地，珍珠港就在檀香山。珍珠港有美国空军和舰队司令部。姜毅英破译了 10 多份密电，都是讲美军舰艇数量、兵力、休息时间以及夏威夷的气象情况。

姜毅英认为日本人做事向来认真、仔细，这么密集地了解珍珠港的军事情况，难道日军要向美军动武吗？有可能，现在美国政府对中国政府支持力度在加大。姜毅英经过苦苦思考，认为日本人疯狂、残忍，但是向美军下手是不是有点自不量力啊？

1941 年 12 月 3 日，姜毅英破译了外务省向日本驻美国使馆特级机密电报，虽然这个特级保密电报，但是被姜毅英成功破译。主要内容就是"帝国政府已决定，按照御前会议决议采取断然行动"。

姜毅英分析后认为，这是日军要对美军发动军事行动前奏，地点可能在珍珠港，时间可能在星期天。

姜毅英把破译的情报和分析情况马上上报毛人凤，毛人凤呈送了戴笠和蒋介石。蒋介石非常高兴，不是获得重大情报，而是他看到了抗战胜利的希望，因为日本人向美国人开战无疑是自掘坟墓。他肯定了情报工作，特别交代要让这份情报及时送给美国朋友。

平时想尽方法讨好美国人，机会来了，怎么可以错过呢？

毛人凤将破译的电讯交给军统局驻美国站长肖勃，由他转告中国驻美国大使馆武官郭镕权。这关系美军众多将领的性命财产，郭武官不敢怠慢，迅速将情报转给美国五角大楼海军司令部。

郭武官想听到美军高官说什么感谢之类的话，因为郭武官也做过许多好事听过好话，可是这次与以前许多好事的反馈恰恰相反，美军官员不但不敬重他，而且取笑说："你们破译技术比我们还先进了？"

郭武官脸红了说："希望你们能引起重视。"

"这是你们故意挑拨美日关系吧！"

郭武官说："相信我们。"

美军官员的大笑声响起。

1941 年 12 月 7 日凌晨，日军突袭了在珍珠港的美军太平洋舰队，因为美军没有预防措施，舰上的官兵都进了大海喂鱼，可谓灭顶之灾。

不相信他人的能力，又不相信他人的善心，是很可怕的事情，有可能酿成一场难以挽回的悲剧。

珍珠港事件后，提升了军统在国际上的知名度，特别是美军更是刮目相看。姜毅英成了民族女英雄。

姜毅英就此官运亨通，一路下去了成为军统历史上唯一的女少将。解放战争后，她随毛人凤逃到台湾，继续从事情报工作，直到毛人凤去世后，她离开保密局，去台北市士林区雨农国民小学担任校长（小学以戴笠名字命名）。2006 年，98 岁的姜毅英辞世，结束传奇的一生。

第十六章　夺宝大战

【盗宝】

戴笠的好友孙殿英干了一件震惊全国的大事——盗陵。

孙殿英原本是土匪头子，纠集了赌鬼、烟贩、打手等社会渣滓，组织了一支队伍，称霸一方。孙殿英深知自己的实力，如果顺风顺水最多也就混个山大王，为使自己有个好前程，必须找到一条理想的发展路子。孙殿英很快就找到了，那就是靠山。俗话说得好，大树底下好乘凉。

孙殿英最初投奔豫西镇守使丁香玲，此人后来是国民革命军第三军副军长。不久，孙殿英发现这棵树并不大，不能满足他的发展。不久他找到一棵大树，就是胡匪出身的张宗昌，孙殿英被任命为师长，成为流氓军集团。后来孙殿英率部队与国民党军队作战，形势相当不妙，很快要被吃掉了，但是他一点也不害怕，因为有对付的办法，那就是投降。见风使舵的孙殿英投靠了蒋介石。蒋介石当然欢心，白白捡得了一支部队。他懂得收买人心，立即任命孙殿英为第六军团第十二军军长，驻防河北遵化一带。

孙殿英虽然成了国民党的高级将领，但是他贪婪的秉性没有改变。只不过那种偷鸡摸狗小勾当不想干了，要干就干大票。他将目光集中到中国最大的陵墓之一——东陵。

东陵是老佛爷慈禧的陵墓。孙殿英听说给老佛爷陪葬的金银财宝很多，让他痛苦万分的是不知道东陵在哪里。经过千方百计地寻找，终于找到了当年建造陵墓的设计者。这位设计者已经成了白发苍苍的老人。孙殿英也不管是老人还是小孩，暴力侍候。这位老人在各种刑法的威逼之下，交代了东陵墓的所在地。当士兵找到了东陵宫门，进去时吃惊地像一群发呆的鸭子。原来他们没有看到过如此金碧辉煌的建筑。这把孙殿英吓了一跳，他怒喊一声：马上工作。士兵这才清楚过来，知道自己不是观光者，而是盗贼。在孙殿英的带领下，士兵疯狂地抢劫金银珠宝，有人干脆把慈禧的棺椁掀翻寻找宝贝。

孙殿英让手下士兵去掉了部队标志，载运宝贝的大车也摘下了牌照。孙殿英以为做得神不知鬼不觉，没人知道他干的勾当。然而纸里包不住火。一个月后，南京《中央日报》头版以"'匪军'掘盗东陵的惨状"为题进行报道，里面着重讲了主角孙殿英盗墓的事迹。这事轰动全国，各地民众纷纷要求严惩元凶，特别是清朝遗老，向蒋介石、阎锡山发出通电，要求惩办孙殿英。

老蒋虽然收下了孙兄弟，但是这位兄弟触动了众怒，他不能袖手旁观，命令平津卫戍司令阎锡山查办此事。

孙殿英窃取这些宝贝要换成大洋，就派出心腹谭温江前往北平销售，正在交易时被警备司令派出的暗探逮住，来了一个人赃俱全。以前只是猜测、怀疑，这次证据确凿，想赖也赖不掉。孙殿英真急了，好不容易偷得宝贝，自己还没有享受过一天，却要充公，搞不好搭进自己的小命。如果不去活动就是等死，他想到一位能够帮助的朋友，此人就是戴笠，与蒋介石关系铁，只有他才可以救自己。

孙殿英来到军统局见到戴笠，将盗窃来的一些宝物双手奉上。戴笠也为了朋友开始活动，将其中两颗最大最红的宝珠送给了蒋介石。慈禧口含的夜明珠送给了宋美龄。此珠分开是两块，透明无光，合拢是一个圆球，透着绿色的寒光，百步之内可照见头发。

在蒋介石、戴笠的帮助下，孙殿英不仅逃过这一劫，还摇身一变，成了青海地区的屯垦督办。

【赠送九龙宝剑】

孙殿英虽然是一个坏人，但也懂得讲点交情，为了感谢戴局长的从中斡旋和帮助，请戴局长喝酒。

戴笠与孙殿凤两人越喝越投缘。两人喝了八九层。戴笠头脑一热，关心地问，你把宝贝献出来了，自己白忙活了一阵。

孙殿英大着舌头说："还有一件宝贝，可以说是世上独一无二。"

戴笠一直来对宝贝喜欢得不得了，只是朋友的东西不好意思开口要，睁大眼问："什么宝贝？"

孙殿英喷着酒气说："九龙宝剑。"

戴笠早有耳闻九龙宝剑，剑长五尺，雕九条紫金龙，剑身光华四射，锋利无比，吹毛可断，削铁如泥。剑鞘一点也不逊色，用名贵鲨鱼皮制成，上面嵌着蓝宝石、金刚钻，阳光下灿烂无比。此剑是乾隆二十八年，新疆爱乌罕和哈萨克部落送到朝廷，乾隆非常喜欢此剑，以龙泉命名。

戴笠非常想得到这把宝剑，面对这个机会。他直言说："兄弟，我非常喜欢这把剑，能不能让我看一看？"

明明是想要，但是每个人的表达方式不同。表面是看一看，实际是想归为己有。这就是戴笠的高明之处。孙殿英见大恩人要看，好人做到底吧，爽快地说："我送给你吧。"

戴笠兴奋极了，起来抱着孙殿英腰说："好兄弟，够义气。"

如果不送，戴笠暗中会骂他小气鬼。

孙殿英说："这次我来重庆，没有带上这件宝贝，它一直藏在秘密地方，下次方便之时，我亲手交给戴局长。"

戴笠想孙殿英也端国民政府的饭碗，自己还是管得着，既然答应了，也不会失言。

后来，孙殿英四处招兵买马，改编成新五军，成了曲线救国的功臣。在晋东南的中条山区和太行山，成了国民党军队唯一的敌后根据地。这队伍中钻进了不少共产党员。共产党看中这支部队，派人暗中策反。毛人凤得知这个情报后，给了孙殿英许多好处，极力希望孙殿英跟着国民党走，不要有三心二意。

戴笠奉命去地方视察工作，他来孙殿英那边，主要是敲敲警钟，让他不得有二心。对拿回那把宝剑，戴笠也不抱什么希望，孙殿英如果愿意给就给，不给也不成问题，不能得罪他。如果得罪了，他可能去投靠共产党，对国民党来说是一大损失。

戴笠了解孙殿英部队情况后，感觉还不错的。在大酒楼里，孙殿英为戴老板洗尘，两人吃得开心，聊得开心。戴笠想到了那把九龙宝剑。孙殿英是不会提九龙宝剑的，戴笠主动提出来也是不妥当的，让人以为是来讨剑的，但是颇有心计的戴笠很快有了点子。他问："你这边有没有会使剑的高手？"

"有啊。"

说到剑，孙殿英躲不过了，只得说："上次我答应赠送的宝剑，早准备好了，等一下请戴局长带走。"

孙殿英也不是傻瓜，以后还得靠戴笠关照呢。

戴笠拿到那把宝剑后，没法带在身边，因为他还要去中原各部队视察。他把宝剑交给军统北平区张家口站长马汉三，马汉三是戴笠的亲信，托他暂为保管。可是，这次戴笠看走眼了。

戴笠转了几个地方后，蒋介石有急事催他，他没有回北平直接去了重庆。他电报通知马汉三派人将宝剑护送到重庆，可是马汉三却给了一个意想不到的答复：为了安全起见，已将宝剑退给孙殿英保管。这个谎言马上被戴笠识破，原来马汉三这个学生想把宝剑占为己有。此时抗战相当激烈，戴笠实在太忙，只得将宝剑之事暂搁一边。

【马汉三的贪婪】

马汉三拿到九龙宝剑后，经过痛苦的考虑后，没有退给孙殿英，也没有上交给国家，而是私自藏了起来。马汉三也是识货之人，知道这把宝剑太贵重了，价值连城，有了它后半辈子不上班，也能吃香的喝辣的。

戴笠这个领导一直当得顺利，从来没有属下公开对他阳奉阴违，这次彻底被忽悠了。

马汉三不是傻子，能挑战自己的顶头上司，他也为自己的退路策划了三个办法：一、笼络人心，组织小团体，形成自己的势力，关键时刻铤而走险，

马汉三

自立门户。二、投靠北平行营主任李宗仁。马汉三知道李宗仁在国民党内是实力派人物，如果成为李宗仁的心腹，不要说戴笠，就是蒋介石也难以下手。三、三十六计，走为上策，马汉三有这么多的财物，远走高飞，最好是逃到国外。

马汉三向李宗仁的进攻全方位进行，除了送礼，马汉三还向李宗仁提供军统掌握的情报，有的还是对他不利的情报，这让李宗仁大吃一惊。这样以后，老李觉得马汉三这个人很好，推荐他为北平市民政厅厅长。马汉三找到了自己新的主人。

马汉三靠上李宗仁这棵大树后，对戴笠催讨宝剑，总是推三阻四，后来干脆不予理睬。

戴笠大骂马汉三忘恩负义，扬言要派人刺杀马汉三。得知情况后，新婚期的毛人凤马上来上班。此时毛人凤与向影心刚结婚，虽然抗日期间是不能结婚的，但是有例外，就是得到领导的特批，当然这个领导就是戴局长。毛人凤对戴局长说，北平地区都是李宗仁的天下，我们不能打草惊蛇。

戴笠说："马汉三这个狗东西太没有信用了，我好好栽培他，他反而咬了我一口。如果我杀不了他，你也一定要宰了他。"

后来，马汉三遇上麻烦事。那年是1940年，马汉三在张家界搞投机倒把生意，大把置业，被日本特务机关川岛芳子盯住，然后被抓了进去。日本特务头子田中隆本想让他做双面间谍，这个要求对马汉三一点也不高的，日本鬼子的鞭子还没有落下来，他就答应做叛徒，如竹管倒豆一样地交代。为了进一步讨好新主子，马汉三拿出一份厚礼，就是献出了九龙宝剑。这件镇国之宝——九龙宝剑，就成了日本人的宝物。

【川岛芳子落网】

1945 年 10 月，日本战败投降后，军统特工在北平东 49 条胡同 34 号民宅抓住了日本著名间谍川岛芳子。川岛芳子什么也不肯交代。让审问的同行哭笑不得。最后问她为什么，她提出见到戴局长才可以开口。间谍川岛芳子相当聪明，手中有保命的东西，就是戴局长朝思暮想的九龙宝剑的下落。

川岛芳子虽然是日本名间谍，其实是地地道道的中国人，原名爱新觉罗·显玗，汉名金碧辉，是清朝遗老肃亲王善耆的第 14 位女儿。7 岁那年随父亲去了日本，在日本学了军事技能、情报、政治时务方面的专门知识。21 岁，她与蒙古人珠儿扎布结婚，后来参加日本间谍组织，成了上海特务机关长田中隆的情人。她参与了九一八事变，一·二八事变，并参与组建了伪满洲国。

川岛芳子这个人相当复杂，当她看到伪满洲国只是日本人的傀儡，她公开批评过日本军部的政策，利用手中权力放走了被关东军逮捕的几名中国人，因此被日军视为危险分子。但是后来她回到了日本特务机关，在东兴楼经营饭店为幌子，继续充当日本人的间谍。

戴笠对川岛芳子早有所闻，知道她是特工中的特工，擅长射击、骑马、散打，喜欢女扮男装。戴笠对女人从来就有好感，得知大特工川岛芳子落网，还指名道姓见到他才愿意交代时，戴笠浑身发飘起来。

北平住弓弦胡同狱房，川岛芳子跟跟跄跄走进审问室。戴笠看到川岛芳子时大为失望，她蓬松的头发，眼里失去光彩，没有那种征服男人的娇媚，却像一个山村农妇。

戴笠问："芳子小姐，我是戴笠，你有什么话就直接说吧。"

川岛芳子听说是戴笠，身子像触电似的抖动一下，她用流利的中国话说："戴老板饶我一命，我愿意提供情报，为军统效命。"

戴笠当然喜欢听这话，说："今天就是来看你立功表现的。"

川岛芳子交代日军的许多情报，最后也交代了马汉三从她手中夺走了九龙宝剑，因为她知道戴老板也在苦苦追寻那把宝剑。

此事肯定了九龙宝剑确实在马汉三手中，戴笠咬牙切齿，恨不得把马汉三来个五马分尸。

【完璧归赵】

戴笠想马上除掉马汉三，但是事实上难以做到，因为北平还是桂系的天下，即为李宗仁的地盘，马汉三和李宗仁关系密切，搞不好会激起狗急跳墙，后果相当严重的。

戴笠找来毛人凤商议，决定派出亲信去找马汉三要宝剑，这个人嘴巴要紧，心要细，军统秘书龚仙舫具备上述条件。龚仙舫作为特派员前去北平。

龚仙舫来到马汉三的办公室，马汉三听说龚仙舫是戴笠的特派员，连忙请他坐在上位，亲自为龚仙舫倒茶。

马汉三知道戴笠这次派人过来，一定为九龙宝剑而来。他为九龙宝剑的去向编好一个精彩的故事。可是坐了半天的龚仙舫就是不问九龙宝剑的去向，这让马汉三惊讶。

接下来的问话让马汉三更加惊讶，龚仙舫说："听说你们查抄了川岛芳子的家，查到了一古剑，戴局长想借来看看，不知道方便吗？"

马汉三分析认为川岛芳子已经交代了九龙宝剑。戴笠不止见过川岛芳子，应该知道全部情况。但是戴笠没有兴师问罪，可能要放他一马。马汉三说："剑不在我身边，过几天我亲自送来。"

龚仙舫干笑几声，拿出一封信说："这是戴局长给你的信。"

马汉三接过这封信，点头哈腰地把龚仙舫送出大门口。

马汉三回到办公室，脑海中还想着那把宝剑，因为他实在太喜欢九龙宝剑了，不到万不得已的地步，他是不会交出宝剑的。此时一个穿着军服的女人进来，此人叫刘玉珠，是马汉三集团的核心成员，也是马汉三的心腹秘书兼情人。

刘玉珠上来搂着马汉三的脖子说："汉三，那把剑留了这么久，还是留不住。我早说过，把剑退给戴笠算了。"

马汉三说："不到最一步，我是不想归还宝剑的。"

刘玉珠说："你看看戴局长的信，就知道他的态度了。"

马汉三粗粗浏览了信，笑着说："戴局长叫我好好干，将来还要重用。"

刘玉珠有点糊涂了，你拿了戴局长的宝剑，他怎么会对你更加好呢？

狡猾的马汉三说："这是戴笠的诡计，主要是让我乖乖交出宝剑。"马汉三确实不想把宝剑拿出来，把吃下去的东西吐出来困难，把吃下去的好东西吐出来更加困难。因为他有靠山，有靠山的人不怕惹事。

一周后，马汉三还是没有把宝剑交出来，龚仙舫也坐不住了，亲自去了马汉三家，马汉三也是笑脸相迎，说："叫手下在找那把宝剑，可是没有找到，如果找到了，马上派人送来。"

龚仙舫被彻彻底底忽悠了一次。

龚仙舫向戴笠复命，戴笠以前一直忽悠他人，这几次被小人马汉三忽悠来忽悠去，就是拿他没办法。

毛人凤说："这小子把宝剑看得比小命还重的，看来我们军统要发挥自己的优势了。"

戴笠说："这次我要亲自去北平，具体活动方案我也想好了，看他怎样把吃下去的东西吐出来。"

戴笠来到北平后，在一家军统招待楼坐下，他让手下放出风声，让马汉三知道戴笠来了。

马汉三没有当一回事，戴笠的官职比靠山李宗仁小，用不着害怕。可是他很快发觉不对了，出门就有两个黑衣人跟踪，他甩了几次，但是跟踪人很快追上，不依不饶地跟着。马三汉回到家，老婆及家人也讲到有黑衣人跟踪的事情。

马汉三认定是戴笠干的，他也是军统特工，也是这样捉弄人的，可是遇到自己身上真的不爽快。他宽慰家人说，尽可能不要外出，不要害怕，如果他们要伤人，你们也回不了家。

第二天，马汉三出去遇到相同的黑衣人，但是，这次黑衣人手中持明晃晃的尖刀。晚上马汉三回家时，老婆哭着说："这日子怎么过啊？好几个黑衣人拿着刀枪，她的小命掌握在他们手中。"

第三天，马汉三出去，遇到的黑衣人拿着手枪，这让马汉三非常震惊，自己和家人的生命原来并不保险，掌握在军统手中。

金银值钱，宝贝珍贵，比金银宝贝更值钱更珍贵的当然是生命！

马汉三为了自身、家人的安全，他亲自找到戴局长，把九龙宝剑奉上。马汉三就把九龙宝剑的故事编了一次，向戴局长汇报：当年你把宝剑交我，是信任我，我交给孙殿英保存，后来我拿了回来，但是被日本人抢去，经过出生入死才从川岛芳子那里搜出来。今天是物归原主，希望戴局长不要怪罪属下。

戴笠微笑地接过宝剑说："你识大体，好好干，我还要重用你。"

马汉三退了出去，戴笠立即抽出宝剑查看，确信这就是魂牵梦萦的九龙宝剑。戴笠亲自保管宝剑，以免再出现意外。

马汉三回家后，心里七上八下，害怕戴笠收了宝剑不放弃报复。刘玉珠看出他的心思，悄声说："有一个办法可以试探。"

马汉三像抓了救命稻草，问："什么方法？"

刘玉珠说："我们从汉奸家搜出了13尊金罗汉，你拿出3尊金罗汉送给戴笠，如果收下就表示不计前嫌，如果不收下，以后我们的日子不好过。"

马汉三一拍脑袋说："是啊，这是一个不错的办法。"

马汉三当天晚上去戴笠住所，亲自把3尊金罗汉送上。戴笠高兴得不得了，说："汉三，你这个人够意思，我一定不会亏待你。"

马汉三这次又错了，戴笠是一个不按常规出牌的军统头子，他脑海从来没有拿人钱财替人消灾的意识。

马汉三离开时，戴笠看着他即将远去的背影说："宝剑我要，金佛我要，你的命我也要。"

【暗杀戴笠】

马汉三回去，就把好消息告诉情人刘玉珠，两人喝着红酒庆祝渡过这难关。

正在酗酒之际，收到了一份意想不到的谍报，吓得酒杯丢落在地。这是北平站的内线发过来的，告诉马汉三小心点，戴笠要下毒手。

这对马汉三、刘玉珠如同晴天霹雳，想想也对的，以戴笠的为人，被要来要去，如果不报复就不叫戴笠。

马汉三为了活命，最好的办法就是逃跑，但是天下之大，逃到哪里去呢？到处都是中华民国的土地，逃到共产党那边，国共合作嘛，共产党不一定会收他。逃到国外，自己又不懂外语，就成了聋子和哑巴。而且他非常热爱家乡，离不开这块土地。

刘玉珠看到马汉三痛苦的样子，小声地说：“办法不是没有，看我们敢不敢去冒险。”

马汉三说：“我们现在与戴笠到了鱼死网破的地步，还有什么不敢做的事情？”

刘玉珠说：“戴笠这个人我们相当了解，求他放一马就是痴人说梦。最好的办法是……”

马汉三说：“最好的办法就是让他马上死掉。但是戴笠身体好好的，不可能死，如果刺杀他如同做白日梦，这么多特工手下，想近身也难啊。”

刘玉珠说：“有一个办法让他不知道自己是怎么死的，那帮手下也不会查到我们头上。”

当听到刘玉珠这个行动方案，马汉三开心得从床上跳起来，原来对付这个强大的对手并不是那么难。好计策有事半功倍之功能。让谁来实施这个暗杀行动呢？又成摆在马汉三面前的难点。多了一个人知道多一分风险。马汉三决定还是请策划者刘玉珠来执行。

刘玉珠有点不悦了，这种冒险行动应该叫男人出马。但是，马汉三相当会做女人的思想工作。他说：“这次成功后，我的东西就是你的东西，你要什么我给你什么。”

对一个女人来说，有什么比恋人的承诺更重要呢？自古以来，多少人为了爱情，牺牲了家庭、朋友甚至自己宝贵的性命！

刘玉珠决定为马汉三去执行这个冒着性命危险的计划。

刘玉珠匆匆来到青岛机场，实施的计划就是在戴笠的专机上安放炸弹，让戴笠上了天空不用下来，直接升天算了。戴笠会在青岛机场过一夜，第二天赶去上海，而青岛机场是实施计划的好地方，因为青岛机场又不是在北平，可以排除马三汉作案的嫌疑。

戴笠的飞机停在青岛沧口机场，机上的货物及各种物品均不下机，由特工严密看管，确保安全。

当天晚上，刘玉珠带着小老板兼情人的使命去杀大老板，她在222专用飞机的四周转悠来转悠去，苦苦等了一夜没法靠近222专机。如果这次机会失去了，以后再杀戴笠比登天还难。

机会往往留给有心人的。

天蒙蒙亮时，刘玉珠也相当疲劳了，但是巡逻的队员突然收队离开，这是交班的时候。刘玉珠决定把握好机会，因为一会儿接班卫队就要过来。刘玉珠快步奔跑过去，当她到登机门时，突然看见机内闪出一个黑影，她吃了一惊连忙闪在一边，那个黑影也明显看到她了，躲了起来。这个黑影是谁，难道与自己的目的是一样，来飞机上放炸弹的？

刘玉珠相当纠结，是闯进去还是马上离开呢？就在这个时候，一帮人为她作了决定，这是巡逻卫队。刘玉珠见远处的巡逻卫队过来，她大大方方地走了过去，卫队长认识刘玉珠，向刘玉珠敬礼说："督导员，这是禁区，请马上离开。"

刘玉珠说："我是来视察飞机的安全情况的。"

卫队长在飞机四周转了圈说："一切正常。"

刘玉珠本来再找找机会，只听见远方传来汽车的引擎声，担心戴笠过来看到她，马上向另一个方向行走。不一会儿，戴笠乘坐的汽车开到了专机场。

刘玉珠躲在远处看到戴笠下车上了飞机，一会儿有几辆车子过来，这些陪着戴笠上飞机的人有军统人事处长龚仙舫，军统控制的外围机构"人民动员委员会"负责人金玉波，戴笠的英文秘书马佩衡，副官徐焱，天津资本家黄顺柏，译电员周在鸿，厨司曹纪华等人。

飞机在跑道上跑了几圈，如一只大鸟一样冲向暗色的天空。刘玉珠离开机场时，天气阴沉下来，远方传来闷雷的响声。刘玉珠来到旅馆房间，拆了紧贴身上的那个高爆炸弹小木盒，向马汉三拍了三份电报汇报情况，内心也责怪自己没有把握好这次机会。

第二天，刘玉珠乘着列车回北平。她在北平站意外地获得了一个的消息，对她和马汉三来说是一个无比亢奋的好消息：戴笠专机失踪，下落不明。

第十七章　戴笠之死

【戴笠失联】

1946年3月17日中午，天下着倾盆大雨，军统局上海站站长李崇诗高兴地带人到上海龙华机场，来迎接一位贵宾，这位贵宾就是李崇诗的贵人——戴笠。

李崇诗打着雨伞焦急地等待着，转眼过了两个小时，不见戴笠的身影。李崇诗仰望灰蒙蒙的天际，有了一种不祥之感。哪里有飞机的影子？天空中时不时拉出一道道亮晶晶的闪电，伴随的是轰隆隆的雷声，雨越下越大，满耳是雨声。

戴笠乘坐的222专机于11时45分从青岛出发，一个小时的路程，按照推算，他应该在两个小时前到达上海机场，难道出事了。李崇诗不敢多想，他向青岛站咨询情况，回复是戴老板准时出发的。

李崇诗马上用电报向毛人凤汇报。毛人凤得知此事，比李崇诗还要吃惊，但是他一点也不慌不乱，向青岛附近的机场询问戴笠有没有来过，因为戴笠的行踪神秘不测，万一去另外的地方，这边说失踪不是要闹笑话。

南京、济南、天津、北平站等纷纷回电，没有发现戴老板的行踪！这次真的把毛人凤吓得不得了。他跌坐在椅子上，目光呆滞地盯着天花板。戴笠曾经说过，他杀过这么多人，得不到善终，必定不得好死的。难道应验了这个不祥的预言？

戴笠乘坐的 222 号专机是美军部队的装备，安全可靠，性能是一般飞机的两倍，可以全天候飞行。最大时速 350 公里，最大航行 4900 公里，载重 2300 公斤，被称为空中列车。而且戴笠此人做事小心，每次上机前他总是亲自检查油箱是否装满，以及其他安全问题。

但是十几小时过去了，戴笠的专机还是没有出现，毛人凤担心极了，想到了戴笠的去路有两条：一、某种原因，飞机被迫降落共产党的控制区。二、飞机失事，机上人员全部遇难。

毛人凤一夜也没合眼，他还与其他地区的站区领导、骨干特工联系，尽可能了解一点戴笠的蛛丝马迹，但是一点进展也没有。

毛人凤与戴笠的关系实在太好了，除了是同学、老乡、朋友之外，戴笠还是毛人凤的恩师和领导，如果没有他，就没有毛人凤的今天；如果失去他，毛人凤以后的困难、挑战可想而知。

毛人凤决定去找蒋介石。

毛人凤来到蒋介石家门前，见大门打开，他向四周眺望了一遍，感到压力较大。这是他第一次单独向蒋介石汇报。

蒋介石听到戴笠飞机失踪，脸上闪过一丝慌张，马上拎起话筒，拨通了航空委员会主任周至柔的电话，指令他不管出动多少人力，一定要找到 222 号专机。

毛人凤见到蒋介石，想大哭一场，他极力控制，但是眼泪很不争气，不知不觉地流了出来。

蒋介石第一次向毛人凤发号施令，你马上派一名有经验的高级特工带上医生、报务员搭搜救专机，营救戴笠。

毛人凤敬了一个军礼，大声说："是！"

蒋介石说："生要见人，死也要见尸。"

戴笠的确是蒋介石的左右手，他办事干净利索、思虑周全，有勇有谋，为蒋介石在权力斗争和抗日战争中起到不可小觑的作用。

【搜寻】

次日早上，在罗家湾本部，毛人凤主持召开中层干部的紧急会议。大家都知道戴局长失联，他们脸上写满了郁伤、紧张。

毛人凤扫了一眼在场的同行，咳嗽了两声，用低沉的声音说："戴老板的飞机失踪了，你们谁去带队搜寻？"

大家争先恐后站起来嚷着要去，每个人都毛遂自荐。

这么多人自荐，派谁去呢？毛人凤非常清楚这些人的实力，每个人有几斤几两他一清二楚。这次派遣的人，当然是有勇有谋之人，即最有实力的人。此人就是沈醉小兄弟。

沈醉听到毛人凤点到自己的名字，不是激动而是感动，一可以报答戴笠的知遇之恩；二是在这么多特工中被选中，可见领导对自己的重视。

毛人凤紧握沈醉的手说："我为你准备了一份蒋委员长的手令。"

沈醉拆开一看，几行字跳了出来：无论何人，不许伤害戴笠。各军政机关、地方政府，如发现戴笠，应负责其人生的安全。此令。蒋中正（蒋介石）。

沈醉小心翼翼地把手令放好。毛人凤继续说："我马上把你的名字报给蒋校长。"

沈醉说："感谢毛主任。我立即出发，找不到戴老板我决不回来。"

毛人凤用欣慰的目光注视沈醉离开的背影。

关于戴笠死亡的报道

沈醉的工作效率相当高，仅用一天时间找到了戴笠，不过这不是活着的戴笠，而是一具烧焦的尸体。

戴笠乘坐的222专机相撞的山头在江宁县板桥镇，此山叫戴山，而山腰上的那条水沟叫困雨沟。机上人员全部遇难。戴笠的藤箱有一只挂表和两本书，那把九龙宝剑不知去向。后来也没有查到九龙宝剑的下落，至今也是一个谜！

【身后风光无限】

戴笠之死消息明确后，大大小小的特工一时迷失方向，有的人泪流满面，伤心欲绝，有的人指责机场负有责任；有的人骂有关人员有失职之嫌。毛人凤防止军统自乱阵脚，与郑介民副局长一起召开了特工大会。毛人凤讲了三方面：一是以前在戴局长的带领之下，我们取得了不错的成绩。二是戴笠是为集体利益献身的，我们应该永远怀念。三是我们要化悲痛为力量，把工作做得更好。

毛人凤讲着讲着，而下面的特工却控制不住了，真情涌动，哭泣声一片。毛人凤这个家伙厉害之极，此次开会有一箭多雕之功能；一是说明毛人凤是一位懂得感恩之人。二是向戴老板的那帮心腹之人传递一个信息，我是戴老板的好兄弟，以后你们跟着我混没错的。三是控制了人员的波动，明确了工作任务。

毛人凤向蒋介石汇报了开会情况，蒋介石相当满意毛人凤的办事效力。

毛人凤请示，将戴局长安葬在哪里？

蒋介石对戴笠有很深的个人感情，加之戴笠这几年鞍前马后侍候，决定让他去一个好地方——紫金山。

紫金山有一座灵谷寺，那里风光无限好，也是风水宝地。毛人凤请了风水大师，要求在风水宝地中选择了一块最好的风水宝地。然而这块风水宝地只是一个传说。

6月12日早，大雨，毛人凤组织机关、各界人士军统特工为戴笠举行大出殡。

蒋介石送的花圈题字是"碧血千秋"。蒋介石为了收买人心，亲自写了挽联，内容是"雄才冠群英，山河澄清伫汝迹；奇祸从天降，风云变幻痛子心"。挽联悬挂在棺材前。

上午 10 时，送葬队伍刚出发，雨停了。送葬队伍有蒋介石、宋美龄，还有宋子文、陈诚、白崇禧、陈立夫、邵力子等国民党高层人员，数百名国民党党政军要员，还有数万各界人士参加葬礼。

到达灵谷寺后，蒋介石亲自致读长篇祭文，除了再三肯定戴笠的功绩外，还痛切地哀叹：殒此英贤，心伤天丧，五内俱煎……满篇是痛，句句是泪。蒋介石读完全文，泪流满面。

效果相当好，大家一致认为蒋介石是值得他们卖命的主子。在以后的解放战争中，蒋介石日落西山时，许多人死不回头，一路跟着他走向暗处。

蒋介石当即确定每年的 4 月 1 日为戴笠的纪念日。

戴笠灵枢正式下葬。阳碑是当代书法家吴稚晖题的"戴雨农将军之墓"几个字，阴碑是章士钊先生撰写并亲笔书写的墓志铭。

下葬之前，毛人凤为戴笠做了最后一件事，他叫沈醉想办法把墓穴搞得更加牢固，防止盗墓人能打开。他想起了孙殿英这种盗墓人。

沈醉找到江南有名的陆根记营造厂，见到老板陆根泉说明来意。

陆根泉说："打再多的钉子进去，棺木也可打开的。"

沈醉说："难道没有办法了？"

陆根泉老板认真地说："有一个办法，这个办法也有致命的缺点，别人打不开，自己人也打不开的。"

沈醉说："没关系，请陆老板讲。"

陆根泉说："用水泥炭渣搅拌灌在墓穴内，让棺木和整个墓穴凝结在一起，一般就打不开了。"

沈醉想了半天，同意陆根泉的建议，反正死人又不用爬出来，活人也用不着进去看望。沈醉写了书面报告送给毛人凤，毛人凤觉得荒谬，但是为了保护戴兄弟的这具遗骸，无奈地同意了。

　　1949 年蒋介石逃往台湾时，没有忘却这位死去的好学生，想把他的尸骨运到台湾去，可惜那个水泥炭渣太结实了，没法打开，只得放弃。戴笠之墓直到中华人民共和国成立后也未遭破坏，一直保持完好。

第十八章　智取局长宝座

【三足鼎立】

戴笠死后，摆在大家面前最热门的话题就是谁能担任军统局长一职。

局长职位的有力争夺者3人，分别是军统局副局长唐纵、郑介民，主任秘书毛人凤。下面分别介绍这三位竞争对手。

郑介民资格最老，是黄埔两期毕业生，跟随蒋介石时间最长，经验丰富，被人称为"天子门生"，他属特工广东派，戴笠在世时一直受排挤，没有势力。

唐纵从情报处主任秘书起家，担任过"复兴社"总社副书记，1936年驻德大使副武官，还在欧洲留学考察。担任过委员长侍从室领导。唐纵此人工于心计，老谋深算。同时他文采好，著作有《思与行》《美国政治与英美政党之比较》《党友之理论和实践》等，深得蒋介石、蒋经国的器重。他是湖南籍的特工，因此被称为"湖南派"。

相比较而言，毛人凤逊色得多，虽然是总管，但是职位低一级，来军统局的时间短。当然毛人凤的优势也有的，擅长出谋划策，办事八面玲珑，与各方面的关系处得不错。他是浙江江山人，江山与蒋介石家乡相距不远。这些都是受蒋介石喜欢的原因。

毛人凤的梦想就是接替戴笠当军统局长，当局长自己风光不要说了，江山那帮兄弟也好照顾。然而此时，他获得了一个消息，局长人选要从郑介民和唐纵两人中挑选。这是一个不利的消息，这两个人都有当局长的能力，管理军统这帮特工也不成问题。毛人凤对这两个人的态度完全不同，他尊重、钦佩唐纵的能力和水平。而郑介民这个人怕老婆，毛人凤有点看不起的。

那天，蒋介石传见毛人凤，毛人凤十分高兴地去了，但是他表露得不能太高兴，因为戴老板刚去世，不能有幸灾乐祸的表情。

蒋介石见毛人凤垂头丧气的样子，说戴局长为国献身，死得其所，你们要接好班，努力完成他未竟的事业。

毛人凤想难道蒋介石要自己接戴局长的班吗？难道情报失灵了，不会吧。毕竟郑介民和唐纵的基础比自己坚固，但是不到最后关头，不能暴露自己的野心。还是试探一下吧。

毛人凤说："校长，戴局长一走，军统缺少了主心骨，下面各派有点乱。"

蒋介石说："军统局这块工作相当重要，尽快确定局长人选，你看谁最合适当局长？"

毛人凤想蒋介石是不是在逗自己啊，让主任秘书来决定局长人选，真是天下奇闻。

蒋介石见毛人凤在思考，明确地问："唐纵和郑介民两位副局长，你看哪一位当局长更合适啊？"

毛人凤心里凉了半截，自己与局长无缘了。

蒋介石注视着毛人凤，毛人凤虽然看不起郑介民，他却说军统局最好由郑介民来坐镇。

把郑介民推了出来，这正是毛人凤的诡计。

任命书下来，郑介民为局长、唐纵、毛人凤为副局长。

毛人凤虽然没有当上局长，但还是升了官，一切按他的计划进行中。可见，蒋介石对他相当信任了，提拔他："还听他意见由谁来当局长。当然这个局长不会来感谢他，更不会听命于他的。"

毛万里知道内情后找上门来说："哥哥，你好糊涂啊，郑介民这个广东佬与戴老板斗了几年，以后我们不会有好日子过。"

毛人凤看着毛万里，没有说话。

毛万里继续说："湖南佬唐纵受戴老板的推荐当侍从室领导，于情于理他会照顾戴老板的这帮旧部。"

毛人凤说："你分析得很好，从道理上说你的观点是正确的，但是你没有看到事物的本质。唐纵虽然与戴老板不错，但是，他手下有一帮人，如周伟龙、张毅夫、李崇诗等人，都是猛人，他当了局长后就会用自己的人，而且唐纵外号叫'智多星'，我们想忽悠他相当难。而郑介民虽然与戴老板关系不好，但是他当局长后，手下没有心腹之人，还是要靠我们江山人打天下，而且此人能力一般，我们有办法对付的。"

【前功尽弃】

郑介民当了军统局长后，心里也不是很高兴，因为他牵挂军调部与美国五星上将合作那种风光工作，在军统局只是挂个名而已。

那天郑介民来到军统局，毛人凤相陪。毛人凤说："郑局长，你对我们有什么新指示？"

郑介民

郑介民说："我在军调部工作繁忙，不会在这里久待的。也谈不上什么指示，只是想了解财务收支情况。"

毛人凤暗想，既然问我，就得吓唬你一下。毛人凤说："经过八年的抗战，军统规模增加数倍，开支增加数倍，上面的拨款一直没有增加，我们年年亏空，可以说负债累累，发工资成了问题。以前是戴局长东挪西借过日子，才守住这个烂摊子。"

郑介民有点不相信自己的耳朵，大吃一惊问："难道工资也成问题？"

毛人凤说："军统10多万人，几万名伤员，烈士家属每天要吃饭。"

郑介民思索一阵，找到了处理办法，他底气十足地说："精减人员。"

精减嘛，说说容易，但真要做起相当的难，这些为国家、民族作过贡献的同志，你说让他们下岗就下岗？这分明是端了人家饭碗，他们非跟你拼命不可。

狡猾的毛人凤说："郑局长的主意不错，这场精减运动最好由郑局长亲自挂帅。"

郑介民最怕处理这些难缠的事情，马上踢回了球，说："我在军调部忙碌，这事由毛副局长负责。"

毛人凤马上叫叶翔之通知局内中层干部开会。毛人凤主持，郑介民作了一次让毛人凤相当开心的讲话。郑介民说："介民不才，被委员长任命为局长，以后与大家同甘共苦，努力工作。但是眼前，我在北平军调部的工作事关党国前途，因此不能亲自处理军统事务，一般问题大家要听毛副局长的指挥，重大问题由会议决定。"

第二天郑介民就去了北平，军统成了毛人凤的天下。

毛人凤满心欢喜啊，虽然是副局长，行使着局长相同的权力。

局长与副局长虽然都是领导，一个字之差，但是权力相差十万八千里。

毛人凤的好梦做了一天，就发生了意外。唐纵被任命为军统局代理局长，发布手谕的人是蒋介石。

毛人凤脸色变青，呆坐在椅子上一言不发，本来一切按自己的计划顺利进行，现在却前功尽弃，是哪个环节出了问题？唐纵身上不会的，他刚被任命为副局长，如果蒋介石让他当代理局长，当时就给他个局长算了。郑介民的可能性大，但是郑介民自己答应由他负责军统，为什么要变卦啊？毛人凤感觉此事有点复杂。

毛人凤叫来叶翔之、沈醉，问道，郑介民那边有没有出过什么事？

沈醉说："没有啊，我们送给他老婆两辆汽车，一幢花园别墅。"

毛人凤思考起来。

沈醉说："最好的办法是问手谕的主人蒋委员长。"

叶翔之说："问蒋委员长不好吧，侍内室的领导俞济，是我老乡，我去打听一下。"

毛人凤说："俞济爱好什么？"

叶翔之说："沙蟹赌博。"

当天晚上，毛人凤邀请俞济过来玩沙蟹赌博。毛人凤也是沙蟹高手，但是他故意输了不少大洋给俞济。结束时，毛人凤说："我的牌技不如俞先生啊。"

俞济这个人能成为蒋介石的心腹，是何等的睿智，他早知道毛人凤输钱给他的目的。临走前，他说："郑介民临走前向蒋委员长推荐了唐纵当代理局长。"

毛人凤恍然大悟，让自己负责军统是郑介民，不让自己负责军统也是郑介民。毛人凤这颗并不纯洁的心灵受到了伤害。

郑介民是一位擅长玩权术的人，他知道现在军统以浙江派为主，如果让毛人凤全面负责，军统就成为清一色的浙江派。他让唐纵来代理负责军统就是制衡强大的浙江派，如果能使唐纵和毛人凤两派闹矛盾那最好不过，便于他管理指挥。两派人员会敬他若神明。

【唐代局长下课】

唐纵领导盯着警察总署长的宝座好久了，可是一直没有眉目，现在蒋介石让他代理军统局长，虽然不是警察总署长，但是也能独当一面，暂时让他心里平和些。他决定好好整理军统的事情。机会很快就来了。1946年4月1日是军统局成立14周年，唐纵同志打算在这个会议上露上一手，施展才华，出出风头。

然而一个阴谋正在暗中涌动，以毛人凤为主的浙江派兄弟给唐代局长挖好一个大大的陷阱。

军统罗家湾本部的大礼堂中坐满了总部中层干部以及各地的特工头子，蒋介石也派朱绍良参加，可见会议的重要性。

上午是副局长毛人凤做了工作总结报告，这个报告时间相当长，下面鸦雀无声。毛人凤讲话结束时，他向全会人员深深鞠了一躬，会场响起雷鸣般的掌声。

唐纵

下午是代局长唐纵训话。唐纵走入会场时，特工们挤满了会议室。可是左顾右盼，就是不见自己的李肖白、李崇诗等湖南派，机警的唐代局长感觉有点不妙，面对即将开始的会议，他也来不及多加思索。

毛人凤主持会议，向大家介绍唐代局长，并请唐代局长训话时，下面立即响起掌声，这个掌声让唐纵尴尬啊，稀稀拉拉少得可怜，与毛人凤相差太远，根本不是一个重量级的。

唐纵同志毕竟是代理局长，不能向属下乱发脾气，发也没有用，传出去说明自己的气量小。不争气的湖南老乡，在这关键时刻不知道跑到哪里去了。

唐纵的训话开始，他的声音响亮好听，但是，不到5分钟，台下乱成一片，有议论的，有骂娘的，搞得如菜市场一样热闹。唐纵察觉会场失控，一再要求肃静，但是毫无效果。这次真的把唐纵难住了，但是唐纵也不愧是老狐狸了，他向毛人凤看去，心想控制会议是你主持人的事情。

毛人凤相当老到，他没有喊话，而是用手拍了一记桌子，会场安静下来。毛人凤说，此次唐代局长光临军统大会，是大家难得的一次学习机会，大家一定要认真听、认真记。毛人凤嘴上这样说，心里却在表扬他们，你们吵得不错，继续吵。这就是官场黑暗。

唐纵见大家安静了，继续训话，他从抗日战争，讲到了军统建设……说得正起劲时，下面出事了，叶翔之和谈荣章两位高级特工打了起来，礼堂乱成了一锅粥。唐纵很想把话训完，可是他的声音被吵闹声盖着。唐纵转脸看毛人凤，毛人凤当作没有看到，一如既往地注视远方。

唐纵代局长火了，大拍桌子说："叶翔之、谈荣章，你们还把本局长放在眼里吗？"

是的，在局长讲话时大打出手，太不给面子了。其实他们就是不给唐纵面子，让他知难而退，不要插手军统事务。

叶翔之也是捣蛋鬼，他说："谈荣章骂我是王八。"大家哄堂大笑。

唐纵气得脸色惨白，正要拂袖而去。毛人凤出面做好人了。他说："两位要注意场合，不得胡闹。"

唐纵哪里还有训话的心情，他用雪白的手帕擦了擦脸上的汗水，怒气冲冲地离开。他预感背后有一双无形的黑手，向他挑战。

唐纵没有死心，回家后马上打电话给心腹李崇诗，责怪他们不参加大会，李崇诗说，毛副局长叫他们去查案了。

"真是小人！"唐纵同志狠狠骂了一声毛人凤。觉得自己面子已丢，威信尽失。从此以后，对军统局不闻不问。

这正合毛人凤的心愿。

唐纵不管军统局，但是其他工作相当努力的，蒋介石相当信任他，不久任命他为警察总署长。

【郑介民下台】

挤走了唐纵，叶翔之等兄弟要给毛人凤庆祝一下，毛人凤不悦地说，我还是一个副局长，有什么好庆祝呢？

是啊，毛人凤虽然为各条战线出谋划策，主持军统日常工作，但还是副局长。怎么才能当上局长呢。办法是有的，让郑介民下台。如果郑介民下台，这个局长非毛人凤莫属，军统内部没有人可以与毛人凤匹敌。

毛人凤自从被郑介民要过一次，他非常讨厌郑介民，很想报仇，更想取代他，当局长。副局长往往是局长的助手，许多事情不能做主，还得请示局长，十个副局长不如一个局长。

郑介民这个局长要文凭有文凭，要理论有理论（出版过书籍），要口才有口才，平时清廉，做事又慎小慎微，很难让人抓住把柄，要赶他下台相当难。

毛人凤的想法就是赶郑介民下台，当然不是他有说服蒋介石的理由，也不是他抓住了郑介民的把柄。

叶翔之、潘其武、沈醉等亲信围着毛人凤想计谋，毛人凤微笑地汴视这帮兄弟，相当淡定地说："让郑介民下台，我有一计。"

大家把耳朵竖了起来。

毛人凤说："8月14日那天，可以让郑介民下台。"

大家一头雾水。一个日子怎么可以让堂堂的军统局长下野，你有什么玄机？

毛人凤狡黠地一笑："继续说，8月14日，是郑介民50岁大寿，我们要好好为他庆祝一番。"

潘其武说："毛局长，我们要搞倒郑介民，还有必要给他祝寿吗？"

毛人凤呵呵一笑，说："我们要利用这个机会，将他拉下马。"室内相当安静，毛人凤向四周看了一遍，大伙如小学生一样望着他认真听。毛人凤喜欢这个感觉，当年他当小学老师的那种感觉。毛人凤说："郑介民的老婆柯淑芬相当贪财，大家的寿礼加加码，让他们倒在这个寿礼上。"

大伙面露钦佩、喜悦之色离开了。

沈醉根据毛人凤的指示，为郑介民的50大寿打头阵。沈醉来到老郑家，柯淑芬热情地接待。沈醉说："过几天郑局长50大寿，我们庆祝一番，想表示一下心意。"

说到有人上门送礼，柯淑芬的笑容如菊花在脸上盛开，嘴上却说："自家兄弟，你们也不要客气了。"

沈醉说："兄弟们为了送礼闹意见了。"

柯淑芬说："为什么？"

沈醉说："叶翔之要送300大洋，潘其武硬是高过叶翔之，要送400大洋。两人为止争吵不止。"

"后来怎么样？"

沈醉说："后来，我做了两人的思想工作，让他们合伙做个金寿桃送。"

柯淑芬激动得脸红了，搓着手说："太客气了。"

沈醉又说："郑局长对我帮助很大，我准备了500大洋。"柯淑芬有点不敢相信自己的耳朵，沈醉兄弟平时相当节省，这次如此破费。她站起来，亲自给沈醉泡了一杯上好的龙井茶，说："这个大寿，会让你们兄弟们破费呀。"

郑介民回家，柯淑芬说沈醉代表兄弟要给他过大寿。郑介民很有政治头脑，现在是国家困难时期，蒋委员长一再强调廉洁，他不想搞这个大寿。

柯淑芬马上把眼睛一瞪，说："当官就是为财，我们不偷不抢不夺不讨，是人家主动送上门的，如果不要，就是不给他们面子，以后谁来配合你的工作？"

郑介民想来想去，还是认为不办好。因为沈醉是毛人凤的亲信，这有可能是毛人凤布下的圈套。

柯淑芬见郑介民死脑筋，她发挥女人的特长，一哭二闹三上吊，把郑介民搞了一宵没睡。

郑介民经过认真思考，他去了上海躲寿，礼收不收反正我没有看见，我也不会亲自收，如果让蒋介石知道了，也怪不到我头上。最多就是对家属管教不严。

沈醉回到单位后，通知大家每人上缴上两块大洋，给郑局长过生日。一般的特工每月只有 4 块大洋，大骂郑局长心黑。

祝寿那天，老郑不在家。柯淑芬代表老郑打开大门，张灯结彩地迎接送礼之人，一会儿，厅堂里摆设各种财礼，最令人瞩目的是那个金桃。

然而此时一个意外发生了，有一帮妇女闯了进来，大骂郑局长不是人，自己过着神仙的生活，让他们吃不饱穿不暖。

这是阴谋的其中一个环节，这些人都是军统的遗属，住在军统局的招待所内，地址在鸡鹅巷 53 号，她们的亲人为国牺牲，平时政府对他们关心不够，这次毛人凤派潘其武去通知，她们的愤怒就这样爆发了。

叶翔之依照计划马上通知报社记者前来拍照采访。取证据，还让报纸来曝光。

第二天，毛人凤把沈醉整理的郑介民材料加照片送到蒋介石那里。

蒋介石火了，通知郑介民回南京见他。

蒋介石说："你的 50 大寿好热闹啊？"

郑介民脸红到脖子，说："都是内子她……"

"混账，一个大男人，连自己的老婆都管不了，还谈什么管住十几万人马？"

郑介民连忙低头，不敢辩解。

"你是不是管的事情太多了，家里的事没精力管啊，你有几个兼职？"

"国防部二厅厅长、军调部长、军统局长……"

蒋介石说："你兼职太多，你不要留任军统局长了。"

"遵命。"

不久，毛人凤当了正式的局长，这个局已经从军统局改为保密局，但是它的工作性质还是一样的。

毛人凤当上一把手后，要求原别动军司令徐志道来担任副局长，主任秘书由自己最信任的潘其武担任。下属的七大处，放进了自己的心腹：

第一处为情报处，处长何芝园，专管军事、党政、经济、国际方面的情报。

第二处为行动处，处长叶翔之，专管逮捕、暗杀、破坏、侦防、策反。

第三处为人事处，处长郑修元。

第四处为电讯处，处长杨震裔。

第五处为李希成，专管审讯和监狱。

第六处为经理处，处长郭旭，专管财务。

第七处为总务处，处长为沈醉，主管庶务，管理两科及收发、交通两个股。

第十九章　效犬马之劳

【后路】

半夜，向影心醒来见台灯亮着，身边的毛人凤不见了。她悄悄地爬起来，来到客厅，见毛人凤站在窗前，眺望夜空。向影心关心地问："人凤，你快睡觉吧。"

毛人凤没有转身，也没有回答。向影心感觉有一种不祥之感，上前抱着毛人凤问："刚当局长遇到什么问题了？"

毛人凤转身注视向影心清丽的容貌说："国共两军立即开战，我们要打赢这场仗相当难。"

向影心说："怎么回事？"

毛人凤说："我们军队人多势众，但是内部不团结、不听指挥。而'共军'相当团结，毛泽东这个人用兵神出鬼没。"

"那怎么办？"

毛人凤没直接回答，却反问道："如果我战死或者被暗杀了，你打算怎么办？"

"我也不想活了，我生是毛家人，死是毛家鬼。"

毛人凤非常不高兴，很认真地说："我死了以后，不管江山易不易主，你要马上与我断绝关系，找一个有实力之人改嫁了。"

"为什么？打死我也不同意的。"向影心的态度如守贞操的姑娘一样，

180

其实她已经嫁过几个男人，多一个也不算多，少一个也不嫌少。

毛人凤露出狰狞面孔说："只是这样，你才可以保护我的儿子、母亲、家人啊。"

向影心明白毛人凤的良苦用心，眼内有晶莹的东西在滚动。她向毛人凤点了点头。

内战已不可避免，自古一山难容二虎，天上不能有两个太阳。毛人凤作为国民党的高级领导，清醒地认识了战争有风险，有死亡，他坚定地站在国民党的一边，一是蒋介石的知遇之恩。而且毛人凤吃着穿着国民党的，古话说"坐着谁的马车唱谁的调"。二是以前他一直追、打、杀共产党员，欠共产党一屁股血债。毛人凤预计共产党可能会赢，共产党赢，他不想当叛徒。让毛人凤投靠共产党可以说是痴人说梦话，当然如果毛人凤没有站错队，成了共产党的一员，以他的办事能力、效率也是一位出色的战友。因此，站错队伍是一件非常可怕的事情。

【例会制】

国民党、共产党两军用勇气、生命、智慧打败了日寇。胜利并没有冲昏国共两党的头脑，他们都在暗暗使劲，整合自己的力量，为即将开始的内战作准备。

1946 年 6 月 26 日是一个值得纪念的日子，国民党、共产党两军在中原地区爆发了大规模的武装冲突，这标志三年多的内战正式开始。

国民党、共产党两军交战后，保密局局长毛人凤非常担心，担心国民党军队失败，自古以少胜多的实例太多。他曾含蓄地劝过蒋介石，说八年抗战，"共军"实力大增，我们要慎重，但是自恃兵多将广又有老美作后台的蒋介石怎么听得进去呢？作为情报机关，做好本职工作是对蒋介石的最大支持。毛人凤要求各省市都有潜伏人员进入共产党内部，获取最新情报。

毛人凤极力加强信息交流、提高办事效率，承袭了戴笠时期的会餐制度，副处长以上领导参加，毛人凤基本上每餐必到，别看这只是吃饭，其实，这种形式比会议还重要，起到了"下情上报，上情下达"的作用，糊涂官是做不成了，许多问题都能在这个时期解决，保密局效率提高了数倍。

会餐制度虽然好，但毛人凤认为还不够，不久想了补充点子，就是例会制度，"公秘会报"，公就是公开的特务机关，秘就是保密的特务机会，这项制度在局本部和各省市特务机关实行，每月召开一次。在此，大家传递情报、分析问题、交流经验，收到很好的效果。毛人凤还创建了"公组会议"，这是科股级组织的小型会议，也是"公秘会议"的补充，对情报工作相当有利。

情报通过会议传递，会议是推进情报工作的一个手段，研判情报信息，是决胜千里的基础！

【造谣】

毛人凤深知兵不厌诈，要打败共产党，就要打乱共产党的群众基础，所谓群众基础就是欢迎共产党的老百姓。怎么才能让老百姓不信任共产党呢，最好的办法就是把共产党名声搞臭，名声臭了，还有什么群众向着共产党呢？搞坏名声最直接的办法是诽谤、造谣。毛人凤这一招确实恶毒、厉害。

当时的宣传舆论就是报纸广播，这两样工具主要掌控在国民党手中，毛人凤要利用这些优势，从宣传舆论上为党国服务，对共产党进行攻击诽谤。

首都南京最大的新闻机构就是大同新闻社，社长叫刘启端，此人军统出身，编辑部主任丁匡华也是军统息烽特训班毕业的。毛人凤把刘社长、丁主任请到办公室，建议专门做一系列对共产党不利的报道。

刘社长虽然是军统出身，为难地说，我们报纸讲究真实性，不能有虚假新闻的。

毛人凤说："刘社长这个观点是对，和平期间是这样的，但是现在是非常期间。虚假新闻无非被老百姓骂上几句，如果让共产党得了天下，你我都是阶下囚。孰轻孰重？"

丁主任说："我们工作以国民党的中心工作为基础，配合党中央工作。"

刘社长也说："丁主任说得对，我们配合毛局长就是。"

很快，大同新闻社宣传国民党"杀朱拔毛"的决心，又歪曲共产党的政策，比如，说共产党要共产，共同分割财产；要共妻，共同拥有一个妻子。这些话语对中国共产党造成一定的负面影响。向影心觉得好奇，专门跑到毛人凤办公室，核对事情的真伪，毛人凤说："你这个间谍也相信这回事，说明我们舆论战相当成功。"

这段时期，社里的记者相当轻松，他们不用去采访，要稿子直接向保密局拿，毛人凤专人给特工开过会，让他们有小说家一样的大胆想象力，把情报进行重新编造，如同虚构小说一样，这个虚构当然往坏的地方使劲想，这种诬蔑性新闻稿，让共产党处在被动地位。在上海、东北、重庆、贵州、昆明等地也是这么做的，保密局与报纸合办报社，稿子由保密局特工编稿。这让毛人凤尝到了甜头。

毛人凤正在得意之时，重庆方面上报不好消息，共产党也有一家报纸是《新华日报》，在重庆办得风生水起，深得各方面的赞扬，政治影响太大了，保密局一直想扼制，也采取了实际行动，如砸报馆、殴打报童、禁止传送、查封邮局等手段。但是，新华日报社从领导到临时工，大家上下一条心，完全挡住了各路的责难。

重庆站收效甚微。毛人凤火了，骂道，你们一定要想办法，让这家报社快点倒闭吧。

重庆站召开"公秘会报"会时，重庆警察局刑警大队长谈荣章也参加，此人也是保密局特工，他提出一条诡计，就是以报纸对报纸的方式，让《新华日报》自生自灭。

当这条计策送到了毛人凤手中时，毛人凤开心地笑了，说明手下能人还是不少的。他当即批准这个建议，并给予了人力、物力、财力、稿件的支持。当时为报纸的名称大家伤痛了脑筋，起什么名字好呢？一定要响亮，要把《新华日报》的风头抢过来，更要把它的读者群抢过来，大家苦苦思索没有好主意时，毛人凤想到了名字，说就叫《新华时报》吧，我们职责主要是与《新华日报》比拼，同时也可混淆视听。

《新华时报》开始几期发行不错，主要是在各大报纸大吹大擂一阵，然而都是警察上门要求商家、市民订阅的。

《新华时报》招了一批闲着的文人和漫画家来写稿子作画。这些人稿子质量不高，主要是特工提供失实的内容。有一阵子针对共产党的稿子紧缺，老狐狸谈荣章想到了一箭双雕之计，既能诬蔑中国共产党，又能提高报纸的发行。他派人去挖了几个小孩的坟墓，将白骨堆起来拍成了照片，说共产党杀死无辜的孩子，这些颠倒黑白的所谓证据，使一批人对共产党产生了误解。但是真相是不容更改的。任何想通过违背良知的手段去达到自己的目的，必然会被历史所抛弃。

【策反】

毛人凤派出大批特工向解放区渗透，侦查和破坏根据地的革命工作。当时有许多特工主动报名，其中一人就是毛人凤的弟弟毛万里，毛万里要去共产党那边刺探重要情报，给毛人凤争脸面。毛人凤说，你这个想法很好，我个人非常同意的，但是作为局长我不批准，因为你现在是处级官员，要指挥一方，有更加重要的工作。

其实毛人凤相当有私心的，他深知潜伏相当危险，怕毛万里被共产党发现杀头。

毛人凤经常想起好友戴笠，想戴笠一生中说得最精彩的话，就是"让共产党对付共产党，这是对付共产党最好的办法"。毛人凤被誉为"反共专家"，这个称号不是徒有虚名。

当初，张国焘背叛共产党投靠蒋介石，他被安排为中将设计委员，同时让他任策反离间工作委员会主任，可是张国焘这个人中看不中用，一直没有丰富的收获。

但是，毛人凤看上这个空手套白狼的职业，认为自己有这方面的天赋，他自任为策反委员会主任。

策反从三种人着手，一是中国共产党在职人员。二是中国共产党被俘人员。三是从国民党那边投诚为共产党效力的人员。

一段时间后，毛人凤在策反工作中喜忧参半，有失败也有成功。

策反当中失败的例子也不少，许多人拿了金钱、武器去了解放区就如泥牛入海，杳无音讯。

例如，军统特工牛子龙潜伏在中共河南军区工作，可是这个人相当有眼光，看到共产党一心为大众服务，赢得民心。得民心者得天下，他决心跟着共产党走。军统得知了，暗中把他抓住，关进了西安的看守所，牛子龙这个特工能力强，可以说相当牛，他趁机劫持了狱警逃走，真心投靠共产党。毛人凤感觉牛子龙毕竟在组织共过事，决定策反，结果牛子龙没归顺，派出的联络员和电台了却成了共产党的礼品。

真是"竹篮打水一场空"！

从这个事件中，让毛人凤没丧失信心，而是不断思考，却让他领悟策反的真谛，不是每个人都可以策反的，策反要找那些意志不坚强、贪图金钱美女权力的主，如果加上这个人贪生怕死会更好，策反应该十拿九稳了。

毛人凤马上尝到第一次策反的甜头。八路军驻洛阳办事处处长袁晓轩被策反成功。这个人是软骨头，当场出卖了80多名中共党员和进步人士，交代了译电员和密码本的下落。这个软骨头还想立大功劳，对周恩来身边的干部童小鹏、王梓、龚澎等策反，但是最终没有得成。

毛人凤看中了一个人，那个人就是八路军115师教导旅长兼冀鲁边区司令员邢仁甫，派人去策反，果然不出所料，在糖衣炮弹的连续进攻下，邢司令甘愿投降，他马上杀害了助手、冀鲁边区副司令黄骅等一批重要干部，愿意一路走到黑了。

毛人凤要在策反方面做出成绩，向省区特工站发出指示，要求策反那些可以策反的共产党员。

策反就是改变一个人的思想，当然主要还是找准对象。

大连也成了国民党关注的重点，由苏联军队驻守，苏联倾向于共产党，这里实际上是东北解放区的一部分。

毛人凤亲自去了大连，相中了一位信仰不坚定的人，此人就是大连海关副处长姜盛三。在特工徐钰麟的高官和美好前程的诱惑之下，姜盛三暗中投向了国民党。1947年，姜盛三负责押运两艘装满货物的"胜华号和德胜利号"机帆船从大连出发，驶向朝鲜从事贸易活动。徐钰麟见机会来了，要求姜盛三立功，杀人不眨眼的姜盛三快速杀死了船上押运的共产党干部，将船驶向天津，投降国民党。

姜盛三投靠事件成了毛人凤的骄傲。毛人凤亲自举行了欢迎仪式，为姜盛三接风洗尘，并任命姜盛三为保密局直属策反组组长，中校军衔。姜盛三负责策反工作后，悄悄潜回大连，他要对好兄弟孙世文策反。孙世文是大连港口检查所长，得知姜盛三升了官，马上会同同乡好友叛变。此次有10多条帆船投向国民党，使解放区蒙受较大的物资损失。

有得必有失。毛人凤做策反工作，但是，共产党也在做策反工作，不少国民党的军官也被共产党策反成功，这无疑打了蒋介石、毛人凤一记响亮的耳光。毛人凤决定要挑战自己策反的能力，向被共产党策反过去的人员进行策反，如果成功，对共产党就是一记沉重的打击。猎物就是郝鹏举将军。此人在1946年初，被共产党策反成功，带领手下的西北军在山东起义，投奔了红军。他本想投靠共产党后过上好日子，哪知过来后日子相当艰苦，毛人凤派人去策反，郝鹏举看到了新希望，提了一些财物、职务的条件，毛人凤报蒋介石批准同意后马上回复。1949年1月27日，郝鹏举跟着共产党走了整整一年，在海州宣布回归国民党，并抓住了中国共产党派驻其部队的红军领导朱克清等人。

毛人凤见机会这么好，马上叫办公室主任潘其武整理策反经验，形成书面材料向蒋委员长汇报。2月7日，材料刚往上报，传来一个不利的信息，郝鹏举的部队被共产党军队全部歼灭。

这让毛人凤相当尴尬，空欢喜一场。

【教徒的"威力"】

1947年3月，胡宗南攻占延安这座空城之后，毛人凤马上成立延安保密局班子人员，派老牌特工崔毓斌任稽查处处长。

蒋介石得知延安是空城一座，相当焦急，他要知道一个人的去向，此人就是中共一号领导人毛泽东。自古"擒贼先擒王"，毛泽东这个共产党头目没有擒住，其他一切工作等于零。蒋介石每天打电话给毛人凤，要求他们查出毛泽东的下落，这确实是毛人凤兄弟的本职工作，但是要查出毛泽东的下落，谈何容易啊，如大海捞针。毛人凤吃不香睡不好，如坐针毡，只能要求陕西省站特工加班加点，务必查到毛泽东的下落。

毛泽东带领解放军去了新的战场，如果让你们知道他的行踪，他也不叫毛泽东了。毛人凤为完成老蒋的指示，使出了吃奶的力气，只抓住了解放军一些老弱病残的掉队人员，还是查不到毛泽东和解放军的去向！

毛人凤仰望灰茫茫的天空，痛心疾首地说，我们工作没有配合军队，我辜负领袖的期望啊。

崔毓斌说："毛局长，现在我强敌人弱，胜利是属于我们的。"

毛人凤瞪了他一眼说："蒋校长就是怕'共党'坐大，自古以少胜多的例子实在举不胜举。谁得天下，还不明朗。"

崔毓斌说："毛局长有没有对付'共军'的妙计？"

毛人凤站在大树下认真思考，一条毒计在他脑海中形成，他信心十足地说，"我们要请来神仙，渗透解放区内部。"

崔毓斌傻眼了，毛局长脑子有问题了，这个世界上有没有神仙就难说，如果有怎么请得动？你又不认识神仙在哪里，怎么请啊？

毛人凤说的神仙就是天主教，他相当了解中国共产党的政策，知道他们对各种宗教尊重有加。他要利用天主教作掩护，进行潜伏。天主教主雷震远，是披着羊皮的狼，也是多重间谍。雷震远接到毛人凤的工作指示后，马上成立了一个秘密组织，叫公教青年报国团，他披着教徒的外衣，干着刺探"共党"的勾当。这个组织归保密局情报处直接指挥，人员130多名，也有外籍教徒，深入广袤的乡村。

以前情报少得可怜，可以说是耳聋目盲。自从公教青年报国团成立后，毛人凤对解放区的情报掌握有了质的飞跃！

1948年暮春，毛人凤马上得知一个惊人的喜讯，发现了解放军的落脚点。

中共中央转移到了河北平山县的西柏坡。

解放军要向天主教借用教堂，而这里的教徒也是特工，叫米二海，他立即向公教青年报国团的头目吴雅阁汇报，吴雅阁再报秘书长刁化仁，刁化仁是保密局特工，向本部汇报，毛人凤得知后欣喜若狂，亲自向蒋介石汇报。蒋介石听说找到解放军，两眼放光，要求将平山大轰炸，让平山变成平地。

毛人凤要求拿出解放军的分布图。不久，米二海绘制了平山县等地政府机关、工厂、仓库分布图。1948 年 8 月，华北"剿总"当局派出大批飞机，对平山实施大轰炸，轰炸轮流进行，从白天到夜上。白天轰炸相当准，夜里应该不行了吧，万万没想到，夜里轰炸更加准，对准党的机关、物资仓库等要害部门，这给解放区造成了物资和人员的惨重损失。这是天主教里特工的功劳，他们在地面发射信号，指示目标，引导飞机轰炸。

这给中共中央机关以沉重打击。毛泽东想到了保密局的特工，可是谁是潜伏在身边的特工呢？摆在大家面前的一大难题。

轰炸虽然取得进展，但是没有伤到首脑机关。毛人凤向蒋介石建议，派一支精锐地面部队突袭西柏坡中共中央机关。蒋介石认为这是妙计，是一举打败"共军"的最好时机，他命令华北"剿总"当局迅速攻打西柏坡，老蒋亲自去北平督阵。

中共中央机关面临死亡的考验，此时一个人救了中央机关，此人叫刘时平，是国民党《益世报》的采访部主任，真实身份就是中国共产党潜伏在国民党的地下党员。他为了打探国民党军队的情报，与整编骑兵 12 旅长鄂友三结为好友，鄂旅长见刘主任把他当成知己，自己有什么事情都告诉刘主任。那天，鄂旅长接到奇袭中共中央机关的任务，相当兴奋，认定这次自己要立大功了。鄂旅长相当够意思，好事也要让好友来分享啊，因此他就把此事告诉了刘主任。刘主任得知国民党军队的行动，吓得不得了，马上向上级汇报，好在有时间，中央机关在国民党军队达到前紧急撤离，让蒋介石、毛人凤的美梦成空。

时间就是金钱，时间也是生命。

第二十章　立功

【北平地下党案】

1947 年夏天，也是毛人凤事业的夏天。此时共产党地下情报完成得相当出色，给国民党造成一定的打击。毛人凤知道共产党潜伏隐蔽，要追查出来真的难如登山，但是，毛人凤如愿地登上山峰，给中共地下党造成重创。

毛人凤诡计多端，但是有一个好习惯，值得我们学习的，那就是学习。他除了看《孙子兵法》及《三国演义》外，还经常查阅国际先进科技资料。不久，他惊奇地发现世上有一个宝物，可以将潜伏的特工揪出来。这件宝物叫电台探测仪。国民党保密局托了关系，马上从美国进口了一批电台探测仪。保密局的省市级站都配置了电台探测仪。电台探测仪放在美式吉普车上，在大街小巷巡逻，搜索潜伏的共产党电台信号。

最先传来好消息的地方是北平。保密局北平特工在巡查时侦听到了可疑电台信号，正是中共北平秘密电台发出的。按理说，中共秘密电台是不容易被侦测到的，因为要求发报时间短，发报方式不规律。但是两个原因直接导致被发现，一是当时中共中央撤离延安，发送情报骤然增大。二是报务员李政宣警惕性不高，犯了一个低级错误，将军事情报和社会新闻混在一起，造成两者同发，电报数量倍增，直接造成被探测。

毛人凤得到电报汇报后，非常开心，密令务必将北平中共地下党一网打尽。探测共产党电台信号后，将信号的范围越缩越小，最后锁定在王府井大街、南池子大街和北池子大街三条街，方圆1000平方米的区域。这也给抓捕工作带来很大的困难。这么大的地方，抓捕警察进去，共产党谍报人员听到风吹草动，早跑路了。怎样才能100%收网？成了北平特工思考的问题。北平部特工组长谷正文是一个有计谋的家伙，他想出了一个行动方案，这个方案很阴险，就是让有轻功的特工去寻找发报的中共地下党，然后一举端掉。这个方案得到大家的赞同。

保密局能人奇士有的是，擅长轻功的武林高手是段云鹏。段云鹏以前是

段云鹏

流盗分子，因为他的轻功了得，后来被毛人凤相中，以特殊人才进入保密局。段云鹏一身轻功，尤其擅长攀岩、爬墙。寻找地下谍报电台，充分发挥了段云鹏才华，他每天后半夜就蹲在这片楼房的制高点，看哪几户人家的灯还亮着，有没有奇怪的动静。

经过几天蹲守，段云鹏终于发现了一户可疑人家，那是交道口兆胡同24号，屋里年轻男人每天起得早，从床下取出木箱子摆弄一番，那个人背向窗户，因此看不清他在干什么。经过保密局特工们的分析，一致断定此人正在发电报。没错，此处就是中共北平的一处秘密电台所在地。

1947年9月8日晚上，谷正文、段云鹏带人破门而入，将那个年轻男子抓住，此人就是中共地下党报务员李政宣，同屋的女子是他妻子张厚佩。两人想逃跑，但是一点机会也没有，因为他们被特工前后左右堵塞。经查，此木箱子内有发报机，缴获了一些共产党的文件。

李政宣身材魁梧，北方莽汉的模样，但是见到保密局特工马上当了好汉，好汉不吃眼前亏，悉数向特工们交代了。这小子怕保密局认为他投降得不彻底，主动建议与其他电台联系。北平两家秘密电台马上被查获，两批中共北平地下党的骨干和领导遭逮捕。第一批是北平市地政局代理局长董剑平、北平贝满女中教员田仲英、北京大学学生李恭贻等；第二批是第十一战区司令长官

部的中将、少将 5 名，如绥署设计委员会副主任余心清、参谋处处长谢士炎、副处长丁行、军法处长王某等，还有一批校尉级军官。这次逮捕共产党情报人员 100 多名，给北平地下党以灾难性破坏。

毛人凤要求扩大战果，一举摧毁北平地下党组织。马上查到了一对重要人物，老蒋的文胆陈布雷的女儿陈琏和女婿袁永熙。这两位新人是 1947 年 8 月在东交民巷六国饭店举行的婚礼，陈琏的贝满女中的同事加好友田仲英前来祝贺，他与新郎袁永熙交谈中换了名片，后来田仲英被逮捕后，特工从他家搜查出袁永熙的名片。

毛人凤要求保密局北平站秘密进行调查，不要打草惊蛇，一定要人赃俱获。谷正文很快从叛徒中发现了重大线索，袁永熙是南系地下党的负责人，陈琏也是中共地下党。那天，夫妇正与南系职业青年支部的负责人邢方群、北大地下党负责人陈彰远开会，谷正文带队冲了进来，将他们全部抓捕。

谷正文叫特工带走了共产党情报人员袁永熙、邢方群等，一个恶毒的计策在他脑海中形成，就是守株待兔。他预计地下党肯定过来接头，派人在袁永熙家、邢方群家守候，果然地下党情报人员钻进圈套。第二天来袁家的是北京大学地下党负责人石羽，他不知道袁永熙夫妻被捕，依约前来。石羽稀里糊涂地钻入敌人的圈套，被捕。守株待兔虽然是良策，但是对有些人是没有用的。比如，贝满女中的陶凤娟，她聪明机灵、应变能力相当强，当敲开那扇门时，她看到了陌生的面孔，陶凤娟及时作出了正确的判断，有问题。她没有进屋，拿出事先准备好的戏票说，这是学校送的戏票，请转交陈琏吧。特工们还没有来得及问话，此女孩一蹦一跳地离开了。看守的特工认为纯粹是送票的，就没有抓她。陶凤娟的逃脱救了自己的命，更重要的是她做了一件更加重要的事，向组织及时汇报袁永熙夫妻被捕的消息，中共北平地下党马上采取措施，避免了地下组织第三个系统遭破坏。

查获中共地下党组织越多，保密局的功劳就越大，但是对蒋介石不一定是一件好事，因为他被伤害了。在保定绥靖公署揪出的地下党触目惊心，他们有的被中共地下党把持了兵运权、情报之类的要职，还正在争取保定绥署主任孙连仲上将起义，从种种证据来看，军界元老李济深、鹿仲麟也牵涉不浅。

蒋介石痛心疾首，这些人曾受过高等教育，平时拿着他的薪水，暗中却为共产党刺探、传递情报，千方百计要推翻国民政府，最终还要自己这条老命。蒋介石大骂这些吃里爬外的叛徒，也尝到了众背亲离的滋味啊！

中共地下党组织是一张很大的网，布满全国主要城市，北平只是那张网的一部分。要想情报取得突破性的侦破进展，就得撕毁这张大网。撕毁这张网的切入点是什么。这是摆在国民党情报专家面前的难点。狡猾的毛人凤已克服这个难关。切入点当然是人，人是一切的出发点，也是归宿。必须从人身上大做文章。在保密局特工的大棒之下，个别共产党员交代了同行，交代了组织。特工们先是挖出了热河地区的中共地下组织，接着又侦查到沈阳、天津等地的中共地下组织，甚至在天之骄子的空军系统也发现了中共地下党员的踪迹。

情报捷报频传，让蒋介石对毛人凤刮目相看，他的地位直线上升。毛人凤还不满足，他要求在北平督导的叶翔之再接再厉。不久，又有了好消息，特工获得了新发现，侦破范围延伸到西安、兰州等地。叶翔之来到西安，在这里破获了中共地下党电台一部，逮捕了 10 多个地下党人员。当然最大的功劳不是这些，而是发现了一条潜伏国民党军队的大鱼——熊向晖。

【熊向晖】

我有必要重点介绍一下我们的英雄，他叫熊向晖，原名熊汇荃，男，1919 年生，安徽凤阳人，清华大学期间加入共产党。他接受周恩来的指示，潜入胡宗南部队当卧底。

将军衔的"面试官"胡宗南，手执报名的花名册，依次点名问答。胡宗南依照印象在每个人的名字后面画圈，大多数一个或者两个圈，少数有三个圈，只有一名青年，画有四个圈。这名青年叫熊汇荃，清华大学高才生，父亲是国民政府湖南高等法院的院长。胡宗南非常兴奋啊，深信自己发掘了一名"得力干将"。次日，胡宗南的秘书找到熊汇荃，说胡先生邀请进行"个别谈话"……

熊汇荃小伙子长得帅，脑子机灵，家庭背景可靠，这些因素都是胡宗南将军喜欢的。他被胡宗南调到身边，并很快成了胡司令的左右手，一路从侍从副官升任机要秘书。

"党国栋梁"熊汇荃开始了他平步青云的仕途。后改名为熊向晖，然而熊向晖却身在曹营心在汉，不管胡宗南对他有多好，有多信任。他相信自己的崇高信仰——共产主义；相信周恩来同志，伟人周恩来的人格魅力深深地植入他心田。

周恩来派出王石安到西安，很快与熊向晖接上头。熊向晖不辜负周恩来先生信任，他利用自己的职权，巧妙地窃取了不少重要机密，通过中间人，传递给千里之外的中共党中央，有的甚至关系中国共产党的生死存亡。

1943 年春夏之际，蒋介石密电胡宗南对延安进行闪击战，一举攻克陕甘宁边区。胡宗南是蒋介石的人，对蒋介石的命令从来就说一不二，要不折不扣地执行。胡宗南在洛川召开高级军事会，明确进攻任务，攻击日期为 7 月 9 日。还好，中共地下党熊向晖参加这个重要会议时，他非常吃惊，共产党最高层领导毛泽东等人都在延安，如果遇上突袭，后果不堪设想。当天晚上，熊向晖向王石安传递情报，由王石安将情报送了出来。

毛泽东得知胡宗南突袭的情报，急忙从床上跳下来，光着脚去看地图。一会儿，周恩来同志也为此进来了，毛泽东镇定地笑了，说："熊向晖这个情报太及时了，他一个人可抵一个师的军队。"

周恩来问："主席，我们该怎么办？"毛泽东也在思考这个问题。延安居住的都是领导、干部，缺少军队，怎么回击蒋介石的精锐之师胡宗南部队呢？

毛泽东点了一支烟，袅袅烟雾中，眼睛一亮说："我有办法可以退敌。"

周恩来说："我们身边无兵可用啊？"

毛泽东说："不用一兵一卒，我能让胡宗南退兵。"

毛泽东同志不是吹牛，他是一位卓越的军事家，用一张纸就让胡南宗这个兄弟停止了前进的脚步。具体操作如下：7 月 4 日，以朱德总司令的名义向胡宗南兄弟发出一份电报，警告他不要挑衅，不要打内战。胡宗南兄弟非常委屈，本来他一切准备就绪，马上要来了突袭战，这是高度机密，要求神不知鬼不觉，现在"共军"总司令都知道了，还发来警告信，这次行动失去了突然袭击的意义，也没有必要打什么闪击战，于是向蒋介石汇报，经批准取消这次行动。

抗战胜利后，蒋介石又密令胡宗南围歼中原解放军李先念部队。熊向晖又及时将情报向中共中央做了汇报，因为提前准备，共产党军队避免了不少的损失。

1947年初，胡宗南接到蒋介石的命令，定于3月10日进攻延安。3月3日熊向晖随胡宗南回西安，当晚通过王石安把情报发了出去。中共高层在延安摆下天门阵，让胡宗南兄弟来钻。3月10日，胡宗南带兵到达延安，延安没有军队、没有动物，也没有粮食，成了一座空城。胡宗南对毛泽东这个对手还是欣赏的，他亲自进入毛泽东住的窑洞，什么也找不到，发现了桌子上有一张纸，原来是伟大军事家毛泽东给他的留言：胡宗南进延安，势成骑虎，进不能进，退不能退，奈何，奈何！这正是胡司令考虑的事情，毛泽东却想到了，这种军事天赋令人钦佩不已。为对方将领思考问题，在历史上没几个奇人，比如诸葛亮。

胡宗南追打"共军"的任务还要去完成，然而经常打胜仗的胡司令一下子变了，变成一位不会打仗的领导，一败于青化砭，二败于羊马河，三败于蟠龙镇，仅一个月就败了三次，他也获得了一个响亮的称号——败军司令。

其实，胡宗南兄弟也不是傻瓜一个，这几次仗让他领悟了"共军"的神机妙算、用兵如神，总之相当狡猾。失败是成功之母，一点没错。胡宗南从失败中发现一个重要问题，军队有内奸，可是谁是内奸呢？他东猜西测，总是找不出那位神秘的特工。

保密局毛人凤传来可喜的消息，替他挖出内奸，此人就是熊向晖。胡宗南从椅子跳起来，大骂熊向晖这个小子太没良心，老子好好栽培他，他却阳奉阴违，差点让老子丢官。

【中共补给总部案】

北平的共产党电台案被破获后，保密局上海站长刘方雄有点坐不住，此人进取心强，什么事情都要争个先进，他要查个共产党大案给自己争点面子，但是中共上海地下党也不是吃素的，你想查谁就是谁吗？一个人的运气相当重要，有时运气来了跑也跑不掉，毛人凤的侄子毛森即将送来一份厚礼。

上海大华公司是中共华东财政委员会和苏北解放区驻上海的秘密机构，专门从事物资采购和运输工作，设在上海九江路中央华侨大楼的吉泰商行，是中共补给总机关。好多年以来，这个组织谨小慎微，躲过了保密局的明察暗访。然而在1947年秋天出事了。那天，大华公司一艘船从宁波出海，驶向合德镇卸货，舱内有白细布4000匹，颜料数十桶，还有共产党的重要文件。货船出海后，逆风行驶，无法前进，被迫停在崇明岛的堡镇，被毛森带队的通如启海联防大队盯住，上船检查时发现了共产党的绝密文件，毛森带走了押运人员，经拷打，押运人员见躲不过，只得交代了。

毛森向毛人凤汇报，毛人凤大喜过望，要求毛森带上投降人员去抓住其他共产党员。毛森的来到，对刘方雄来说如雪中送炭，好酒好肉招待毛森。次日早上，毛森、刘方雄带队，在上海警察、特工的配合之下，包围了大华公司，逮捕了60多位共产党员。

浙江站长毛万里脑袋灵活，派人去上海协助破案，这个协助马上让他也取得成绩。根据上海方面的线索，他破获了宁波、定海等地的中共秘密机关。

不劳而获的事情是有的，但是很少！

毛人凤向蒋介石汇报后，老蒋拍着毛人凤的肩膀说："想不到'共党'活动如此猖獗，好在毛局长查出这些地下党啊。"

毛人凤拍马屁说："我们能抓住这些地下党都是在蒋委员长的英明领导之下。"

老蒋开心地笑了，说："毛局长，你们辛苦啊！"

【重庆地下党案】

1947年2月28日，西南长官第二处长徐远举、保密局重庆站长吕世琨带队兵分三路去抓《新华日报》编辑和相关人员，可是扑了一个空，《新华日报》

领导接到延安的通知，撤回延安了。这让徐远举、吕世琨相当扫兴。

《新华日报》不见了，不代表共产党宣传力度减弱，一份《挺进报》悄悄地出现在重庆的街头，这份报纸主要宣传共产党的思想，其影响越来越大，工厂、学校、机关，到处都可以看到，有的还寄给西南长官公署的头头脑脑。

毛人凤得知情况，要求不惜一切手段查出《挺进报》的来龙去脉。吕世琨就按部就班开始侦查，他们清查邮路、守候邮筒、监视邮局职工、搜查书店、突击检查……力气花了很多、很大，基本没有收获，就是查不到《挺进报》地下党，这让吕站长相当苦恼。破不了案件，没法向毛局长交代。

吕站长是毛人凤的学生，他向毛人凤汇报这个情况，请毛局长给个指示。毛人凤当然知道这个学生的能力，要打要杀是行的，让他想出诡计实在难。毛人凤说："我有一个点子。"

吕站长说："请毛局长明示。"

毛人凤说："潜伏！这个计策'共党'也在大量使用，我们也要利用，不然会吃亏的。"

吕站长带着笑容回到了重庆。他叫来了得力助手李克昌，要求他当卧底。李克昌脑袋灵光，应变能力强，很适合当卧底。他为了取得中共地下党的信任，开始混入工人运动和学生运动中，以一个失业青年身份，大谈政府腐败、社会不公、老百姓生活贫困。不久，有位中共地下党员中了圈套，那位中共地下党员叫陈柏林，是文城出版社的店员，此人年轻，为人忠厚，被特工李克昌的伪装所迷惑。陈同志引狼入室，不仅介绍李克昌加入中共党组织，还让他住进文城出版社，这是他犯的致命错误，给组织造成了灾难性损失。

几天后，李克星获得了做梦也想得到的情报，就是《挺进报》的发行点在哪里，就在文城出版社。陈柏林在错误的道路上越走越远，他要把自己的领导任达哉介绍给李克星。接头地址就在观音岩经球坝的工厂内。这分明是自投罗网，陈柏林、任达哉双双被捕，这没有出人预料，因为他们接头的对象是保密局的特工。

经过一天一夜的酷刑拷问，领导任达哉带头叛变，供出了他的领导杨清。

杨清同志是好样的，被保密局抓住了，坐过老虎凳、烤过烙铁、触过电刑，受尽酷刑，就是不交代，只求一死，并写下绝命书。吕世琨和特工们对这个铮铮铁骨暗暗佩服。

徐远举见保密局特工遇上一个坎，过不去。他想到一条毒计，让杨清自己把情况交代出来。你可能不信。可爱的杨清同志全身都是伤疤，躺在地上爬不出来，他连命都不要了，你凭什么相信他会交代啊？

徐远举没有叫人打他，也没有用美人计，而是叫来那位狱警，要求好好对待他。几天下来，杨清同志认为这位狱警人不错，可以信赖，知道自己的身体快不行，要求他送信给新华路的老成公司。

狱警把信交给徐远举这只老狐狸，徐远举马上带队包围了老成公司，查出到大批的《挺进报》，也查清了杨清的真实姓名叫许建业。许建业是中共重庆市委委员，建业就是要建立事业，但是不幸被敌人破坏。

徐远举查到《挺进报》，他认为还不够，继续努力，用了一个老办法——守株待兔，来一个抓一个，在老成公司等待，这一招相当不错，抓获了重庆电力公司支部书记刘德惠，中共重庆市副书记刘国定。

刘国定这位领导，在大棒和胡萝卜面前，他干脆利落地做出选择——供出了他所领导的工运、学运，《挺进报》发行机关，华蓥武装组织等大量情报。

毛人凤得知重庆抓了中共高干，派出叶翔之来指挥行动，开展大搜捕，中共下川东地委委员江竹筠、中共重庆北区工委委员王朴、华蓥农民武装领袖邓兴鄠、《挺进报》负责人陈然等人被捕。其中重庆市委副书记兼组织部长冉益智、成都市工委委员骆安清、重庆市城区区委书记李文祥、下川东城委书记涂孝文陆续叛变。

后来杨益言、罗广斌根据这个素材，写成名震中国文坛的小说《红岩》，真实地反映那个时期的特工生活。

【周镐】

周镐也是一位老军统，早年立过功，领导很赏识他的才华，加上他与戴笠、毛人凤关系不错，经常得以重用。但是他讲原则，做事一定要对得起自己的良心。他又是一位有信仰的同志，他坚信有一个组织可以救老百姓于水深火热之中，这个组织我不说你也知道的，就是伟大的中国共产党，他义无反顾地加入这个组织，成了潜伏国民党内部的卧底。

周镐曾经担任过军统武汉站长，广东税警总团缉股组长、广东省督察、南京潜伏站长，少将军衔。在抗战期间，毛人凤力推他当潜伏站长，周镐与日寇的战斗中表现突出，功绩较大。有战绩，政府对他的奖励也不错，但是此人有个特点，眼里糅不进半粒沙子。他对国民政府的一些腐败深恶痛绝。

有一天，周镐遇上老同学徐楚光，是黄埔军校的同学。两人大谈当今时局，有相同的感慨。此时徐楚光已是共产党员，此人脑袋好使，曾打入南京汪伪政权，任伪军委政治部情报局上校秘书。抗战前夕，徐楚光策反了汪伪的精锐部队——首都警卫军第三师钟健魂部队。钟健魂部队起义后，投向新四军。

从徐楚光专家的策反事迹中，让我相信了一个事实，优秀人才就是不一样，可以以一当百，以一当千。

中共华东局决定让徐专家重回国统区，组建第三工作委员会，专门从事情报和策反工作。徐专家感觉周镐此人能力强，一身正气，高兴啊，因为他认为周镐是理想的策反对象。这个判断相当正确。1946 年 8 月，周镐在徐专家的多次争取下，光荣加入共产党。第三工作委员会副主任郭润身专程送来党员证和由邓子恢、谭震林亲自签发的华中军区京、沪、徐、杭特派员委任状。

周镐特派员工作范围相当大，管辖好几个省市，上峰给他的任务相当明确，就是策反新编第二路军孙良诚部。周镐同志不仅认识孙良诚，而且两人关系不错。这些都是策反的基础。

周镐得到任务后，趁机向毛人凤申请下去工作。毛人凤认真地看了看周镐，关心地问：“你想做什么工作？”

周镐说：“我想去上海负责佛教训练团。”

毛人凤不知道周镐的底牌，爽快答应了。毛人凤做梦也不会想到，自己上当了，周镐下去工作只是借口，他要做对不起党国的事情，策反孙良诚的部队。

1946 年 11 月下旬，徐楚光从武汉到上海，下榻南京饭店，陆续召见第三工作委员会骨干刘蕴章等人，周镐也在其中。周镐汇报说："策反有了眉目，已与孙良诚部队派驻南京办事处主任谢庆云约好，11 月 28 日去总部会见孙良诚将军。"

然而，还没有让周镐与孙良诚将军见面，一件让他措手不及的事情发生了，他的身份暴露，被毛人凤逮捕。原来第三工作委员会出了内奸，此人叫刘蕴章，早先也是国民党的军官，南京沦陷后，整天泡在茶楼里混日子，徐楚光把他发展成为中共地下党人员，混进汪伪政权，他当了海军政训处处长。刘蕴章本来就是国民党军官，见国民党势力大，他暗中讨好保密局，联系上毛人凤，毛人凤求之不得，送上门的好礼，重奖了刘蕴章，刘蕴章成了两面特工。他利用了潜伏"共党"内部身份，搜集了中共地下党活动的材料，送给保密局，当他发现老牌特工周镐也成了中共特派员，还要策反部队时，兴奋不已，飞黄腾达的日子来了，马上上报保密局。

毛人凤面对周镐这个好朋友好部下的背叛，心凉了半截，他曾经想过放他一条生路，但是自己已经与国民党的命运系在一起了，违反国党的利益就是损害自己的利益，不要说是朋友，就是亲兄弟也管不了。他通知行动处正副处长叶翔之、黄逸公负责侦察和审讯。

周镐被捕了，有一个人暗中帮助他，此人是一位女子，其作用不可小瞧，女人半边天一点不假。女子就是周镐的妻子吴雪亚，吴雪亚也是中共地下党员。她得知周镐出事后，立即烧毁了与共产党有关的东西，比如特派员委任状，同时及时通知徐楚光同志转移。徐专家逃到一个隐蔽之处，分析一定有内奸，认为内奸就是刘蕴章，专家就是专家，分析判断正确。他作了果断的决定，第三工作委员会 30 多成员马上撤离，断绝与刘蕴章的一切联系。这个决定帮了自己和撤离的同志，也帮了周镐。这一下子让刘蕴章也慌了手脚，战友们离开了，这个战场让他无用武之地。

面对第三工作委员会的撤离，毛人凤将孤注一掷，集中力量用在审讯周镐同志身上。但是，周镐同志是多年的特工，何等道行，面对叶翔之处长的轮番审问，他不急不忙，不温不火。当叶处长问起徐楚光时，周镐说，我们是同乡（湖北人）、同学（黄埔毕业）、同行（汪伪政权的卧底）。问了第三工作委员会，周镐一口咬定不知道。叶处长审了几天，也搞不出什么名堂。

但是叶处长也有底牌的，底牌就是刘蕴章，刘蕴章也来对质，但是周同志就是不认账，没有证据啊，急得刘内奸大跺脚，跺脚也没有用啊，他联系的地下党都消失了，孤证又不能成为证据的。

周镐见保密局的人一时拿他没办法，他把握了这个机会，在妻子吴雪亚送食品时，偷偷塞了一张条子，要求自己的特工朋友向毛人凤说情。吴雪亚马上找了几个周镐的老朋友，让他们向毛人凤说情。这一招真厉害，毛人凤此人讲究处理好同事关系，不少老关系找他，又不能定周镐的罪行，只得做了一次好人，释放周镐。

周镐被无罪释放后，仍然负责上海佛教训练团。但是此人一心向着共产党，暗中与中共地下党取得联系，要求完成此前没有完成的任务，策反孙良诚将军。地下党领导郭润身同意策反，要求周镐暂时不要去见孙良诚，保密局特工对他盯得紧，一不小心又要出事的。

机会处处都有的。当周镐正苦苦思考如何去见孙良诚时，蒋介石给了他去见面的机会，因为蒋介石听到风声，孙良诚私通"共军"的嫌疑，他知道周镐与孙良诚关系好，任命周镐为高级参议的名义，去孙良诚部队上班。毛人凤得知这个消息，脸色发白，大叫不妙，急得在屋内转圈。如果周镐去劝孙良诚投"共军"怎么办？但是又拿不出证据，只得眼睁睁看着周镐高高兴兴地上任。

周镐去见孙良诚是千载难逢的好机会，这个机会是蒋介石给的，但是不是让孙将军继续替蒋介石卖命，而是拿起枪来打蒋介石。孙将军开始不敢相信自己的耳朵，明明是蒋介石派来的，却要反蒋。经过周同志一次次解释，孙将军慢慢相信了，最终同意反水，但是有一个要求，给钱，就是请中共馈送1500两黄金，作为本部转移费，这也是他试探中共方面的诚意。但是当时的中共中央相当穷，但是又不能向孙将军宣传自己穷，最后七拼八凑准备了黄金500两和棉花等货物，表示中共的诚意。

此时蒋介石得知情报，发现孙良诚与"共党"暗中勾结。蒋介石当然不知道这是周镐捣的鬼，他指示周镐对孙良诚严密监视，当然打死蒋介石也不会相信周镐就是中共特派员。

让敌人来监视敌人，结果只是帮助敌人完成任务。

周镐的工作正向前行时，一个保密局特工盯上了他，此人叫吕祥瑞，曾是中共地下党人员，后来被保密抓住后变节，投靠毛人凤。他向保密局提供线索，在武汉抓住了徐楚光同志，毛人凤当然想尽快弄清周、徐的关系，想出一条妙计，将周、徐两人抓进来，关在同一间牢房，即南京宁海路19号2监。周、徐两人都是特工专家，识破了毛人凤的诡计，两人就是不开口，用眼神交流，这让毛人凤再次碰壁。

毛人凤是老狐狸，认定周镐是"共党"分子，为了除掉周镐，想到了放长线钓大鱼的计策，为实现这个计策，他决定杀掉一个人，此人就是叛徒吕祥瑞，毛人凤对叛徒从来没有好感，只是利用，当吕祥瑞的利用价值差不多了，但是还让叛徒继续发挥作用，就是他那条小命。毛人凤以诬陷的罪名杀了吕祥瑞。

吕祥瑞死了，周镐被放走了，周镐作了一个错误的判断，毛人凤排除了对他的怀疑，他更加积极地为中共服务，很快钻进了毛人凤设计好的圈套。1948年第八兵团司令长官刘汝明一直向周镐示好，那只是烟雾弹，周镐去策反刘汝明，被特工来了个人赃俱获，周同志三次逮捕。1949年1月21日，蒋介石签发处决周镐的手令，临刑时，周镐高呼：中国共产党万岁！中华人民共和国成立后，周镐被追为烈士，遗骨安放在南京雨花台烈士陵园。

周镐同志是一位真正的共产党员，面对死亡，从不畏惧，在中国解放战争史书上留下浓墨重彩的一笔。我们永远怀念这位真正的英雄！

【京沪暴动案】

国共内战爆发后，从抗日战争中成长起来的共产党军队，在许多大战场上取得决定性胜利，国民党军队在战场上节节败退。1949年1月1日，白崇禧联合美国大使等实权人物让蒋介石下台，蒋介石当然不愿下野，当了国民政府一把手了，你们让我退位我会退吗？答案是会，因为蒋介石要让自己喘一口气，他向全国人民宣布交权引退，让副总统李宗仁出任民国政府代总统。

蒋介石下野后，南京和上海的军、政、警、宪界的民革成员看到了解放全国只是时间问题，为减少官兵、群众的伤亡，他们有了一个大胆的想法，在京沪两个重要的军事要地举行起义，采取兵变的方式，将李宗仁、何应钦等高级军政人员抓捕，迎接解放军的到来。

这是一幅宏伟的蓝图，壮观、大气！

兵变的主要发起者都是有头有脸的人物，如民革中央常委、华中军事特派员、民革上海工作委员会主任王葆真，民革南京分会主任孟士衡，国史馆主任秘书胡勤业，国史馆庶务科长田绥祥，内政部人事室主任刘荫民，首都警察所督察长兼北区警察局长、首都卫戍司令部北区指挥官刘海亭少将，保警总队第一大队长马广运少将等。这些人吃着政府的皇粮，穿着政府的衣服，为老百姓找到一条生存发展之路，投靠共产党。

1949 年 2 月 5 日，是一个值得纪念的日子，王葆真召集南京、上海发动起义的同志开会，当然也邀请了解放军江淮军区代表王虎臣同志参加。会议讨论和明确了京沪暴动方案，主要是从南京的燕子矶据点发动起义，迅速控制南京主要地段、主要交通，迎接解放军到来。上海方面紧随南京之后发动起义。

这是一个近乎完美的计划，正悄悄地进行着。

开会的地址是民革南京宣传委员吴士文家，然而吴士文的邻居是保密局特工秦范五，秦范五这个人有个优点就是心细，在特工学校培训时，因为心细破了几个案件受到校领导的表扬，但是心细也是此人的弱点，什么东西都是心细，办不成大事，因此秦范五在保密局也升不了官。

那天，秦范五心里想着一件事，走路时撞上了从吴士文家出来的民革南京分会主任孟士衡，把孟主任的帽子撞飞了。是秦范五在低着头想事情造成了相撞，一切责任是他，止想上去说几句好话，赔一个礼。然而此时，孟主任犯了一个错误，这个小小的错误，使得京沪暴动计划泡汤。

孟主任从地上捡起帽子，很认真地向秦特工鞠躬道歉，如果遇上一般人得了便宜开心开心就算了，可是这个秦特工心太细了，明明是自己犯了错，他为什么要道歉？要么精神有问题，要么做了犯法的事情。精神问题可以排除，秦特工这个判断相当正确，孟主任正在搞暴动计划，他想此时多一事不如少一事，忍一忍就过去了。这个想法是不对的，心细的秦特工就盯上了这个违反常规的举动。

要做大事，必须学会做小事。

秦特工发现孟主任有问题后，他也没跟踪、盯梢，而是对吴士文家进出人员进行关注、监视，他认为搞暴动或危害国家的事情，不是一两个人可以去做的，一定是一群人，而且有一个时间的酝酿过程。

从此以后，秦特工对吴文士家特别关注，吴文士家是暴动的联络点，进进出出的人相当多。几天后，秦特工见那个被他撞的人又进了吴文士家。他假装借火，拿着烟敲开了吴文士家的门，隔着门缝看到了内屋的孟主任。

秦特工向稽查处汇报，稽查处向南京站汇报，南京站向毛人凤汇报，毛人凤要求马上跟踪这些人，必要时随时拘捕。

稽查处在跟踪时，被王葆真发现身后有尾巴，马上通知同志转移，然而此时，狡猾的毛人凤提前行动了，他要求将一切可疑人员抓捕。

民革京沪两地的主要负责人王葆真、孟士衡、吴士文、许卜五相继落网，一场正要爆发的革命运动因为群龙无首而告吹。

在国民党的天下，搞地下党工作相当困难，一个小小的细节就会丢掉生命或者使一场革命暴动失败！

第二十一章　暗杀

【李宗仁案】

毛人凤在隐蔽战场上取得一定成绩，抓住了中共地下党一批重要人物，破获了不少地下党的情报网。蒋介石相当高兴啊，他在院子走了一圈，感觉自己能力挽狂澜。然而这种感觉十分短暂，过不了几月。1948年秋天，这个本来是丰收的季节，对蒋介石来说却是严冬，是共产党的丰收之季。一直被"国军"追着跑的"共军"从山坳、草原、荒地冲了出来，他们英勇善战，智勇双全，先攻克了济南城，接着在辽沈战役、淮海战役、平津战役连奏捷报。下一步直逼国民党的心脏地带——南京。

蒋介石面对"共军"反攻有些慌乱，以前是自己追打"共军"，"共军"不是躲藏就是逃跑，现在"共军"跑出来敢打自己。"国军"挺不住怎么办？死拼没有出路，死再多的官兵也不能解决问题。敢于学习敌人的东西，也要勇气。老蒋具备这份勇气，开始学着"共军"的办法：跑，但是能跑到哪里去呢？"国军"的逃跑能力不低于"共军"，蒋介石也为自己想到了最好的去处，一个四面环水、风景如画、易守难攻的岛屿——台湾。

蒋介石非常想重振雄风，将不利被动的战局扭转过来，他有能力有天赋，且有政治手腕，那个年代能超越他的人少之又少，但是偏偏出现一个比他还强的人，此人就是用兵如神的毛泽东。毛泽东是师范中专毕业生，也没上过军校，但是很会打仗，传说他打仗时身边带着两本书，一本叫《孙子兵法》，另一本叫《三国演义》。《三国演义》是生动的教材，给毛泽东的帮助相当大，让他的军事才华运用得炉火纯青。每次败下阵来，蒋介石相当苦恼，堂堂正正的黄埔军校校长，培养出来的都是将军、军事家，却如此不堪！

李宗仁

1949 年 1 月 1 日，蒋介石领导的国民党军队在战场上节节败退，有人开始对蒋介石落井下石。"有人"就是指白崇禧、李宗仁、美国驻华大使。这些实权人物联手向蒋介石施压，逼迫蒋介石下台，蒋介石愤怒之下宣布交权引退，让副总统李宗仁出任国民党政府代总统。

1949 年初春，蒋介石召见了毛人凤，毛人凤知道蒋介石连连在战场失利，一定痛恨"共军"，马屁高手毛人凤大骂毛泽东用兵狡诈、阴险。

蒋介石问："人凤，世上最可恶之人是哪种人？"

毛人凤见机会来说："'共军'，弱的时候要与我们合作，强大了就打我们。"

蒋介石说："不是'共军'"。

"是什么人？"毛人凤惊异地看着蒋介石光滑的脑袋。

蒋介石指着墙壁上的地图，狠狠地说："世上最可恶的人就是背叛我的人。"

蒋介石也真正看清了自己的实力，一直以委员长自居的他，其实对军队的掌控是相当有限的，许多军队拿着他的钱、武器，却在关键之时不听命。例如，1948 年 11 月，蒋介石的嫡系——徐州"剿总"副司令杜聿明所率三个兵团，总共 30 多万人马，被"共军"在永城包了饺子，危险极了。蒋介石命令华中"剿总"副司令宋希濂率 14 兵团前去解围，蒋介石想这次执行不会很难的，结果就是执行不下去，宋司令只是副司令，正司令不同意去解围，此人如此大胆，就是这么胆大，此人叫白崇禧。白崇禧有实力——军队，有靠山——李宗仁，不救蒋介石的嫡系军队，目的不是帮助"共军"，而是在军事上削弱蒋介石的实力，让副总统李宗仁取而代之。

蒋介石给毛人凤下达密杀令，要杀的人不是白崇禧，而是白崇禧的靠山李宗仁，把李宗仁杀了，党内不会有人争着与自己平起平坐，争权夺利。

代总统就是国民政府名义上的一把手，但是毛人凤执行的是蒋介石的命令。毛人凤叫来沈醉主持这次特别行动，挑选了秦景川、王汉文、段云鹏等几位有特长又绝对可靠之人，当沈醉的助手。秦景川、王汉文都是神枪手，段云鹏是燕子李三的高徒，轻功了得，飞檐走壁，如履平地。

特别行动小组为杀李宗仁绞尽脑汁，准备了四套方案，一是李宗仁住在傅厚岗后面，汽车进出转弯速度慢，从两面同时射击。二是李宗仁外出时，杀手胁迫车子停下来下手。三是在李宗仁家里放定时炸弹。四是在李宗仁乘坐飞机时制造空难。

为了将李宗仁杀死，毛人凤动了大脑筋，要求沈醉等人在枪支弹头内注入最猛烈的毒药，只要射入人的身体，就血液中毒，无法救活。

特别行动人员商量来商量去，最后认为第三套方案最合适，向毛人凤汇报，毛人凤当即表示同意。

半夜时分，段云鹏在黑暗的掩护下，飞行在楼顶，来到锡拉胡同的楼房上找到12号李宗仁宅，段云鹏攀住屋檐，向里面张望，见李宗仁正在接待客人。

段云鹏按照事先计划，在李宗仁卧室放了定时炸弹。段云鹏满意而去，想着明天早上过来收尸吧。

说来也是李宗仁命不该绝，送走客人已是凌晨两点多了，他不想回卧室吵醒熟睡的夫人、女儿，去了儿子房间睡觉。

凌晨4点50分，一个人最想睡的时候，李宗仁家的炸弹轰隆一声炸响，李宗仁和两个儿子没事，两个女儿一死一伤，夫人头颅骨中弹片4个，造成终身残疾。

爆炸事件后，毛人凤马上叫手下向外面宣传是中共地下党干的，因为李宗仁是代总统，是共产党的头号敌人。这个谎言很有市场，叫人不得不信。

再次证明谎言容易使人上当，因为有道理基础的。

没有杀死李宗仁，说明这个小子命大。毛人凤想。也不能干得光明正大，李宗仁手下有十万装备精良的军队，搞不好会引火烧身。此时传来好消息，李宗仁与白崇禧不和，对蒋介石来说绝对是好消息，他可以坐收渔人之利。

蒋介石撤销对李宗仁的密杀令。

【李济深案】

蒋介石在国内战争上连连失利，本来对他有成见的国民党党内人士李济深，趁机公开反蒋，让蒋介石哭笑不得，一起打江山统天下时不反对，现在日薄西山，你不来帮上一把，却是落井下石。

李济深为人相当直爽，与中共关系不错，在多个场合，表示共产党是一个新生的组织，我们多合作，少对抗。抗战时期，他真诚支持共产党的抗日政策，还说政府贪污腐败，应该有新政府来取代。这是实话实说，按照当时政策要杀头的，戳痛的伤疤老蒋忍耐着。毛人凤牙咬得痒痒的，要修理李济深。他派出特工暗中盯住李济深。

蒋介石失去大片江山，李济深还在叫好，这次蒋介石忍耐不住了。吃着他的饭，拿着他的工资，却向着共产党，为共产党办事，为抵制这种吃里爬外行为的蔓延，蒋介石向毛人凤下达了密杀令。

毛人凤向蒋介石保证，绝对完成任务。毛人凤能这么胸有成竹地说话，因为他知道蒋介石迟早要对李济深动手，早已用金钱收买了李济深的副官张序，从内部着手便捷，成功率就高。

毛人凤亲自去了一趟广州，让广州办事处主任郭旭通知张序见面。毛人凤见到张序时，问李济深现在有什么动向。

张序说："党中有一些中委、立委、监委的同志居住在香港，他们现在对党有点动摇，李济深有可能去香港与他们沟通，要求他们倒向共产党那边。"

毛人凤皱眉头说："你这个情况相当重要，我们会重重奖励你的。"

张序听到重重有奖，笑得眼睛只剩下一条线了。

毛人凤说："我们要马上制裁李济深，你有什么好点子？"

张序当然理解特工的暗语，制裁就是杀死的意思。他抬起头，肯定地说：

"暗杀最好在香港。"

毛人凤眼里射出笑意，说："地方不错，你有什么计划？"

张序把自己暗杀的方案以及逃走的路线汇报了一遍。毛人凤连连点头。

张序说："感谢毛局长的信任，让我执行这个光荣的任务，但是我有一个要求。"

毛人凤很平静地看着张序，因为这么多年来，毛人凤习惯了，哪个手下去执行任务，如果不提要求，会被当成傻瓜。

"你说吧。"

张序说："香港费用大，我申请5万美元活动经费。"

毛人凤说："我知道了，会考虑的。"

毛人凤后来也没有给张序这笔钱，因为这个数目太大了，毛人凤要拿几年的工资才有这么多钱，同时对张序也不完全放心，如果这小子拿了钱，去投降李济深，那不是竹篮打水一场空啊？

毛人凤毕竟是善谋的老手，他向张序提出要求，让他去香港等待李济深过来，张序来到香港，左等右等也不见李济深过去。张序暗杀的计划也就泡汤。

【刘人爵案】

对李济深的制裁，毛人凤交了白卷，一时难以向蒋介石交代。制裁湖南起义人员时，毛人凤格外注意，派青年才俊过去，最终取得成果。

毛人凤派出的青年才俊不是别人，是他亲侄子毛钟新。毛钟新这小子脑子好使，如毛人凤一样，鬼点子多。毛钟新来湖南长沙，首先拜访戴笠从前的警卫焦玉印，焦玉印当过戴笠的警卫，可见身手和反应相当快。他见到毛钟新，抱着毛钟新痛哭起来，如同找到组织一样。焦玉印向毛钟新介绍了长沙的情况，着重讲了共产党的势力。焦玉印又向毛钟新送了一份大礼，这份大礼是一个人，一个武林高手，此人叫孙坤，湖北人，武艺、枪法超一流，办事能力极强。

毛钟新通过电报向毛人凤汇报，毛人凤马上任命孙坤为长沙侦防组组长。

毛钟新给了活动经费时，也交了一张纸，就是暗杀对象的名单：张严佛、李肖白、黄康永、任建冰，此4个人与共产党在一起，成了国民党的敌人。

孙坤正在准备行动时，毛人凤传达命令，说李肖白有了悔改之意，有打算跟着国民党一条路走到黑，黄康永也从长沙溜走，要求对名单上这两个勾除。孙坤一下子肩上担子轻了不少，以前是400斤，现在只剩下一半了。

李肖白离开了长沙，省会警察局长的职务由刘人爵担任。8月4日，湖南宣布和平解放，刘人爵公开支持，并带领手下对付保密局的特工。他会同长沙警备司令部稽查处长任建冰全力侦破保密局布置在长沙的潜伏组织，不少保密局特工成了刘人爵的客人，当然是牢里的客人。

两方剑拔弩张。孙坤等待时机，因张严佛深居简出，难以发现此人的行踪，就无法下手。任建冰的住所查到了，但是行动后撤退有点困难，因为任建冰住在那条长长的巷子里，巷子很窄，车子进不去，巷子两边设哨卡，一旦枪响，杀手插翅难逃。

作为杀手，首先要保命，如果连自己的小命都不能保全，还有什么资格说去刺杀他人啊？

孙坤终于想出了暗杀任建冰的行动方案，刚想去执行，但是一个意外发生了，任建冰发现家门前总有不三不四的陌生人，有一种不祥的预感，突然更换了住所，让孙坤多日的侦察白费。

在战争年代，警惕性高可以保护好自己，让自己处在有利的地位。

任建冰、张严佛杀不了，毛人凤命令毛钟新通知孙坤杀了刘人爵。刘人爵的警惕性不高，他家里的住址很快让孙坤摸了个一清二楚，长沙浏阳门正街25号，那是几间古色古香的楼房。

刘人爵还有一个不好的习惯——喝早茶，喝茶是健康习惯，但是我们的刘人爵同志喝茶喜欢热闹，认为在家里喝茶没意思，非要每天在茶馆喝不可。孙坤想过在茶馆实施暗杀，但是茶馆人多事杂，不一定能跑掉，他的计划相当大胆，就是在刘人爵家里执行任务。

那天早上，刘人爵从茶馆喝了早茶回家，门卫报告有两人来送情报。刘人爵当了警察局长后一直兴奋，也没有遇到过挫折，当听到有人送情报，当然高兴，大声说，叫他们快快进来。

防人之心不可无。可是刘人爵不懂。他见进来的两人不认识，但是提供情报的，应该算是自己人吧。他从孙坤手中接过一叠材料，正要拆阅。孙坤向同伙使了一个眼色，两人从腰间拔出手枪，朝刘人爵胸口开了两枪，刘人爵当场身亡。孙坤是一个老手，还探了探刘人爵嘴里没气了，才从容离开。

毛人凤得知孙坤暗杀成功，向蒋介石邀功，蒋介石大喜，命令国防部发给孙坤 3000 块银元，以资奖励。

【偷鸡不成蚀把米】

"国军"在国内战争中处于劣势，毛人凤担心香港那批立场不坚定的国民党元老，怕他们反水，然而越不想发生的事情偏偏发生了。1949 年 8 月 13 日，聚集香港的 44 位国民党中央委员、立法委员联名发表宣言，宣布与蒋介石政权决裂，寻求与共产党合作，希望在水深火热中的老百姓早日摆脱战争的灾难。

蒋介石又一次愤怒了，命令毛人凤进行制裁，毛人凤挑来挑去，选择了老领导龙云作为暗杀对象。主要有三方面原因；一是龙云有背叛国民党的多件事情。二是李济深虽然没去香港，但是与龙云有电话、书信来往，龙云在这伙叛党中起带头作用。三是杀鸡给猴看，杀了龙云可以震慑云南省政府主席卢汉，让他不能有摇摆不定的立场。因为龙云是云南省原主席，对卢汉影响大。

毛人凤派出行动处长叶翔之，叶翔之带人通过广州进入香港，在浅水湾龙云的住所附近，租了一间房子，实施日夜监控。

龙云同志不知杀机暗伏，为了全国解放的事业，他打算联络云南的旧部，策动起义。龙云就电召原来的机要秘书蒋唯生，蒋唯生接到老领导的指示，马上屁颠屁颠地跑到香港，任务就是将龙云的几封亲笔信送达云南。

蒋唯生的行踪被保密局侦破，特工李端峰向叶翔之请示：是不是马上拘捕蒋唯生？叶翔之与沈醉一合计，认为最好的办法就是让蒋唯生投诚，这些老特工知道，有很多"共党"分子，在牢内就是被打死也不吐一个字，他们要的是心，而不是身体。

保密局采取了行动。不久，通过介绍，李瑞峰结识了蒋唯生，两人一见如故，马上成为朋友，蒋唯生在金钱诱惑之下，愿意与李瑞峰继续交往，两人越发亲近，后来蒋唯生表示可以为保密局效力，但是金钱还要多点，官儿还要大一些。

毛人凤知道后，亲自来了一趟昆明，会见了蒋唯生朋友，他认为蒋唯生跟着龙云多年，是龙云的机要秘书，三言两语让他背叛自己的主人，这里面可能有问题。

毛人凤在小房间里会见了蒋唯生，蒋唯生口口声声说向蒋委员长尽忠，还说与蒋委员长是本家，不帮本家还能帮谁啊？毛人凤对蒋唯生有点不放心，但是不信任他，还能怎么办？他只得向蒋唯生许以重金高官。

为暗杀龙云，沈醉有一条妙计，他指使蒋唯生向龙云写了一封信，说龙云的老部长都希望在困难时期得老主席的关怀，指点迷津。这下老龙马上中计，他兴奋不已地回信，要求蒋唯生再赴香港。毛人凤还是不放心蒋唯生，亲自去机场为他送行，这也是他收买人心的策略。蒋唯生上机前，向毛人凤再三保证，一定完成任务，完不成任务就不来见毛人凤。

许多人嘴上说得多么动听，甜得如蜜一样，然而行动却是另外一回事情。

蒋唯生到了香港，马上去了浅水湾拜见老龙，老龙对他完成的任务相当满意。没几天，毛钟新来香港，带了来毒药，这是毒死龙云的毒药。

毒药交给了蒋唯生后，毛人凤、叶翔之等特工都静静地等待好消息，但是三天、五天、十天过去了，龙云还活得好好着。叶翔之催问。

蒋唯生说："不是我不想下手，只是龙云对我太好了，下不了手。"

"下不了手，你早说阿。"

成功或者失败都有自己的理由，这就是借口。有的人会寻找各种各样的借口！

叶翔之见蒋唯生用借口搪塞，马上提出让其他杀手去执行。蒋唯生说："好的，在龙云家门外相见。"

在龙云家门外，蒋唯生与特工接头时，被龙云媳妇发现。保密局这个杀龙计划只得作罢。

其实，蒋唯生只是假投降，他知道如果不投降，自己没有命事小，老领导龙云迟早也得归西天。他的忽悠来忽悠去，让保密局整个计划一次又一次落空！

聪明的毛人凤，连连大呼，上当，中计了！

【4 号特工】

内战打得最响时，国民党军队失利了。蒋介石看清了一些人的真面目，许多人在他兴盛之时，千方百计巴结，在他不断失利时，就另投门庭。不少都是大人物。但是老蒋认为他们不是大人，而是小人。

自古顺者昌，逆者亡。傅作义将军也顺应了历史发展的潮流。1949 年 9 月，他与共产党达成和平解放北平的秘密协议，得到了毛泽东的肯定。傅作义决定给共产党送点见面礼，准备去绥远省首府包头市，说服绥远省主席、保安司令董其武将军率部起义。董其武将军是好友，傅作义以身说法游说，成功率相当高，不高也不成，难道让董将军跟着国民党一起完蛋吗？

毛人凤得知这个情报后，亲自送给蒋介石，蒋介石大怒，骂道："你背叛我，我还没有跟你算账，却来挖我的墙脚，岂有此理。"

蒋介石要求国民党中央党员通讯局（前身是中军局）与保密局联合行动，制裁傅作义。

中央党员通讯局长李源溥和毛人凤达成意向，由李局长派第一处长、原西北区总督导张庆恩主持这项行动，保密局派出 4 号特工从中配合，4 号特工就是包头市警备司令部特训处长赵思武。

赵思武是保密局放在包头市的一个颗重要棋子，代码是 4 号。毛人凤把 4 号联络方式告诉张恩庆，足以说明对此次行动的重视。

傅作义离开北平去绥远时，中共领导对他的安全不放心，派出中共中央警卫局有丰富保卫经验的参谋李远贞同去。董将军知道这次是自己的好事，不能给破坏了，派出亲信、绥远独立师长张世珍沿路护送。

虽然傅作义行踪诡秘，但是没有逃过 4 号特工的火眼金睛。暗杀组抢先一步，将采取行动。

傅作义进入包头前，在归绥住一宿，下榻之处是万家春大旅社。张恩庆从4号处得到这个重要情报，巧妙地将炸药装入皮箱，亲率行动小组提前入住万家春旅社。

万家春旅社有一栋漂亮的二层小楼，坐落在院子里。二楼是最好的上房，底楼是仓库。傅作义到达归绥后，小楼四周布满岗哨。张恩庆进不去，他估计傅作义一定睡在二楼，二楼是上房啊。

夜半人静，灯火熄灭，张恩庆判断傅作义等人一日劳顿，已酣然入睡。张领导带领手下，干掉岗哨，潜入底楼仓库，取出皮箱炸药，放在二楼房门口，点燃导火索，迅速撤离。然后，轰隆一声巨响，将小楼掀到半空中。

爆炸相当成功，小楼给炸飞了，楼内的人都死了，但是没有炸死傅将军。难道傅将军成了仙飞走了？答案当然不是。原来，傅将军抵达归绥的当天，本地军队长官再三邀请赴宴，傅将军抵不住盛情，同时他想也是一个好机会，可以宣传共产党解放军的好政策，他与本地长官们边喝边聊，直到深夜方才告辞，当他走出归绥县政府大院时，传来万家春旅社爆炸的巨响。

运气对每个人太重要了，好运之人喝凉水也甜的，多贪几杯酒却能保命；运气差的人，就是喝点小酒，也要误事，被人指着鼻尖责骂。

归绥爆炸案后，傅作义吃惊不小啊，一定要小心，要小心，不然死了还不知道是谁干的。董其武、张世珍、中共参谋李远贞也替傅将军捏了一把汗。李参谋踏勘了现场，推测这次作案一定有内鬼，而且这个内鬼来头也不小。知道归知道，但是不知道谁是内鬼。

张世珍问："李参谋，有什么好办法确保傅将军此行一路安全啊？"

李参谋向大家看了看，慎重地说："我有一计，可以迷住敌人，抓住杀手。"

董其武、傅作义、张世珍听了李参谋的一番话，佩服不已，都竖起了大拇指。

次日，傅将军到了包头，董司令在省政府设宴洗尘。宴席结束，董司令邀请傅将军去府上休息。李远贞忙插话阻拦说："谢谢董司令好意，刚才我们和警备司令部联系好，傅将军住在警司。"

董司令知道李参谋在演戏，为了将戏演得逼真，故意拉着傅将军的手，一定要他去府上歇息。李参谋上前说："我们不是不相信董司令，保密局的特工相当厉害，昨天傅将军差点遇害，望董司令理解。"

董司令勉为其难地说："为了傅将军的安全，那由李参谋安排吧。"

演戏要么不演，要演就演得真实，只有这样才会有人相信，有人上当啊。

特工4号就在现场，耳闻目睹这个过程，他立即通报给张庆恩。张庆恩大喜，动了动嘴巴说："天助我也。"

傅将军到达警司招待所又换了另一辆小车，从后门驶出，直奔董司令官邸。张世珍带人在警司招待所四周布好警戒，并大声说："傅将军要休息了，任何人不得前来打扰。"

一张网已经悄悄张开，只等杀手跳进来。

凌晨，张庆恩派出三名杀手，趁着夜色，偷偷地摸进了警司招待所，直扑傅将军卧室，当他们撬开房门，向傅将军床上射击，过了一会儿，见床上没有动静，他们要撤退时，东南两侧子弹射来，他们知道上当了，可是一切都晚了，一名杀手被击毙，两名倒地受伤被擒。

杀人最大的悲哀不是杀不了目标，而且自己被杀或被擒。

张世珍连夜审讯，要查到内鬼。杀手也爽快之人，为不吃皮肉之苦，当场交代了暗杀小组组长张庆恩。张世珍派官兵抓张庆恩，但是，张庆恩早已接到了4号电话，逃之夭夭。

张世珍问："谁是4号？"

杀手说："打死我也不知道啊。"

这杀人不是变强硬了，他依然是软骨头，相当怕死。但是他确实不知道4号是谁，打死也没用。

【杨杰之死】

国民党的几位重量级人物有的投诚共产党，有的暗中与共产党联系，如果不煞住这股风气，可能引起更大风波，毛人凤认为最好的办法就是杀一儆百。1949年8月到1949年9月，毛人凤向心腹沈醉发过三次密电，指示暗杀杨杰。

此时的沈醉已任保密局云南站长。

杨杰是国民党内公认的军事理论权威，曾当过蒋介石的参谋长，陆军大学的教育长，上将军衔，那些叫蒋介石为校长的中高级将领，其实也是杨杰的学生。因此，杨杰在军队中威望极高。抗战以后，杨杰由亲蒋走向反蒋，到 1948 年，成为民革在西南地区的领导人，策动云、川、贵、康等武装起义。然而纸里包不住火，1949 年 7 月，杨杰策反刘文辉部队的证据落到保密局徐远举手中，徐远举向毛人凤汇报，毛人凤向蒋介石汇报。蒋介石决定要逮捕杨杰。徐远举到达云南后，发现杨杰受云南省政府主席卢汉的庇护。卢汉仍是一方诸侯，不要说徐远举、毛人凤，就是蒋介石也不敢对他有失敬之处啊。遇上困难，毛人凤总有办法的，既然不让我们逮捕，那我们就不逮捕，直接去杀，暗杀。逮捕令变成密杀令。

沈醉接了毛人凤的密杀令，很想马上执行，因为他从来不敢违背毛人凤的命令。但是这次确实有一点小意外。沈醉家住三节桥清园新村 51 号，斜对面就是杨杰的住宅，这是杀杨杰的有利条件，可以对杨杰的家及活动规律了如指掌。例如，杨杰有一个副官、一个勤杂工、一个司机、一个养女。杨杰喜欢散步，每天都去云南大资本家沱茶大王严燮成家喝茶、应酬，有时深夜回家。

那天，沈醉与几名特工商量，打算在杨杰深夜回来时，在一条小巷狙杀。这是一条十全十美的计策，然而没有成功。因为隔墙有耳，被沈醉的母亲听见了，沈醉的母亲当然不会告发儿子。当客人走了以后，沈母把儿子叫到跟前，用手指戳着沈醉的前额说，我经常教你，做官一定要做好官，做不了好官可以不做，如果你再去杀人，我就与你脱离母子关系。

老太太也是有文化之人，说得相当好，把沈醉镇住了。沈醉左右为难，一边是生养的母亲，一边是领导。两边都不能得罪，但是沈醉兄面对困难，总有解决之法：拖。将在外君命有所不受，对毛局的密杀令开始拖。

毛人凤向沈醉再发密电，徐远举还带上老蒋的口谕。这次沈醉不得不执行，如果再不执行，保密局认为沈醉叛变，沈醉就成了保密局暗杀的对象。

这次不能再拖了，沈醉把母亲送进亲戚家，就和徐远举带人过去，杨杰家人去楼空，特工搜了底朝天，发现在了一些重要东西，如杨杰的女儿日记。

杨杰出走当然有人通风报信,此人就是沈醉的母亲,她不想看到儿子再去杀人,暗中要求杨杰快离开这个是非此地。

又一天,沈醉收到一个好消息,守候的特工收到了送上门的大礼,大礼是一个人,此人叫陈复光,陈复光是投诚共产党的原国民党长官。

沈醉将陈复光带到秘密审讯室,陈复光受了严酷的拷讯,吓得不得了,双条腿如筛糠一样,交代了杨杰的行踪。杨杰去了香港,机票是侄女婿、云南纱厂厂长朱健飞代买的。徐远举带人来到纱厂抓人,想不到纱厂的警卫队,不让保密局特工进去,对峙半天,双方还鸣枪示警,谁也没有吓倒谁。徐远举没有法子,向沈醉求救,沈醉打电话给警察第七分局局长卜为弼,由警察开路,才抓住了朱健飞厂长。

从杨杰女儿的日记上,沈醉发现了情况,就是杨杰藏身香港的地址,马上向毛人凤汇报,毛人凤指示叶翔之执行密杀。

叶翔之来到香港后,指示特工李天山与香港的特工卢广声联系,卢广声在香港是民主人士,真实身份是保密局派驻香港的特工。

卢广声向李天山提供了杨杰更加详细的地址,就是轩尼诗大道260号四楼。还有另外一个惊人的信息,这两天,杨杰要去北京,参加中华人民共和国政治协商会议。叶翔之急得不得了,如果让杨杰去了北京,自己没脸去见毛人凤。他想到了一条计策,用贺耀祖将军的名义写信,让杨杰出来吃饭,贺将军与杨杰是一路人,应该会出来。

可是杨杰也是久经风雨之人,派出手下去会见贺将军。本来没有贺将军这的邀请,这个计策不得不终止。

当天下午4时,叶翔之带着韩世昌等前去轩尼诗大道206号,远远看见杨杰在四楼平台上乘凉,叶处长马上命令韩世昌以送信为名,进入杨宅,伺机杀人。自己带人在三楼二楼底楼把风。韩世昌犹豫一下,叶处长严肃地看着他,韩世昌也是老杀手,当来到杨杰家门口,内心还点紧张。他小心翼翼地敲开了房门。

杨杰站在门口,问:"你有什么事?"

韩世昌把信一递说:"我是送信的。"

杨杰接过信,正拆开时,韩世昌拿出一件熟悉的东西——手枪,杨将军想闪没闪成，头部中了一枪，仆倒在桌边，韩世昌又向杨杰头部打了一枪，才离开。

杨杰同志被杀，死了。他支持为国为民的事业千秋万代！

19 日早晨，叶处长乘飞机离开香港返回广州，其他行动人员乘火车也回到了广州。

叶处长在广州向毛人凤汇报暗杀喜讯。毛人凤兴奋啊，当即向蒋介石报功，蒋介石批了两万元奖金给行动组。

第二十二章　捉蒋未遂

【上海行】

表面来说蒋介石退居二线回老家奉化休养，实际上，蒋介石比以前任何时期还要辛苦，牢牢地掌握着国家各项大权，如财权、军权。李宗仁这个代总统干了几个月，才知道总统有两种，实际总统和傀儡总统，傀儡总统不是他所需要的，他选择下课。李仁宗下课，蒋介石迫不及待地出山，主持国民政府工作，为了联络军队、地方长官的感情，主动视察各地。

1949年4月30日，蒋介石乘着"泰康号"军舰来到上海，视察军情、布置防务任务。

上海对蒋介石来说太重要了，是国家的经济中心，如果上海丢失，国民政府的半条命不保了。蒋介石当即在上海龙华机场召开军事会议。京沪杭警备总司令汤恩伯、上海警备司令陈大庆、上海防守司令石觉等人参加。

蒋介石做了重要讲话，这个讲话标志着蒋介石的态度大大改变，以往是把共产党军队快快消灭，现在却退了一大步，要大家死守上海，等待时机。不是蒋介石变傻了，而是蒋介石的一次科学性转变，现在共产党军队强大，凭自己的力量无法消灭，只能纸上谈兵。他难道还有什么机会？

汤恩伯将军抗日还是行的，与共产党军队打仗就不行。这个还是机灵的，马上保证：誓与上海共存亡。这话让蒋介石的一百个放心、喜欢，来开会就听这话的。参加会议的团以上军官一起表态死守上海。这种表态有多少真诚性，我很难说，只有他们自己知道。战争前，表态往往是一些军官的伎俩，但是不表态万万不行的，领导不放心。

在军事让人信服的东西只有一样：胜利。

蒋介石抵达上海后，最忙碌的一个身影就是毛人凤，他除了主持全国特工工作，还要负责蒋介石的安全。上海龙蛇混杂，各种势力都有，而且国民政府在上海也不是铁板一块，上次出现京沪暴动。为了蒋介石安全，毛人凤与蒋经国、汤恩伯反复会商，有了一个天衣无缝的安保计划：让蒋介石住在"泰康号"军舰上，将军舰停留四面环水的复兴岛。这个计划有两个好处，一是没有海上船只无法接近军舰，进攻难度大。二是逃跑方便，四通八达，你想逃哪里都行。计划不能说是万无一失，也是上上策啊。

然而怕什么，就有什么。共产党潜伏人员正在悄悄开始行动，一个瓮中捉蒋的计策出炉。领导者就是中共上海局宣传部部长兼统战部长沙文汉，他化名张登，在蒋介石抵达上海前潜伏在国民党军队中，曾通过陆久之、蔡叔厚对汤恩伯进行策反，希望汤恩伯在解放军大兵压城之时，反戈一击，把蒋介石抓起来，作为立功的见面礼。汤恩伯早已被蒋介石收买，当然不会投诚。

于是沙文汉联络了策反组长王亚文同志，让王亚文秘密串联张权，制定新的"捉蒋计划"。

张权是河北人，早年毕业于日本士官学校，北伐时当过师长，后任陆军步兵学校教务长。抗战时期，当过河南省警备副司令、代司令、陆军战车防御炮教导队中将总队长，抗战胜利后，此人受陈诚排挤，仕途不得志。但是此人思想积极进步，与中共经常来往，关系不错。早年周恩来通过张治中介绍结识张权，安插王亚文当张权的秘书。1948年，张权因反对内战，辞职闲居上海。沙文汉决定请张权出山，当然看中张权的实力。张权闲职在家，还有什么权力？有的。他曾经的不少手下、学生现居上海要职，比如，邵百昌是驻守上海炮兵司令、刘仲权是驻吴淞炮

张权

兵 51 团长、刘秉钺是第 51 军长、懋楷是青年军 230 师长。张权这个人平时为人厚道，深受学生、部下的喜欢。当他提出起义时，昔日的学生、部长先后表态，跟着他走。形势一片大好！

王亚文也传来好消息，摸清蒋介石的住地。张权不愧是军事家，经过认真思考，捉蒋介石方案在他手中形成。蒋介石的舰船在四面环水的岛上，表面看来捉他困难，其实一点也不难，只要四面八方布置了海军，就是给蒋介石长双翅膀，也插翅难飞。

1949 年 5 月 12 日，中共解放上海的战役打响。沙文汉决定起义时间为 5 月 16 日上午 10 时。

计划永远赶不上变化。5 月 14 日，是毛人凤的一个好日子，下属的中校情报科长张贤获悉了起义。张贤向毛森汇报、毛森向毛人凤汇报。

毛人凤吓出一身冷汗，嘴上却说看看他们怎么实施。原来狡猾的毛人凤将计划作了调整，蒋介石换了"江静号"军舰，去了澎湖列岛。毛人凤的狡猾就在此，先提出一个不错的方案，得到大家认可，但是，这不是最后方案，最后方案往往只有几个核心人物知道。因此，张权的计划即使得以实现，也根本捉不到蒋介石。

5 月 21 日 16 时，张权、李锡祐等起义将领被枪杀。张贤升为上校参谋长，奖赏 5000 元银元。后来，上海解放，张贤被公安部门捉拿，处以死刑，临刑前，张贤大喊：冤枉。

【黄埔行】

随着中国人民解放军在主战场的连连得胜，中共中央毛泽东想擒贼先擒王，如果能将蒋介石活捉，让其投降，可以减少战火，减少对老百姓的损伤。打败一个军一支部队不难，但是要提住将介石相当难。中共西南工作组领会毛泽东同志的意图，主动派人去黄埔军校，联系了三位对中共政策支持的人，他们是军校教育处少将处长李永中、特种兵少将总队长肖平波、少将肖步鹏。这三位少将也相当认真，忘记了自己的危险，居然与中共地下党方面签订一份书面协议。三位少将与中共签订投降的协议，说明国民党军队的形势相当不妙。这三位少将眼光不错，向前看，为了自己的出路，冒点风险也值得啊。

对蒋介石下手的地方，大家分析来分析去，认为黄埔军校比较合适，不会引起蒋介石的怀疑，因为黄埔军校一直以来都是蒋介石的骄傲。

攻克堡垒最好的地方就在内部。

地方是好地方，但是蒋介石什么时候来黄埔军校？这是摆在大家面前的难题。蒋介石来不来黄埔，这个决定权不在投诚的少将手中，而在蒋介石手中。此时，国共大战的形势对蒋介石实在不利，蒋介石必须鼓足士气，特别是即将毕业的军官。1949 年 12 月 3 日，蒋介石带着毛人凤等亲信到了黄埔军校。蒋介石走向中山台讲话前，校园内青天白日旗冉冉上升，行至一半，忽听一声脆响，绳子断开，旗子飘落下来。毛人凤相当担忧，不是担忧旗子的丢落。相信占卜风水的毛人凤预测委座有凶兆。

毛人凤跟随蒋介石视察，主要负责蒋介石的人身安全，如果蒋介石出事了，那民国政府就群龙无首，不攻自灭。毛人凤召见保密局的几位少将军官，肖步鹏是其中之一。

毛人凤对他们说："我们大家手上都沾过共产党的鲜血，谁要投诚，我不反对，但是过几年，共产党就会秋后算账，那个时候你叩破头求饶也没有用。"

肖步鹏脸色发白，此人立场一直不稳定，他投靠共产党还不是想过好日子，想到自己手上沾过共产党的鲜血，一定得不到共产党的宽饶。

毛人凤又说："我们打不过共产党，这是事实，但是不用害怕，我们有靠山啊！"

肖步鹏觉得还是跟国民党混靠谱。他见立功的机会来了，低声地对毛人凤说："我得到消息，中共方面准备在黄埔军校捉拿蒋校长。"

毛人凤握住了肖步鹏的手，露出了久违的笑容，说："这是一个相当重要的情报，党国不会亏待你的。"

毛人凤启动第三套安保方案。当天傍晚，蒋介石等人迅速离开了黄埔军校。蒋介石一手创建的学校，是他最为风光的事业，但是现在成了噩梦的源泉。

第二十三章　屠杀

【杨虎城之死】

看到国民党军队丢了一块块阵地，失去大好河山，毛人凤心痛不已。蒋介石也得面对现实，打不过总不能让人死磕，他们找到了一个不是难听的字，退！最终的退路就是台湾。

但是关在牢里的反对者、中共地下党员怎么处置呢？毛人凤深深知道，这些人在国民党得势时，跳出来反对、对抗。在国民党失势后，他们一定会痛打落水狗。为了减少敌人，减少这些痛打落水狗的敌人，最好的办法是，在共产党军队未来之前，叫他们去阎王爷那边报到。你我各侍其主，也不怕有人向阎王爷告状。

好多年来，毛人凤想杀一个人，此人就是我们的抗日英雄杨虎城。没蒋介石的手谕，毛人凤不敢动手，就是怕张学良，杨虎城的这位好兄弟，张将军已经被软禁了，还有什么用？有用的，瘦死的骆驼比马壮啊。杨虎城和毛人凤也没有怨仇，毛人凤认为这种叛背领袖的人，早该杀！这次蒋介石终于下达密杀令！毛人凤在重庆罗家湾 19 号非常兴奋

周养浩

地召开会议，传达杀死杨虎城的密令。参加会议的有西南军政长官公署第二处长兼保密局西南特区长徐远举、副处长周养浩、白公馆看守所长杨进兴。会议形成共识，由杨进兴负责暗杀。杨虎城也是公众人物，处理起来要谨慎，分两步，一是将杨虎城一家从贵阳押回重庆戴公祠。二是杀人工具采用刀具，而非枪支。

这里产生一个问题，保密局杀人这么讲究吗？杀掉一个人，还在乎地方吗？换一个地方还不是死，有什么意义呢？答案告诉你，有。对一个死人有意义，此人就是戴笠。国内战争后，国民党军队一败涂地，毛人凤的谍报虽然曾取得成绩，但是最终被共产党

杨虎城

占得先机。他总觉得辜负了戴笠的栽培。戴老板身前有一个心愿：杀了杨虎城，但没有成功，自己先死了。江山那边的风俗，心愿不能完成的，死了就得不到安息。现在杀死杨虎城机会来了。就在戴老板祠内，让戴老板亲眼看着杨虎城死去，他在阴界的灵魂才不出来折腾。

有时死人比活人还要重要，那也得看什么人。

9月5日，杨虎城携带儿子杨拯中、女儿杨拯贵，秘书宋绮云及夫人徐丽芳、儿子宋振中离开贵阳，抵达重庆。下午4时，特工杨进兴把杨虎城一行带到中美所内的松林坡。大家一下车，走在前面的那个人是杨拯中，年仅19岁，年发已经花白。

杨进兴说："杨将军，你在这里暂住几天，委员长会接见你。"杨虎城是何等聪明之人，知道杨进兴说谎，国民党军队被打得四处跑散，蒋介石还有心情来接见我这种背叛之人。骗人原因是什么？难道保密局要下黑手了？杨虎城同志的判断对了，保密局是要下手了。杨虎城同志想去提醒儿子，但是有什么用呢？四周都持枪荷弹的特工，他们要你的命，比阎王爷还要快，

因为阎王爷还得派手下抓来审个案。

天下之大，就是没有杨虎城同志的藏身之处。

杨虎城等人进入戴公祠。杨虎城同志对戴笠一直没有好感，看也不看墙壁上戴笠的画像，直接进入里屋。走在前面的是杨拯中，他一脚踏上门槛，门后的特工用一把锋利的尖刀戳进他年轻的胸膛。杨拯中叫了一声"爸……"，肌肉抽搐一下，还来不及挣扎，就倒在血泊之中。

杨虎城看到儿子倒在血泊中，愤怒和震惊。愤怒和震惊不能解决问题。三个特工用斧头在杨拯中身上乱砍。世上没有比看着自己儿子被人活活砍死更残酷的。

痛不欲生的杨虎城冲了过去，还没有抱住儿子，他身上也中了几斧子，其中一记是致命的，让杨将军永远离开这个难忘的世界。这一年，杨虎城五十六岁。

特工又杀了宋绮云夫妇，最后只剩下两个孩子，杨虎城的小女儿，八岁的杨拯贵，宋秘书的儿子小萝卜头宋振中。

两个孩子看到大人们纷纷被杀，吓得倒在地上。

其中一年轻特工说："这两个孩子怪可怜的，我下不了手。"

杨进兴上前打了那人一嘴巴说："你想不想被追杀？"

年轻特工说："不想。"

杨进兴说："不想，那好，你把这两小孩子杀死吧。如果不杀他们，再过十年，他们会替亲人报仇，你逃到天涯海角也没有用。"

那几个特工对视一眼，然后蜂拥而上，将两个天真可爱的孩子活活砍杀。

一群禽兽！

"斩草不除根，春风吹又生。"这句话被恶人运用来杀人，让人汗毛直竖，全身颤抖。

【白公馆】

小时候，国内战争片看多了，听到"白公馆"三个字就害怕，白公馆成了魔窟、恐怖的代名词。其实，原先的白公馆是杨森属下师长白驹修建的一座别墅，因为主人姓白，就叫白公馆。

白公馆关押了100多号反抗人士，牢房挤满。但是保密局从来没有把反抗人士当人，1946年又将200多号人关了进来。牢房本来很拥挤了，加上两倍的人，牢内可以说人挨人，人贴人，根本没法转身。不久。许多体弱的同志就被活活闷死，真是人间的地狱。

这事汇报上去，引起毛人凤的重视，反抗人士没有审讯，就平白无故地死了，怎么向社会交代？怎么向嫌犯家人交代？蒋介石那边也过不了关啊，如果出现群体性抗议，这个黑锅自己背定了啊。

毛人凤要求添加看守所，一年后，臭名昭著的渣滓洞看守所成立。

1949年10月1日，毛泽东在天安门宣布中华人民共和国成立，全国人民开心，当然也有一些人不开心，最不开心的当属毛泽东的老对手蒋介石。蒋介石气急败坏召见毛人凤，由毛人凤向白公馆长陆景清、看守长杨进兴下达命令，处决关押人犯。没用审判就执行死刑，这是中国近代历史上最黑暗的时期。在毛人凤的眼里，杀死"共党"分子是应该的，不用审判，只须执行。

陆景清、杨进兴是特工中的特工，对毛人凤绝对忠诚，让他们执行这种遗臭万年的任务，认为毛局长看得起他们，可是万万没想到他们的名字永远钉在历史的耻辱柱上，遭到后人的唾弃！

白公馆大屠杀的第一人叫黄显声，曾经是张学良手下的一位将军，他积极协助张将军策划西安事变，张将军被软禁后，他主动与周恩来联系，将一批武器弹药送到延安。他被叛徒出卖，关进了白公馆。白公馆真是天狱，各种刑具都会告诉你一个道理，死人比活人好受。他坐过老虎凳、相当痛苦。白公馆48套刑具，黄显声领教的令人闻风丧胆的还有电刑、辣椒水、烙铁、竹签子等酷刑。黄显声在白公馆艰难度过了12年时光。这12年时光，黄显声也不是很寂寞，有机会显声就显声，他与狱中战友取得联系，经常交流信息。当他从报上看到中华人民共和国成立的消息，趁放风之时转告室友，大家感慨万千，内心波澜壮阔！

1949年11月最后一天，也是黄显声的最后一天。杨进兴到牢房前说："毛局长要见你，走吧。"

黄显声有一种不祥的预感，国民党领导们都在逃跑，毛人凤又不是自己哥哥，怎么想见他？一定是阎王爷召见。当黄显声跟随两名特工走上步云桥，黄显声停下脚步。特工说："过一个山坳就是毛局长的办公室。"

黄显声问："这座桥叫什么名字？"

特工问："黄将军，你怎么了？这是步云桥。"

黄显声说："不是步云桥，是奈何桥。"

黄显声走到山坳边上，看到了一个土坑，他断定敌人要在这里下手，举起双手高呼一声："中国共产党万岁"，特工从身后向他开枪射杀，他眼前一黑，倒进坑内。这次显声成他这一生的绝唱。

接着，中共党员丁地平、周从化、黎又霖、王伯屿、周均时等难友也被押出去杀死，土坑填满了尸体。

接下来的屠杀是三个特别的犯人，他们是一家三口，夫妇二人走到那个坑边明白了，国民党敌人要作最后的疯狂。那个妇女一直很坚强，可是这次服软了，她突然跪在杨进兴前面求饶。许多人面对死亡，都会害怕，这个妇女一直都不怕死，可是她为什么改变了以前的想法？只为一个人，未满周岁的小孩子。

妇女说："杨所长，这孩子命苦，一岁不到，她什么都不知道，求你放了她吧。我愿意多挨几斧子。"

杨进兴看了她怀里的孩子，抱过来，还逗了逗说，挺可爱的。然后脸一沉，举起孩子就使劲扔下去……

丈夫见此景，如同发怒的狮子，冲向杨进兴，但被身边的特工用乱斧砍死。

屠杀继续进行中，一下子杀了28人，比杀鸡还快。步云桥的尸体呈几何数上升，小溪的水也染成红色。

陆景清、杨进兴刽子手杀了一天，傍晚时分去了渣滓洞。这是狱中地下党逃生的一次机会。罗广斌见同志们一个个出去，到晚上还没有回来，知道一定遇害了，最好的办法就是逃出去，但是逃出白公馆如同痴人说梦。罗广斌同志用智慧实现了这个神奇的传说。

　　罗广斌和十几位同志关在楼下 2 号。罗广斌叫住看守小杨问："你们的领导去哪里了？"

　　小杨说："他们开会去了。"

　　罗广斌见是逃跑的千载难逢的好机会。他故意大声说："解放军打到重庆了，你们领导跑路了。"

　　小杨说："不会吧。"

　　罗广斌说："你放了我们，解放军来了，我们负责向解放军同志说明，是你放走我们的，你就是功臣。"

　　小杨说："杨所长那么凶，如果知道我放了你们，一定会被他活活杀死的。"

　　不管罗广斌怎么说，小杨铁了心一样，就是不开牢房。此时清洁老头李育役出来了，他只说了一句，救了大家。

　　李育役对小杨关心地说："他们都逃了，你还在这里等死啊？"

　　小杨的思想防线彻底崩溃，打开牢门，自己溜了。罗广斌等人逃出来，一共有 19 人。这是劫后余生，是奇迹啊。这些同志也成了受害者的见证人。罗广斌和李育役是好友，李育役的话是他们计划的一部分。

　　不管遇上什么困难，只要不放弃努力，奇迹就会出现！

【渣滓洞】

　　渣滓洞名义上不属于保密局管辖，而是隶属西南军政长官公署第二处，实际是由保密局领导，因为第二处归保密局领导。

　　渣滓洞最多关押过 300 多犯人，到大屠杀那天，狱内有 195 名犯人。

　　1949 年 11 月 27 日，一个值得纪念的血腥日子。那天傍晚，渣滓洞所长李磊、看守长徐贵林接到大屠杀的命令。李磊这个人虽然当所长，懂得天文地理，但是实际做起事情来，什么都会，只有两样不会，这也不会，那也不会。

　　李磊想只有 10 多名看守，晚上怎么能杀死 195 人呢？李磊思前想后，给第二处处徐远举打了电话："处座，现在天色很晚，我们这里关的人多，行动能不能放在明天？"

徐远举咆哮道："糊涂！现在都什么时候了？等明天，明天'共军'打过来营救他们了。你在凌晨之前必须解决掉。"

李磊说："是，我们一定执行命令，但是请处座派几个人过来支援我们。"

废物一个，不过我会派人过来支援的。

李磊马上布置杀人计划，要求凌晨12点之前，把牢内犯人全部杀掉。计划布置完了，李磊想想处座的话，知道"共军"一定会打到重庆来，如果自己被"共军"捉住，点上天灯一百次也不冤枉啊。

徐贵林带了十几个荷枪实弹的看守来到牢房前，打开了几扇牢门，点了七八个犯人出来。中共党员陶敬之对难友说："敌人开始要杀人了，你们趁着天黑，能逃跑几个算几个吧。"

难友同志觉这个想法非常有道理。但是，敌人比他们想的还要狡猾，这些犯人被饿得前胸贴后背，根本无力逃跑。如果有力气逃跑，也不用担心，他们逃跑的速度超不过子弹的速度。就这样一个个同志被枪杀，晚上9时，24名同志遇难。死去同志身上的血在流，活着的同志们心里的血也在流，但是李磊还是担心没法向处座交差，嫌杀人速度太慢。

此时一个大坏人来了，他的名字大家很熟悉，就是杨进兴，他提出来一个简单快捷的杀人办法，把犯人关进一个大牢房，用枪直接扫射。

李磊说："如果没有全部死完呢？"

杨进兴说："这好办啊，再进去补几枪，离开时，放火把他们全烧了。"

看守将犯人全部赶进了楼下最大的牢房。同志们围在一起，大家知道胜利很近了，共产党军队快打过来了。死亡也很近，就在眼前，敌人要下黑手了。

突然，铁窗被打开，看守拿着机关枪从窗口向牢里开始扫射，同志们没有准备，有准备也没用，又没有防弹衣，肉体不可能挡住子弹。但是奇迹出现了，同志们面对密集的子弹，死亡的子弹，他们没有躲闪，而是迎上去，这些人是不是精神有问题？当然没有，因为他们是真正的共产党员。比如一个叫左绍英的女共产党员，在枪声响起时，用自己年轻的身体去替战友挡子弹。又如一个叫李泽的新四军战士，关键时刻他猛扑向窗口，抓住看守的机关枪，用火热的胸口堵住枪口，李锋的胸口被打得稀烂，过了好一会儿，才轰然倒地。

用自己的生命去拯救他人，这是多么的可爱、多么的崇高、多么的令人钦佩，这些同志永远活在人民心中。

渣滓洞内密集的枪声持续了二十多分钟，牢房内血肉横飞，鲜血四溢。

李磊说："我们撤了吧。"

杨进兴说："为防留有活口，我们用汽油烧，决不留下一个活口。"

三四个看守拿着汽油箱乱浇，牢房内挥发着浓浓的汽油味，杨进兴下令点火，然后他们很放心地离开，只留下二名看守。

看守点上火，牢内升起一片火海……

牢内有没有活着的难友吗？有的，在钢铁战士的掩护下，三十三名同志成功地躲过子弹。他们刚躲过敌人的子弹，又要面临敌人的火烧，死亡之神又逼在眼前，如果不冲出去，只能活活地被烧成灰烬。突然，难友们站起来，向前走了几步，使出全部力气去推墙壁，奇迹出来了，墙壁轰然倒下……

狱内的同志怎么会推倒厚重的墙壁？难道神仙相助吗？当然是否定的。没有神仙相助。他们自己也是凡夫俗子，也没有特异功能，更不是大力士，但是他们最终冲破墙壁，人会不会在临死前有惊人的爆发力？答案也是否定的。

这个奇迹，主要靠所长李磊所赐。原先牢房的一垛墙被雨水冲出一个口子，不懂土木工程的李磊看了现场，不知道怎么办。如果请外面的泥匠来修理，秘密监狱可能会外泄。李磊想来想去，有了一个即省钱，又不让外人知道的绝妙点子。几天后，他从狱内挑了十几位年轻的犯人，来修复墙壁。这些年轻的犯人相当聪明，作业时偷工省料，挖土时故意铲草皮、黏性差的麻枯泥，马马虎虎将墙修复了。这份用心，使得他们这次逃命中逃过一关。

留下的二名看守见犯人逃出来了，吓了一大跳，是人还是鬼啊。当他们确认是人时，就开始开枪。一名中共党员在推墙扭伤了脚，跑不动了，他对难友们说，同志们快跑啊，我来做掩护。这位同志没有武器，怎么掩护？是不是忽悠难友呢？当然不是的，用自己宝贵的身体。在这位同志的掩护下，33名难友有15名逃出了渣滓洞，他们的名字是分别是刘德彬、萧中鼎、傅伯雍等人。

生与死最能考验一个人，渣滓洞的犯人用自己的生命书写着忠诚、友爱、崇高、无私！值得一代又一代人向他们学习！

【新世界饭店】

新世界饭店本来是一家有名的酒店，被保密局无偿占用后，成了关押"共党"嫌疑分子的据点。

这里关押的"共党"分子大都是嫌疑犯，就像纪委双规一样，也找一家宾馆将有嫌疑的干部关起来，进行轮番讯问，如果经查问题严重的，自然被关进监狱内。

毛人凤打电话给杨森，指示他从新世界饭店挑选一批"共党"重要嫌疑犯，立即处决。杨森表示一定执行。他通知周养浩把情节较重的嫌犯清理出来。周养浩不负领导所望，当天与特工清理出32名嫌犯作为屠杀对象，杨森当即签名批准处决。

杨森请示毛人凤，处决嫌犯的场所在哪里？

毛人凤早想到了，说，在松林坡吧。另外给参加的兄弟每人发两块大洋。

主持杀人的领导是廖雄组长，廖雄是刚上任保防处行动组长，他不是块干行动的料，人比较单纯，周养浩推荐他出来，也是毛人凤的意思，后面我还会说领导叫他杀人的真正目的。

廖雄临危受命，只好硬着头皮上，叫了行动组金刚、张兆、周明光、讲绍武、李家华、麦育平等10多名特工。此时一个杀人不见血的小人物也过来了，此人就是在白公馆、渣滓洞杀了大批同志的杨进兴。杨进兴的到来给廖雄鼓劲。他们将新世界饭店的32名嫌犯骗上汽车，谎称带他们去法院审理，其实就是干杀人的勾当。

32名嫌犯中，大家都有一个共同点，死得太冤枉了，一是他们犯的事，都不构成死罪，最多判个有期徒刑。二是"共军"快打过来了，好日子临近了，你说冤不冤？

比如，民主党派人士钟奇，是原《扫荡报》记者，他借军报记者的身份刺探情报，还没有给党组织提供过情报，就被特工发现，关进了新世界饭店。钟奇的眼光相当尖锐，他早认定共产党会取代国民党的，因此想顺历史的潮流。被抓那天，他知道自己的末日来临，因为国民党军队打了败仗，就会狗急跳墙。他写给爱妻一封信，提出两点，一是要求好好照顾孩子。二是他死后，要求爱妻一定把他忘了，再结婚。从这里我才理解什么叫真正的爱，不是夫妻间秀恩爱，也不是家庭的圆满，而是处处为对方着想。

在囚车里，有一个叫艾仲伦同志，他是新世界饭店的经理，因搞地下党活动被特工抓住的。他本来有逃跑的机会。那时，新世界饭店的特工没有领到经费，100多位被关的难友吃不上东西，饿着肚子难受。特工也吃不饱饭，叫艾仲伦出来想办法。艾经理是行走江湖之士，见识广，朋友多，身份又是老板，天天出门借粮食，当时有一个小特工跟着他，他完全可以溜掉。但是他没有这样做，许多人都说他傻，开始我也这样认为，好好的机会没有把握，直到有一天，我明白了一个道理，认为他是对的。因为他心里有信仰，100名兄弟饿肚子，如果他走了，这些兄弟就会被饿死，不能为了自己活命，让大家受罪啊。

松林坡被毛人凤看准了，最适合屠杀大批嫌犯。杨进兴和杀手开始放手杀共产嫌疑人。这32名同志，没有一个是孬种。没人怕死，他们迎着敌人的枪口而上。比如平时拿笔杆的女同志也一样的，民盟成员的黄细亚女士，是湖南临澧人，在《西南风晚报》当记者，她见杨进兴的枪口指向他们时，高呼"毛主席万岁！中国共产党万岁！打倒国民党反动派！"难友也跟着一起高呼，反正生命快被你们剥夺，临刑前，表达表达自己美好的愿望，你们也没办法啊。

廖雄、杨进兴虽然把32名同志全部杀害，但是心里不好受，因为他们不纯洁的心灵受到了伤害，挨骂了。他们回到新世界饭店，周养浩向他们传达新任务，从西南长官公署二处转来的五名嫌犯由他们处决。这五个人是民革川康分会执行委员兼组织部部长、民主联军川康军委副主任李宗煌，还有高力生、司马德麟、欧治光、朱荣跃。

廖雄本来不想再杀人了，现在共产党队伍如此强大，以后的共产党得了天下，自己还不要被五马分尸？但是不杀更不行，上峰准备要把绝对忠诚的兄弟带到台湾去，如果因为胆子小，去不成怎么办？

廖雄想来想去，反了杀了这么多共产党分子，再多杀几个人，这本账也算到自己头上吧。他和杨进兴带上杀手去了松林坡，干脆利落地将五名革命同志杀害。

廖雄、杨进兴回来后，周养浩通知他们马上去成都，毛局长要亲自接见他们。廖雄、杨进兴等特工相当兴奋啊，这几年，能够得到毛局长的亲自接见，不是提升就是奖励。廖雄、杨进兴等人有一个共同心愿，早点离开这个是非之地，去台湾啊。因为他们杀了这么多共产党员，心里很不安。

在成都，毛人凤、徐远举接了这批杀人特工。毛人凤比以前瘦了，头发有点花白。毛人凤整天阴人，相当辛苦啊，老一点瘦一点也正常。

毛人凤奖励每个杀手500大洋，廖雄等人开心极了。

杨进兴问："毛局，我们什么时候去台湾啊？"

毛人凤说："台湾，你们不用去了。"

廖雄如五雷轰顶，高声问道："为什么啊？"

毛人凤说："你们有重要任务啊！"

杨进兴说："我们完成了杀人任务，还有什么重要任务？"

毛人凤说："潜伏大陆，等我们反攻大陆时，你们将成为党国的大功臣。"

毛人凤和周养浩上了汽车，汽车飞快行驶。周养浩对毛人凤问："毛局，这些忠臣为什么让他们留在大陆？"

毛人凤说："这些人杀了这么多'共党'，他们一定会死心塌地'反共'。"

周养浩问："他们的安全呢？"

毛人凤说："你傻不傻啊，这要靠他们的造化了。"

廖雄、杨进兴等特工如泄气的皮球，低头耷耳地回去。原来毛人凤叫他们屠杀"共党"分子是有目的的，让他们在大陆潜伏下来。以后的岁月中，这些双手沾满"共党"分子的鲜血的刽子手，常常会从噩梦中惊醒。当然这个噩梦不会太长，他们必将受到应有的惩罚！

第二十四章 爆炸

【南京】

国民党军队在战场一败再败，蒋介石感觉南京迟早保不住。他叫来毛人凤大发脾气，骂道，"共军"快打到南京了，你们保密局还不快想想办法？

毛人凤很想反驳，打仗是军队的职责，责骂我们保密局有什么用。但是，毛人凤不会反驳，蒋介石是他的衣食父母，得罪了就没有好果子吃。国民党军队的表现相当稳定，一打就败，一败就逃，一逃就死。蒋介石的心情完全可以理解的。当然，他知道自己或多或少也有责任。

不能把完整的南京城留给共产党，在撤离前，你们统统给炸掉，给毛泽东留下一个烂摊子。

一定完成任务。

毛人凤非常领会蒋介石的意图，一直来他们就打压共产党，共产党没有被打垮，反而更加强大了，共产党军队一步步向南京逼近，他非常理解蒋介石的愤怒。一定不能给共产党留下有用的东西，留下有用的东西就是资助"共军"。

经蒋介石特批，保密局突增2888人的编制。这些人做什么工作呢？就是搞破坏，以前蒋介石千方百计将南京城修建好，现在让这些人把政府建好的城市进行爆破。还专门成立的爆破技术总队，隶属保密局，总队长由杜长城担任，副总队长由胡凌影担任。

保密局在苏州专门举办爆破培训班，进行短期的爆破技术培训。毕业典礼毛人凤亲自参加，作了重要讲话，这个讲话稿很长，我概括一下，两层意思：一是我们一定给蒋委员长尽忠；二是不给共产党留下有用的东西。

"共军"渡江战役前夕，毛人凤已制定了爆掉浦江和南京下关的码头计划，就向老蒋汇报。老蒋当即批准。

毛人凤遇上一个棘手问题，总统府要不要爆破？如果不爆破，"共军"过来就成了"共军"的财产，如果爆破，很伤蒋介石的感情，这是蒋介石非常喜欢的地方。搞不好，蒋介石哪天不开心时，给定个罪名怎么办？

狡猾的毛人凤马上把这个球踢到天上，他向蒋介石请示要不要爆破总统府。

蒋介石收到毛人凤的请示报告，作了一个令人意想不到的决定，他没有批准也没有反对，只是沉默。其实让蒋介石来作这个决定确实为难他了，因为总统府对他来说太有感情了，在每一个夜晚，蒋介石都会来到后花园散步，仰望天空，望着星星、月亮。1927 年，南京定为国民政府首都。这里是让自己走上人生的顶峰的地方。1948 年 5 月，又经选举登上总统的宝座。许多年以后，89 岁的蒋介石去世前，还念念不忘南京的总统府，要求把自己的遗体安葬在南京紫金山。蒋介石的梦想当然不会实现，蒋经国第一个不同意，担心"共党"将蒋介石挫骨扬灰，让他死不安息。

请示没有得到回复，毛人凤相当焦急，到底炸不炸总统府啊？早知道这样，还是不报好，因为蒋介石说过不给共产党留下东西，他现在有点责怪自己，办事太谨慎。

毛人凤正苦苦等待中，但是"共军"的进攻是不会等的。他再写一封信，要求明确总统府是否爆破。

这次蒋介石不再沉默，派侍卫传话说，暂时不能炸总统府。

毛人凤问："为何？"

侍卫说："美国大使司徒雷登还在呢？"

毛人凤立即明白了。美国是国民政府大靠山，蒋介石如果炸了自己的总统府，说明自己不想打回南京了，也说明蒋介石这批人缺少信心。美国人对没有信心的人，相当看不起的。以前国民党得到了美国大批援助。

"那请司徒大使走人啊。"

侍卫说："司徒大使暂时还不走，他不走，就不能动手。"

侍卫走后，传来一个消息，长江下游江阴要塞起义了。毛人凤通知杜长城，命令实施爆破计划。

4月23日中午，杜长城带领爆破队在"共军"全面进攻浦口前，引爆了浦口码头上的炸药，并引爆各个爆破点。还有更绝的那一招，将两艘大船炸沉在长江北岸，使得江面交通瘫痪，"共军"船只难以靠岸。

副总队长胡凌影来到火车站，实施毛人凤爆破火车站的计划，号称国门的南京火车站在"轰、轰、轰"的爆破声倒下，八台火车头也随之炸毁了。痛心啊，资产不是老蒋家的，也不是国民政府，是全体中国人民的，蒋介石、毛人凤敢把人民的财产爆炸，犯了不可饶恕的罪孽。

毛人凤对两次爆炸任务完成得相当满意。他得到一个最新消息，司徒大使离开南京。

此时"共军"快打到江边了，他要布置最后一项重任，爆破总统府。他打了两次电话向老蒋请示，侍卫说委座不在。总统府爆破不爆破？毛人凤认为当然要爆破，决不能把宏伟的皇宫奉送给"共党"。如果再联系不上委座，他就先斩后奏。

毛人凤是江山吴村乡人，那边的许多人敢干出去闯荡，不是有多少文化，也不是有多讲义气，而是凭一样东西：不怕死的性格。之前，我看过无数战争电影，告诉我一个相同的观点，好人不怕死。自从看到毛人凤资料后，我才改变这种不客观的理念。坏人也有不怕死的，怕不怕死绝不是区分好人与坏人的标准。毛人凤为了国民党和个人的利益，不惜任何手段，杀死共产党员和民主进步人士，从杀死好人的那一刻起，他就把脑袋系在裤腰上，不在乎报应，也不在乎自己的生死。

毛人凤看了一下挂表，向爆破队下达任务，突然，毛人凤办公室的电话响了，是蒋介石。

蒋介石说："总统府不准爆破。"

毛人凤不解地问："为什么呀？"

蒋介石说："我们还要回来啊！"

毛人凤说："是，我坚决执行委座的命令。"

不管领导还是平民，有一个共同的东西——感情！蒋介石明知打回南京是痴人说梦，但是为了内心那份感情，他寻找了这个借口。感情这个东西真好，可以让人不做坏事或少做坏事！

1949 年 4 月 24 日，解放军占领南京城。南京城没有被毁，总统府也没有被毁，这是南京人民的福气。

【上海】

南京解放后，共产党军队大量兵力直逼上海。毛人凤向杜长城下达命令，火速做好对上海大破坏的准备工作。

4 月 28 日，杜长城率领爆破队撤退上海。突然少了一些兄弟，杜长城纳闷啊，共产党军队还没有打进来，这些兄弟去哪里了？这些兄弟是聪明人，有一定的眼界，为了自己的后路，他们偷偷跑路了。因为共产党军队渡江成功，蒋介石的江南半壁江山迟早难保啊，跟着国民党走没有前途。没有前途，不如不干。杜长城清点人手，发现少了 200 多号兄弟啊。

但是杜长城大哥没有气馁，反而笑了，因为找到了好兄弟，剩下的兄弟才是好兄弟，相当靠谱。这些人将来必成为反共的强硬、顽固人士。

上海是蒋介石当年的发迹之地，也是中国最大的城市和工商业中心，如果上海丢失，蒋介石彻底认输。蒋介石亲自跑到上海，责令守将汤恩伯一定要守住上海。

汤恩伯说："誓死守护上海。不过现在形势不利，各地国军兵败如山倒啊。"

蒋介石说："你只要给我死守一年时间。我一定会有办法。"

汤恩伯说："请校长明示。"

蒋介石说："国际形势要大变化，一年之内，朋友一定出手相救的。"

蒋介石虽然这样说，其实内心没有底，兄弟间打仗，很少有朋友出面来帮助的。但是关键时刻，他自己要有底气和信心的。

汤恩伯见领导有信心，表示，如果"共军"敢打过来，我准备了一种新战术，可以击败"共军"。

蒋介石惊喜地问："恩伯，你有什么良策？"

"巷战。"

蒋介石点了点头。脸上露过一丝忐忑不安，巷战是你死我亡的拼命啊，能行吗？这群学生，没有一个具有孔明之才啊。蒋介石的灯笼只会照别人不会照自己。作为老师只会打败仗，还能指望学生有多少出息？

杜长城队长忙前忙后，很辛苦。终于绘制好的上海爆破图，然后上呈毛人凤。毛人凤把码头、城市、火车站爆破的计划上报蒋介石。蒋介石对大多计划予以批准，只对城市爆破的计划没批。道理很简单，汤恩伯还要巷战，怎么能爆破城市？数十天后，汤恩伯彻底丢掉了上海，根本没有巷战，"国军"逃命要紧啊。蒋介石知道自己被这个优秀学生结结实实忽悠了一次。

上海的保卫战，共产党军队几仗打下来，"国军"就挺不住了。杜长城按计划来到江南造船厂，将爆药放在船坞上，将每只200多吨的闸门炸飞。

副队长胡凌影炸火车站有经验，毛人凤派他去上海火车站。胡副队长要装炸药，提出将火车站的巡道车改装甲车。

毛人凤问："原来准备的车子呢？"

胡副队长说："汤司令拿去抵抗'共军'了。"

到了这个时刻，毛人凤也没有心思去打听装甲车的去向。他命令胡副队长马上改装车子。

胡副队长他虽然答应去爆破，但是他同样知道炸多少公共设施，也不能拯救岌岌可危的国民党政府，他炸过南京火车站，无辜老百姓的死伤让他有负罪感，他决定做件好事，不去炸火车站。他早早为自己的逃命做了精心准备，一旦共产党军队打到岸边，他不实施爆破，带人往广州方向逃命。

【广州】

南京、上海被共产党军队占领后，国民政府在广州正式宣布组建卫戍总司令部，任命李及兰为总司令、刘安琪为副总司令。

在台湾的蒋介石有一种预感，广州也要失守。他把毛人凤叫来，说："我们要有最坏的打算，准备广州大爆炸，大破坏计划。"

"好，我去布置。"

胡凌影奉命带上 6 名爆破队员秘密来到广州。胡凌影是毛人凤的亲信，虽然不是很情愿，但是毛人凤的命令还是要不折不扣执行的。在上海火车站没有实施爆破，他被毛人凤狠狠骂了一顿。为什么毛人凤还要重用他？难道保密局真的没有能人？当然不是，毛人凤对胡凌影这个人相当知根知底，清楚胡凌影的实力，也知道他不会背叛国民党，同时胡凌影有爆破成功的经验和失败的教训。这些条件是毛人凤非常看好的。

人做事最怕两个字——认真。胡凌影这个人认真起来不得了，他来了广州后，牢记毛人凤的训话，一定要做出成绩来，向毛局长和蒋委员长交上满意的答卷。当然他的所作所为得罪的人会更多，这些人就是共产党和广大老百姓，可以说犯了滔天大罪。

胡凌影在广州小心谨慎地开展工作。他首先找到了广州保防处处长程一鸣，此人是胡凌影的老师，胡凌影在兰州中央警官学院训练班，得到过程一鸣的言传身教，胡凌影天资不错，学得也很好，师生俩关系很好，政见一致，都要跟着老蒋和国民党走到底。程一鸣的优点，就是对广州城熟悉，可以说每条大街小巷都相当熟悉，是广州的活地图。这正是胡凌影的缺点。

在程处长的指点下，胡凌影带领队员走街串巷，翻大桥，进工厂选择目标，爆破目标，计划方案首先是广州市自来水厂、发电厂、海珠大桥，其次是一般工厂、桥梁。

胡凌影向广州总司令李及兰汇报这个计划，李及兰犹豫一会儿，点头同意，他懂得自己远远不是共产党军队的对手，挺不住了，不是战死，也不是投降，而是逃跑。共产党军队要打他，要他的命，决不能给共产党军队留一座好城。这种想法就是小孩子想法，打不过人家，捣碎家里的东西，赢了让你白赢，休想得到好东西啊。

胡凌影在实施计划时遇到了一个相大的困难，就是缺少炸药。这是他自已无法克服的困难，因为胡凌影又不会制造炸药。没有炸药，最完美的计划就是一张白纸，最动听的话也是空话。

胡凌影匆匆跑过去向李及兰汇报缺少炸药一事。李司令打仗到现在，从来没有断过炸药，他想也没有多想说，炸药不是问题，我叫后勤处长谭南光去筹备。

胡凌影说：“你给我 200 名可靠人员，要分到每个爆破点。”

李及兰说：“行。”

1949 年 10 月 9 日，一个震惊广州城的消息传来，共产党军队势如破竹，一举歼灭了白崇禧四个师，白崇禧吓得不行了，逃回广西，共产党军队见面前的拦路虎跑了，挥师直下广东。

广州城内老百姓主要对共产党军队的政策不了解，以前国民党宣传共产党要共产、共妻，是严重的误导啊，但是这里的老百姓宁可信其有，有些娶上漂亮妻子的男人，带着爱妻一起跑路。娶不上漂亮妻子或有没有妻子的男人，在国民党这种宣传下，对他们来说不是害怕，而是兴奋啊，桃花运来了，没有妻子可以有妻子，本来只有一个妻子，以后可以有多位妻子，有的男人平时惦记某某某的漂亮妻子，一心只盼望“共军”打过来，他可以下手，饱饱色福。谣言是魔鬼，确实害人不浅。

士兵乱成了一锅粥，不听指挥了，有的士兵逃命了。李及兰出面了，他举起手枪，向逃命的士兵打去，四五名士兵被打死，大家才安静下来。士兵不逃了，也不吵了，被共产党军队打死还可以领到抚恤金什么的，被首长打死太憋屈了，死了也白死，说不定，一辈子还是背要上逃兵的骂名。

李及兰稳定了军心，就通知胡凌影执行爆破计划。

胡凌影说：“我也很想马上实施，可是缺一样东西。”

“什么东西？”

“炸药！”

李及兰说：“我不是叫谭处长筹集了吗？”

“筹集是筹集，但是不够，远远不够啊。”

“你去另外的地方想办法吧。”

胡凌影说："另外的地方都被'共军'占领，难道向'共军'要炸药吗？"
胡凌影这句话相当实在。

"台湾呢？"

"去台湾运送，时间上不及了。"

"难道大爆破计划泡汤？"李及兰问。

"我有办法。"胡凌影最怕计划泡汤，如果真的泡汤了，毛人凤一定饶
不了他。

"什么办法？"

"量力而行，炸掉重要部位。"胡凌影这家伙提出这个建议，如雪中送炭，
让李及兰眼前一亮。

也只能这样了。李及兰想着只有这样才可以向蒋介石、毛人凤交代。其
实他错了，一个黑锅正等着他来背。

1949 年 10 月 12 日，共产党军队的大部队离入城还需要两天的路程。李
及兰作了一个聪明的决定，明天早上 7 点，我们撤离广州城。李及兰这个决
定相当正确，免除了数万名官兵的伤亡。

胡凌影在国民党军队撤离后，马上带队爆破了广州最大的桥海珠大桥。
还炸了白云机场、天河机场、黄埔鱼雷库等地。

胡凌影又犯了大罪，也没有完成毛人凤下达的任务，广州的工厂、城市
没有爆破，他知道自己失职啊，但是他还是有办法的，难道回去爆破？不是的。
他想到了一个背黑锅的朋友，此人是李及兰总司令。理由就是没有全力配合
爆破，不提供炸药，使爆破计划差不多流产。

胡凌影来到重庆，李及兰的军队也来了，但是毛人凤左找右找就是见不
到李及兰司令。原来李及兰从战场逃出来，真的逃了。他直接逃到澳门。因
为他得了一可靠消息，蒋介石要以失职罪追究他的责任。提供消息的人就是
爱将程一鸣。

逃跑不光彩，受人鄙视，但是有时也不失为一条良策。

【重庆】

"国军"主力撤到重庆，"共军"的追兵也赶到。蒋介石相当恼火，难道你们要赶尽杀绝吗？自从遇上共产党军队就总是一败再败，这么多年毛泽东同志的声东击西、虚虚实实的那套确实厉害，影响了许多军事家。蒋介石与他根本不在同一个等量级，没法开打。

但是，蒋介石的决心还是有的，他向全军下达命令，要在重庆这个地方和"共军"决一雌雄。"国军"士兵白天在重庆城头眺望，夜里缩在营中发抖，怕狡猾狡猾的"共军"来夜袭。毛人凤带领保密局的精英也来到重庆，他住在白玫瑰饭店，这里当然有美女，但是没有这份心情，他要在情报、技术上给予"国军"支持。当然这些年下来，毛人凤支持的也不少，但如杯水车薪，扭转不了战局。

毛人凤在重庆走访军事基地、军工厂、重要地段，这系列的动作，给士兵注了一剂强心针，有领导在，我们不用怕。这是一种错误的认识，如果能打胜仗，老蒋宁愿天天在前线。这些士兵也没读过书，可见没有读过书的人就是可怜的。

接着又有可喜的信息传来，蒋委员长亲自来重庆督战，重庆军民上下一片欢呼。

蒋介石接见了国民党军队重要将领后，就见毛人凤。

蒋介石问："重庆我们能守得住吗？"

毛人凤说："能的，但是有一个条件？"

"什么条件？"

"由朋友帮助。"

蒋介石说："朋友说，只有我们无法生存的情况下，从人道主义的名义，他们才会伸出援手。"

"那重庆怎么办？"

"重庆只是我们撤退的一个平台。"

"绝对服从校长的命令。"

"我这次来重庆的真实目的，不是守城，而炸城。"

"啊？"

"重庆对我们和'共军'太重要了，如果让'共军'得到完整的重庆，那我们后辈子的日子不会好过。"

蒋介石还没有下达爆破重庆的命令，但是毛人凤早已预见这事一定会来，当真的来到时，他相当从容，从皮包内取出重庆主要目标的爆破地图，蒋介石接过来，仔细看了一遍，相当满意。

原来毛人凤绘制了重庆十大爆破区，主要区块就是兵工厂，这些企业如果落入到"共军"手中，他们可以制造手枪弹药。21兵工厂是抗日时期从各地迁来的，主要制造步枪、手枪、轻重机枪。24兵工厂是炼电炉的。25兵工厂是造82迫击炮的。29兵工厂是冶钢的。30兵工厂是造手榴弹的。

毛人凤在蒋介石面前能提前拿出方案，就像我们下象棋，许多人可以预见两三步，可是毛人凤却能预见五六步。这是他身居高位，上受领导喜欢，下受部下尊敬的重要原因吧。

毛人凤回到白玫瑰饭店，成立重庆破坏指挥部，自任总指挥，共设三个组，唐伯岳为参谋组长，杜长城为爆破组长，陈粟冬为运输组长。

毛人凤想广州撤退时，留下物资3000吨给了"共军"。蒋介石多次表示非常可惜，如今决不能给"共军"留下一针一线，让天才毛泽东白手起家。这些军工企业，比什么物资都重要多了，不能有什么闪失啊！

毛人凤的计划天衣无缝，但还是出了纰漏。

11月28日12时整，是难以忘却的时间点，这是毛人凤下达爆破的时间，十个爆破区同时开花。其中大板桥药库爆破出了事，炸掉了半边山、大片民房，100多名撤退的国民党军队士兵也被炸飞了。报应啊，毛人凤实施的爆破计划，却伤了这么多自己人，如果让士兵兄弟知道了，谁还会给蒋介石卖命？但是狡猾的毛人凤，给蒋介石的报告中说，这些兄弟兵都是"共军"干掉的。蒋介石也说，是啊。其实蒋介石知道这是毛人凤的失职，但是他懂得装糊涂，认为"共军"来背这个黑锅比较妥当。

重庆的爆破空前绝后，十个爆炸区同时进行，威力相当大，铺天盖地，震耳欲聋的爆炸声响彻天空，老百姓家的窗户震得当当响，墙壁上挂的东西震落下来，许多老百姓还以为天灾——地震了。

炸掉公共财产，就是自掘坟墓，加速国民党政府的倒台！

第二十五章　无情

【通知】

国民党军队撤到成都后，毛人凤感觉江河日下，但是他内心很不甘，自小迷信的他有了一个点子，这个点子不一定有用，但是就把死马当活马医吧。毛人凤请了当地有名的风水先生。

风水先生说，国民党军队要被共产党军队打败。毛人凤心想，街上的叫花子也能知道的事情，还要你多话？但是狡猾的毛人凤相当沉得住气，问破解之法。

风水先生说："我也没有办法。"

毛人凤说："先生，你一定好好想想，我会重金感谢。"

风水先生眺望了天空，认真地说："现在'共军'的红旗包围'国军'的青天白天旗，如果青天白日旗中加一点红，以示国民党军队吃掉共产党的赤色革命。"

对面这种小把戏，毛人凤差点笑疯了。他当然知道这是江湖人士忽悠，不敢上报委座，怕被臭骂一通。

毛人凤深深知道大好形势一去不复返，他叫来了五弟毛万里，让他去执行一个秘密任务，回江山通知家人逃往台湾。此时毛人凤的母亲已死，家人和家族人都在江山，他们不是当小官，就是当地有钱的绅士。

毛万里问："要不要用通知戴老板的家人？"

毛人凤说：“你代我过去一趟，给戴夫人毛氏送些糕点。”

毛万里抬起头，看着毛人凤，等待他把话说完。

毛人凤与戴笠是好友，但是与戴笠的儿子戴善武关系相当不好。戴善武平时飞扬跋扈，目中无人，欺负乡邻。毛人凤对他发出几次警告，戴善武不仅不收敛，反而恨上毛人凤，说他多管闲事，还说当年不是老爸给安排工作，你毛人凤哪能当保密局长？

毛人凤见毛万里不明白他的意图，只得明说：“戴善武这孩子平时不听话，你不用通知他，让他吃点苦头也好。”

毛万里点了点头，快速离开！

毛万里回到江山，通知家人收拾东西。他独自来看望戴笠原配夫人毛秀丛，也遇到了花花公子戴善武。戴善武与戴笠很像，马脸。这是他们的最后一次见面。因为没有通知戴善武逃离，让他失去了逃跑机会，后来他被共产党军队抓住了，关押了两年，1951 年 1 月，江山县万人公审大会上，被判处死刑，立即执行。

毛万里很内疚，认为欠了戴家一个人情，自己的一句话完全可以救一条命。

毛人凤愤怒，认为“共军”又欠他们一条命，他用案例说服所有的特工，你们不要有幻想，“共军”不会对我们仁慈、手软的。

【特殊任务】

毛人凤除安排毛万里通知家人外，他有一件特殊任务，要马上布置了，这个任务是毛人凤经过走访、调查才出炉的，应该相当成熟。

毛人凤召集各处、区站特工负责人开会，由办公室主任潘其武宣读去台湾的名单。这份名单可以说是生死符，去台湾还有一丝生存的希望，留下的兄弟前途迷茫啊。

毛人凤见大家议论开了，他拍敲桌子大声说：“去台湾的同志是辛苦的，留在大陆的同志将更加辛苦。就如收割一样，有人割稻，有人挑担子，分工不同嘛，希望同志们理解。”

毛人凤见大家静下来，说："留下的同志有两种身份，也就是两种完全不同的工作。"

一是潜伏。潜伏也是我们保密工作的一大特色，除了在共产党内部潜伏外，可以回归农民、商人，为了更好地隐蔽，我建议有些同志可以向共产党交代一点过去的历史，但是要绝对隐瞒身份，不准交代组织、不准揭发同志。毛人凤想得真周全，为了让同志隐藏下来，真是花样百出，不择手段！

还有一批共产党投靠过来的同志，这次一个也不能去台湾。这些人去台湾百害无一利，因为他们绝不会死心塌地跟着我们干，以前叛变共产党，只是求生之计。既然能叛变共产党，同样也会叛变我们国民党，这些人到了台湾我们还要处处防着倒戈，不如留在大陆，给共产党出一道难题，这道难题对国民党有四个好处：1. 如果共产党杀这些人，我们可以大肆宣传，我们都不杀的人，被共产党杀了。2. 如果共产党留下他们，一定给他们增添不少精力和麻烦。3. 这些人如果被共产党任用，他们一定隐瞒许多问题，我们可以联络他，不配合我们，我们有理由威胁。4. 这些人在共产党那边生活一定不如以前，他们会留恋我们的。

不管是出卖过江竹筠、王朴等近百名地下党的叛徒，还是共产党原重庆市委刘书记，虽然出卖过兄弟，但是毛人凤坚决不让他们去台湾。

毛人凤这家伙分析得相当准确，这些潜伏人员在相当一段时间里，犯下天滔天罪行，给国家造成较大的损失，这个"功臣"当属毛人凤。

二是打游击。共产党是靠打游击起家的，我们应该学习共产党的长处，不管是敌人还是朋友，只要是好经验，我们都可以学的。保密局的同志懂得游击战，而且这方面绝对比正规军还要强得多。打游击的地方就在西南地区，在那里一带山多，易守难攻。

毛人凤宣布的决定，手下的兄弟也有不服气的，这么忠心耿耿、与你出生入死的兄弟不带去台湾，这样的做法叫兄弟们心寒啊。

周养浩站起来大胆说："不公平啊，去台湾的队伍当中，还有几个可疑分子，留下来的都是死心塌地替党国卖命的兄弟啊。"

毛人凤厉声说："这个命令是经委员长批准的，不容讨论，大家执行吧。"

另一个的声音响起："太武断了，怪不得国民党一败再败。"

毛人凤也没有理睬，他快步离开会场！

【阴招】

兵败如山倒告诉我们，不管是撤退还是逃跑并不比打仗容易，这是技术活啊。蒋介石深深懂得这个道理，因此国民党军队向台湾撤退时，提前准备、提前进行，如果共产党军队打到身边了，根本就无法抽身，往往会一打就散、一散就跑，一跑就被打死。

毛人凤站在楼台前，眺望着大船靠岸，官兵有条不紊地上船，大船离岸，扬帆直去台湾。毛人凤在这点上佩服蒋介石，蒋介石不愧是老姜，姜还是老的辣！

此时一个女人叫了一声，人凤。毛人凤感觉声音熟悉，转身看见穿着一身平民衣服，打扮如农家的妇女。此人却是好久未见的爱妻向影心。向影心上前抱住毛人凤。

向影心说："为了转移方便，这个行头，让你取笑了。"

毛人凤说："不错啊，女人应该有多种角色。"

向影心说："你的嘴巴总是甜，遇上你像天天吃蜜糖一样。"

毛人凤说："怪不得家里不用买糖了。"

向影心说："我们说正事吧。五弟把家人都弄去台湾了。"

毛人凤问："好啊！你怎么还没有走啊？"

"我有重要的情况要汇报。"

"什么情况？"

"在我们的撤退部队中，我发现有几个是'共党'嫌疑分子。"

毛人凤问："你怎么知道的？"

"过来时，我扮演平民妇女，听几个大兵谈国民党必亡，他们要留一条后路。"

毛人凤的脸色渐渐变白，在桌子前来回跨度步，突然掀翻了桌子，狠狠地骂了一句："可恶的叛徒！"

向影心说："人凤，你也不要太生气，你派人找出来，不让他们去台湾，一粒老鼠屎会坏了一锅粥。"

叶翔之也跑进来汇报，在胡宗南的某连中，发现了三名共产党嫌犯，怎么办？

此时，保密局还有几位中层领导也来汇报有类似情况。大家都想到一个问题，国民党是不是马上要亡了？跑向台湾的部队，都是国民党嫡系军，如果这个部队中有奸贼，还能去相信谁啊？

叶翔之等人一致提出一个建议，我们许多亲信去不了台湾，这些可疑之人更不能去台湾？台湾本来就小，让这些共产党去煽风点火，国民党必亡在台湾。

毛人凤已经恢复了平静，找到解决这个问题的阴招，他微笑着说："让他们过去吧。"

向影心认为一直狡猾的毛人凤变成榆木脑袋瓜，是不是被共产党打傻了，刺激成这样，如此简单的道理也分不清啊。大声说："我决不能让共产党去台湾。"

毛人凤声音更大，你不要误了党国的撤退大事。坚决服从命令，当然你们也有任务，就关注这些可疑分子。我会向委座汇报的。

许多平时对毛人凤钦佩的特工，此时看不起毛人凤，认为他被共产党打怕了，失去了以往能谋善断的决策！

十天后，国民党军队全部撤退到台湾。毛人凤也来到自己的官邸召开中层领导会，要求各处把掌握的共产党报出来。当天下午，毛人凤向蒋介石汇报了自己的计划，蒋介石的观念还是老观念，是宁可错杀一百，不可放过一名共产党。他当然全力支持计划。

罪恶的行动开始了。保密局在保安司令部的全力配合之下，从每个连队搜索、抓捕共产党员。此时，中国共产党的潜伏者相当多，加之潜伏同志发展的同志，同志们的目的主要为解放台湾作准备。国民党军队每个连队中少则二三人，多则 10 多名共产党员。此次，国民党抓获人数相当惊人，2 万多人，前所未有。但是有的兄弟相当冤枉啊，他们只在船上与共产党聊了几句，就被认定为共产党。更冤枉的是有的兄弟，只是想想家，发发牢骚，盼望早点返回大陆，不小主也被当成共产党员。这也不是你想回家就能回的，就是委座也回不了家！

毛人凤拿着蒋介石的命令，将这2万多官兵分成无数批拉到操场上，进行屠杀。毛人凤两手沾满鲜血，他也没有一点负罪感和良心发现。许多兄弟还不知道为什么要死，毛人凤也不愿解释，他们稀里糊涂地回了老家，也只能向阎王爷诉苦吧。

经此事，毛人凤被蒋介石更一步看好，认为他是守护"蒋氏王朝"的大功臣。毛人凤平息了台湾间谍案后，把黑手伸向了大陆！

第二十六章　疯狂一搏

【天子特号行动】

毛人凤在台湾杀死大批潜伏同志后，经常会做梦，这不是噩梦而是青天白日梦，比如反攻大陆、刺杀共产党高官等。

那天，毛人凤收到一个好消息，潜伏在北京的0409特工发电报汇报，中共一号人物毛泽东要出访苏联，建议在半途截杀。这对毛人凤来说，无疑是天大的喜讯，绝佳的机会。一直以来，国民党暗杀中共高官舆论战打得响亮，其实都是雷声大雨点小。这次让毛人凤相信，白日梦不会白做。

1949年12月21日是苏联领导人斯大林70寿辰，也是中华人民共和国刚刚成立三个月，急须寻找外部力量的支持，毛泽东决定出访苏联，这也是他第一次出国。0409特工不仅知道毛泽东出访，而且打探毛泽东坐火车的线路，即山海关—长春—哈尔滨—满洲里进入苏联西伯利亚大铁道到莫斯科。

毛人凤立即把好消息报告给蒋介石。蒋介石咬了咬牙说："毛泽东去苏联，就是针对我们的，如果他们签订条约，我们以前的条约就变成废纸一张了。"

毛人凤说："我正在做刺杀毛泽东的方案。"

蒋介石说："人凤啊，你辛苦了。你们要不惜一切代价，决不能让毛泽东活着回来。"

毛人凤回到办公室，点上一根烟，在烟雾中思考着行动方案。毛人凤进入军统后开始抽烟，特别是每次思考行动方案，他都要抽许多烟。香烟确实对他帮助不少，抽烟时，毛人凤感觉思路敏捷，发挥超常。

毛人凤拟出的方案，都有两套备用方案。这次有 ABC 三套方案。A. 从两翼堵截专列，采取突袭。B. 规模破坏东三省铁路重要部位。C. 在哈尔滨双城铁路集中埋设炸药，将专列炸毁。

这三套方案，每一套都是完美无缺。蒋介石看过以后，相当满意。还有一个人更满意，此人是外国人，叫布莱德，美国驻台顾问，一直苦闷没能在谍报战线上取得成绩。他说："炸了毛泽东的专列，就是第二个皇姑屯事件。"

毛人凤说："不亚于一场战争。"

12 月 7 日，毛人凤与布莱德再次密谋行动的细节，特别提出派特派员去大陆督战。0409 特工又来电报告，今晨两点，毛泽东专列出发，估计经过三天两夜到达满洲里。

布莱德说："国民党军队在正面战场失利，但是在情报工作上可以给共产党狠狠打击。"

毛人凤一笑，当即向机要秘书口授命令，要求 0409 每天汇报情况，奖励 0409 特工 2000 美元，由中校台长升为上校台长。0409 就是潜伏北京的特工，名字叫计兆祥。

毛人凤宣布了十拿九稳的计划，相当开心，北京公安也相当开心，因为 0409 发出的第一份密报就被他们截获了，公安层层上报到毛泽东案头，毛泽东当即批示：要求公安部二十天内给予破案。

这个重担落到公安部李克农部长、杨奇清副部长肩上。杨部长马上召集公安部、北京市公安局有关人员开会。虽然截获 0409 特工的电报内容，但是不知道 0409 是谁啊。当然探测 0409 潜伏在北京南池子地区，但是南池子也不是小地区，挨家挨户搜查也要半个月，如果让特工发现公安搜查，不仅打草惊蛇，而且使侦察破案困难重重。

搜查是一个办法，绝对是一个笨办法，可能会前功尽弃。

会议开到后半夜，怎么查出潜伏特工，大家都没有良策。杨部长说："如果没有良策，大家回去思考一天，后天我们继续开会。"

"我有一个办法。"一个声音响起。

此人是公安部侦查科长曹纯一，也是老侦查员了，他有一个外号：一堵墙。意思是没有违法犯罪分子从他面前穿过。他出马经办的案件，没有破不了的。

杨部长见"一堵墙"出面说话，紧皱的眉头舒展开，微笑着问："曹科长，你的好点子是什么？"

"查汇。"

一言点醒梦中人，大家抢着发言，这是绝好的点子。潜伏特工也是人，他们需要大笔大笔的钱来支撑，台湾当局对钱和命还是分得清楚的，因此不会吝啬给钱的。

曹科长带着公安在北京各大银行、邮局查找汇款，查来查去居然没有发现可疑对象。一直很有自信的曹科长此时也受了打击，一时不知所措。杨部长得知情况后，认为这个查法方向是对的，他要求去天津、上海、浙江等地继续查汇款。

功夫不负有心人啊。公安在天津查到一笔可疑汇款。香港九龙某某给新侨贸易股份公司计采楠小姐汇了 1500 元港币，计采楠小姐已领取，但是还有 2000 美元没有领取。在那个年代，这是一笔非常可观的钱，比现在的千万富翁还牛。

曹纯一派出冯铁雄去新侨贸易公司卧底，很快传出一个好消息，计采楠小姐有一个弟弟叫计旭，相当可疑。姐弟两人近日要在北海漪澜堂聚餐。

公安在北海漪澜堂守候，拍了计旭的照片。通知在押的原特工林志宝、马会川辨认。林志宝、马会川一心想早日出狱，为了立功，争先恐后地交代，此人就是特工班的同学计兆祥。曹纯一马上找来缴获的《国民党军警特花名册》，认真查阅，在北平特训班最后一期毕业名单中，找到了计兆祥同学。终于可以确认，计旭就是计兆祥！

公安很快查出计兆祥的住址，南池子九道湾 43 号。公安对计兆祥实行 24 小时的监控。离破案期限还有三天，曹纯之得到汇报，计兆祥又给主子发电报了。计兆祥向领导汇报。李克农、杨奇清本来想个一网打尽，考虑到毛主席的安全，只能先抓捕了计兆祥。曹纯之带人来到计兆祥家，抓住了计兆祥，计兆祥大喊，我是良民啊。

曹纯一说："你是良民没错，是台湾当局的良民。"

计兆祥说："我们老百姓斗不过当官的，你们要栽赃，我也没有办法呀。"

曹纯一带人在他家里搜来搜去，就是没有找到电台和枪支弹药，难道被他早发现，电台转移了？搜查了半天，还是没有发现可疑东西。公安同志都搜累了，坐在椅子上休息。曹纯一做事相当专一，掘地三尺也要找出来。他问："地面有没有搜查到啊？"

"搜查到了。"

曹纯一又问："墙上有没有搜查到啊？"

"搜查到了。"

"头顶上有没有搜到啊？"

没有搜查啊。公安同行想，曹纯一是不是脑子有问题，头顶是天花板，怎么能藏东西啊？

出色的成绩往往来自意料之外的能力。

曹纯一抬头看了一遍天花板，看到了天花板上一张手绘的色彩绚丽的牡丹图，他内心一阵狂喜，上去搜，这里可疑。

公安员爬上去用力撕开牡丹图，立刻出现一个黑洞洞的窟窿，他纵身爬进去，发现了电台一部、手枪一支、《古文观止》密码本一本。

在证据面前，计兆祥成为计不祥了，两腿软了，熊了，如数交代自己的罪行。

离哈尔滨不远的山林有两名跳伞男子落地，这两位是台湾派出的特工，专门督战刺毛行动的。一个叫张大平、另一个叫于冠群。

翌日清晨，在松花江饭店的高级客房中，东北技术纵队司令员马耐正焦急地等待台湾派来的两位特派员。左等右等还不见特派员，马耐马上失去了耐心，准备离开时，突然进来两个人，自称特派员张大平、于冠群。马耐验明了证件，认定是毛人凤派来的特派员，他大讲工作的不容易，还拿出170位兄弟的花名册，想叫领导多给点奖赏。可是这两位同志，已经狸猫换太子了。接下来，他们给马司令和兄弟们给吃给住给穿的周齐待遇：犯人待遇。

毛人凤正在等待好消息，0409又发来电报，毛人凤兴奋地接过电报，拟稿人却是李克农同志，电文：毛人凤，你们潜伏北京的万能电台，是无能电台，因为我们只用几天就破获了。你派多少特工,我抓多少,保证有来无回,希望你不要再执迷不悟。最后告诉你好消息,本次发报的人就是你的亲信,新提拔的上校计兆祥。

毛人凤苦心策划的炸掉毛泽东专列的阴谋破灭,毛泽东安全返回北京。

得民心者得天下,失人心者失天下!

【上海特别行动】

刺杀中共一号人物失败后,毛人凤并不气馁,经过认真分析,将暗杀对象确定为中共重要人物,拟出了陈毅、张承宗、刘晓、朱学范、荣毅仁、刘靖荃等。将陈毅放在首位,毛人凤当然懂得陈毅在中共的作用,陈毅是上海市市长,如果能将陈毅杀了,整个中国会震动几下。

刺杀陈毅难度大、风险大,但毛人凤心中自有合适人选,毛人凤相信此人出马,举手之劳。此人叫刘全德,自幼拜名师学练武术,精通拳术、擒拿,还有一手惊人的好枪法。抗日战争期间,刺杀汪伪政权外交部长陈篆,戴笠派遣了几拨特工均告失利。最后是刘全德出马,小试牛刀,一举成功。

当然刘全德也有不光彩的历史,他原来是“共军”一名下级军官,担任过红一方面军保卫局长罗瑞卿的警卫员,后来刘全德奉命前往武汉执行机要任务被捕,在威胁利诱面前,刘全德成了刘缺德,彻底叛变了革命。

毛人凤为刘全德配了6名有暗杀专长的特工,组成精干技术型的暗杀小组,刘全德任上校组长,经费两万美元。

毛人凤还与刘全德探讨行动方案,刘全德回答相当到位,还知道天上飞的,地上跑的,只要能说得出来,他总能知道的。毛人凤相当满意,特地举行一个欢送宴会。向影心提议刘全德给大家露一手。大家都举双手赞成。

刘全德喝了不少酒,他从身上掏出两支手枪,一名特工捧着鸽子,另一名特工拿着一只皮鞋。主持人毛人凤喊了三二一,两名特工将鸽子、皮革扔向两个不同的方向,而且是一上一下,这代表飞禽走兽。刘全德举枪“啪啪”两声,鸽子、皮鞋被击中落地。掌声一片!

毛人凤握紧刘全德的手说："你务必六个月内刺杀陈毅，这是扬名天下的大事啊。"

刘全德立正，敬礼，说："感谢毛局的恩德，刘某不成功便成仁。"

在夜色的掩护下，刘全德乘坐的飞机到达定海，他和队员跳伞着陆，立刻与潜伏的女特工黄八妹接上头。黄八妹将他们送到大洋山方向。此时中共方面也得到消息，有台湾特工进来。狡猾的刘全德作出了正确的决定，化整为零，让队员乘货船进上海，他自己化装成卖糖葫芦的商贩只身潜入上海。

刘全德踏上上海这块熟悉的土地，惊喜交加，惊的是每天每时每分每秒，他都得小心翼翼，任何一个小小的失误，会让他死无葬身之地。喜的是又可以回来开展工作，如果成功就可以名扬天下。

刘全德走着走着有一种芒刺在背的感觉，似乎有人监视，处处向他投来怀疑的目光。他知道这是特工病，多疑啊。让他不敢相信的是，以前的朋友见了如同陌路人，他提出的要求被千方百计推诿，真是世态炎凉，过去这些人毕恭毕敬，俯首帖耳，唯命是从。

刘全德有点失落、无奈，但是毛人凤阴森恐怖的声音在耳畔响起，杀不死陈毅，你提脑袋来见我。

刘全德想到铁杆兄弟，此人叫史晓峰，也是保密局的潜伏特工。还好史特工没有变心，对他的工作表示全力支持。

兄弟就是兄弟，比朋友亲多了！

刘全德在史晓峰家待了几天，感觉非常安全。他精心打扮一下出门了，混入熙熙攘攘的大街，来到市政府大楼前，见没有守卫，他大胆进去，从楼下转到楼上，把大楼的布局记在心里，最关键的是他看到市长办公室的牌子。他在门外停留片刻，没有冲进去，因为刘全德是一位成熟的特工，不能确认陈毅在里面，贸然冲进去就是最大的失误。

刘全德在返回的路上，他心情振奋，感觉杀死市长轻而易举，指日可待，当然有一个前提：确实市长在办公室。

刘全德回到史家，外面刮起大风。突然，响起急促的敲门声，刘全德吃惊不小，难道被人跟踪了。

来人自称叫高香圃。

史晓峰说："此人以前也是保密局的特工。"

刘全德说："不要理他。"

但是高香圃这小子就是不停地敲门，仿佛知道屋内有人一样。原来高香圃兄弟相当机灵的，他见"国军"跑了，知道今后是共产党的天下，他主动到公安机关投案自首，他还要利用原来的资源，让自己立功受赏。

公安对知错能改又能立功的过来人，放了一马。

刘全德见高香圃还在门外敲门，感觉此人可疑，对史兄弟说，放他进来，如果有问题，我会杀了他的。

史晓峰开门，高香圃见到了刘全德吓了一跳，本想抓小鱼小虾，现在大鱼也有啊。他知道刘全德跟国民党去了台湾，现在回来一定会对共产党采取行动，这是他立功的绝好机会，但是风险也相当大，刘全德的武艺、枪法超一流的。

机灵鬼高香圃马上叫刘全德为刘大哥，撸着衣袖还说，刘大哥在上海滩上有什么事情，我来摆平。

刘全德本想杀了高香圃，见他这么火热，决定先考验他，毕竟现在兄弟人数紧，工作难做，多一个帮手也是好事，不行再下手也不迟。考验方式就是喝酒，如果高香圃能放开喝醉就证明没有异心，如果喝酒做做样子的，此人不可留。

高香圃也想到这一点，如果今天不喝醉别想活着出去，如果喝醉也不行，他这个人的特点是喝醉了嘴巴管不住，万一说出自己投靠共产党，小命还是保不住。喝醉是不行的，不喝醉也不行，高同志相当纠结啊。

高香圃不停地敬刘全德酒，刘全德也回敬，高香圃大口大口地喝，嘴巴涂了蜜一样，一会儿全哥长，一会儿全哥短，差点让全德飘上天，但是刘全德是特工，还能管得住自己。

当高香圃大着舌头，东倒西歪地说："我喝多了，我要走了。"

刘全德拉住了高兄弟，因为他认为高兄弟没有醉酒，醉酒都是有标准的，标准就是呕吐。

这次又让刘全德说对了，香圃没有喝醉，只想逃出这个魔窟，去报案立功啊。

刘全德的直觉告诉他，高兄弟可疑，解决可疑最简单的办法就杀掉。

高香圃抽上一支烟后，站起身，突然呕吐起来。高香圃没有喝醉，能呕吐吗？答案，能。原来，高香圃见刘全德对他不放心，他咬下了一截香烟，连烟丝带纸嚼碎后吞进肚里，一会儿，效果出来了，肠胃翻江倒海，哇哇地吐了一地。

刘全德上当了，他的上当，也让他献出了自己来之不易的生命。高香圃出去直接进了公安局，半夜带了公安，公安们撬开史家的门，进屋用枪顶着躺在床上的刘全德，武艺超群的刘全德被生擒活捉。刘全德没有反抗，可能酒喝多或者出乎他的意料。他好没面子，一身的本领抵不过一个黑洞洞的枪口。

毛人凤得知刘全德被捕，非常吃惊。他马上召见老牌军统特工封企曾及其助手颜学明、刘锦田。毛人凤开门见山地说："你们渗透到沦陷区的计划，我已经仔细研究过，校长和军委会批准了。"当场任命封企曾为苏浙沪特别情报站长，任务就是发展情报人员、刺杀华东局和上海市党政军首长及社会名流。

毛人凤见他们积极性很高，他却改变以往的方式，变得很低调，给行动组起了一个相当低调的代号：萤火虫行动。小组配备了20支枪、两部电台、两艘渔船。

封企曾等特工潜入到上海附近的小洋山岛，刚站稳脚跟，"共军"以出人意料的速度相继攻占浙江舟山群岛和嵊泗列岛，封企曾有点害怕，回台湾的退路被切断了。但是封组长也是老特工啊，深知共产党不知道自己的行踪，如果知道就会来抓。他的任务是在共产党的眼皮底下行动。他果断派出颜学明，带上电台乘渔船潜入上海。

颜学明到达鱼龙混杂的大上海，马上联系到自己人，协昌商行老板李锦春。李锦春早在抗战时期加入军统，也是封组长的手下。他所开办的协昌商行位于中华路上，作为军统特工，他为使自己长期潜伏下来，善于伪装自己，遇见顾客比看见亲娘还亲，笑脸相迎、让座泡茶，常常让顾客占点便宜，例如买一尺送一寸，称一斤添一两。老百姓还是善良得多，李锦春这一招骗住了诚实善良的老百姓，他们纷纷称他为善人李老板。李锦春对这个称号相当满意。

颜学明潜入协昌商行，经常化装成渔民出去打探消息，小道消息很多，就是没有重要情报。他也有丰富的经验，没有重要情报就不能与封组长联系，因为协昌商行地处城隍庙热闹的复杂地段，上海公安特别关注的地方，他不能随意与封组长或者台湾电报联系。许多特工被捕，问题是出在电报上啊。不到万不得已的情况，不能电报联络。

颜学明没有汇报自己的安全情况，在外围的封企曾相当焦急啊，是不是被共产党军队捉去还是出现什么情况？面对问题，封组长马上有绝妙的点子，给谢特工写信，谢特工以前跟着封组长混日子，相当听话，封组长说太阳是方的，他不敢说是圆的。现在在"共党"中谋了一个小官，封组长有理由相信，他的命令谢特工一定会执行的，因为他掌握了谢特工的软肋，深知"共党"对军统特工深恶痛绝的。谢特工是老实人，看到原来上司来信，相当痛苦和矛盾，他作出了一个让人意想不到决定，没有拒绝也没有支持，而是写了一封遗书，投河自尽。谢特工的老婆清理遗物时，发现了封大哥的来信，向上海公安报案。

在小洋山岛的封企曾见派出去的人和投出去的信都石沉大海。他苦苦思索，想到了绝世无双的点子，派人潜入共产党内部，他相信最危险的地方就最安全。他派刘锦田伪装成"国军"的逃兵去投案自首，然后取得公安的信任，从公安那边获得他想要的情报。

刘锦田穿着破破烂烂的衣服、可怜巴巴进入公安机关投案，用一种可怜和委屈的声音向公安人员交代罪行。

我叫方建平，28岁，江苏镇江人，1944年加入国民党军队，给顾嘉棠跑腿。我要求宽大处理，为人民、为政府做点好事。突然，进来一位公安大声说："刘锦田，你不要表演了！"刘锦田瘫倒在地，原来公安审案时，通知投案自首的特工在外面辨别，外面其中一个特工同行认识刘锦田，当即向公安举报，也该刘锦田倒霉，半点功还没有立，自己把自己活活送入"共党"的牢房。

自认为聪明的人，本身就是傻瓜一个。

刘锦田以前打共产党很凶狠的，鞭子要抽出血来，烙铁烫人眼睛不眨一下，可是公安打他一巴掌，就吓得不得了，跪下求饶，他表现出只会打人不会挨打的能力。当即把协昌商行李老板和同行颜学明交代出来。

封企曾见兄弟如肉包子打狗有去无回，相当急着，顾不上危险亲自进入上海松江，他先在松江农村的一户亲戚家住了几天。上海公安得到举报，知道一条大鱼游进来了。他们对松江进行"梳头发"的战术，进行挨家挨户搜查。封组长见势不妙，伪造好共产党军队的证件，穿着解放军的衣服，顺利通过检查站，混入上海市区。

封组长进入市区，首先找到情妇、潜伏特工胡秀叶。国民革命军逃往台湾前，毛人凤亲自找胡秀叶谈话，要求她潜伏下来，以苏北逃难者的身份，嫁给一个老实巴交的车夫，当时胡秀叶不同意，自己要寻找真爱。

毛人凤说："国家、民族大业比儿女情长重要得多，你服从命令吧。"

胡秀叶只是哭泣。

封企曾跑进来，他是胡秀叶的情人，当然不满让他们分隔两地。他说："一朵鲜花插在牛粪上。"

毛人凤说："你说得好，鲜花插在牛粪上，说明胡秀叶同志为国家贡献大啊。"

狡猾的毛人凤不管遇到什么情况，手下的同志总被他说得服服帖帖。

封组长以表哥的名义住在胡秀叶家，反正老公老实人，传说三个人睡一张床，胡秀叶居中间，这里位置相当方便，里面的故事不要问我，我也不知道的。老实人面对胡秀叶也不敢说半个不字，生怕年轻貌美的娇妻逃掉。

封组长命令胡秀叶去协昌商行探路。胡秀叶背着冰棒箱子，以卖棒冰的妇女的身份向协昌商行走来，边走边吆喝，冰棒要不要？赤豆冰棒好吃哟！当她来到协昌商行，见信报箱上挂着牛头牌铜锁，这是出事的信号。胡秀叶见这是个是非之地，赶快离开，她还没有走出 10 步，守候的公安将她捕获。

公安抓住胡秀叶。胡秀叶大喊，公安抓好人。公安从她的冰箱里发现一支冰棒特别，颜色淡，从这支冰棒中取一张小纸条，通过技术处理，小纸条显出"叔病在杨浦，望探"7 个字。

审讯胡秀叶时，死活就是不开口，情夫在她心中的地位相当高，比自己的命还值钱，她摆出死猪不怕烫的样子。公安见她这边没有进展，想到另一个处理办法：在杨浦自来水厂投卡巡逻。封组长在家等到晚上9点，不见胡秀叶回来，直觉告诉他出事了。他相信胡秀叶是不会出卖他的，但是，"共党"手段很多，万一把胡秀叶搞定怎么办？最好的办法是离开这个危险之地。

当他骑着摩托车经过水厂时，有一个人大喊，封大哥、封大哥！封企曾非常开心啊，遇上自家兄弟了。当他停下车时，意想不到的事情发生，那几位叫他封大哥的人，来了180度大转弯，如下山猛虎一样扑来，他想反抗已来不及了。原来这些人是公安，封大哥是抓捕的暗号。

公安好厉害啊，抓捕特工的暗号也是一个计策，让老特工上当啊。

接着，上海公安乘胜追击，又捕了16名特工，缴获枪支15支、电台两部。

谍战工作斗智斗勇，胜利属于那些正义的、智慧的同志！

上海特别行动两批失败后，毛人凤认为中共一定骄傲，从而放松警惕，最理想的方法是派出第三批人马。特工朱山猿接到通知，毛人凤要接见，他大为兴奋，一定有外出特别的使命。以前派往大陆的特工有去无回，有什么值得兴奋呢？有的，朱山猿打打杀杀出身，来到台湾小岛后，没有干过一次仗，而且天天担心害怕。共产党军队那边有点小动作，这边就报警集合，共产党军队那边没有动作，这边也报警，说什么演练。反正一句话，岛上之人害怕共产党军队进攻，常做噩梦。朱山猿很想离开这个无聊的地方。

朱山猿，江苏江宁县人，本名三元，曾化名朱在国、张一帆等。他轻功较好，诨号山猿。早年混于上海黑社会组织，狡诈多变，心狠手辣著称，被兄弟们奉为洪帮大哥。后来经人介绍参加戴笠主办的第一期特训班，进入军统，先后被任命为军统局上海区行动组组长，沪港行动队副队长等职务，专门搞暗杀的勾当。

毛人凤命令他带队去上海，刺杀上海市委政府主要领导，以及中共华东局首脑人物，限期三个月内拿出成绩。毛人凤给这次行动配全配强如枪支、电台、雷管、炸药、手榴弹、剧毒氰化物。毛人凤委任朱山猿为行动组长，上校军衔。

毛人凤对朱山猿的能力还是充满信心的，为了让这小子死心塌地卖命，毛人凤作出一个令手下感动的事情，让朱山猿来他家，由妻子向影心烧菜，他亲自为朱山猿敬酒饯行。

朱山猿受宠若惊，当即保证，多杀几位共产党大官。

毛人凤说："杀掉陈毅奖 10 万银元，杀掉饶漱石、潘汉年奖 3 万银元。"按人头发奖金相当公平，因为给多少银元也是一个样的，难以完成任务。

朱山猿听到银元，仿佛看见眼前白花花的一片银元。大声说："毛局，你多准备些银元。"

毛人凤不解地问："为何？"

朱山猿说："我要多杀几位共产党的大官。"

毛人凤抱住他说："山猿兄弟，我等你的好消息！"

朱山猿离开台湾，没有直接去上海，而是选择了离上海不远的舟山岛，此处还在"国军"的统治之下，他决定先刺探情报、物色对象、发展特工。

朱山猿很快发展了蒋永锡、郑永昌、薛忠英、陈斌、赵自强等人，成为特别行动人员。

三个月期限到了，毛人凤催过朱猿山多次，命令潜伏上海，干掉共产党要员。朱猿山就窝在舟山岛，找出各种理由搪塞，这把毛人凤气得不行，送行时，他可以为毛人凤卖命，真正去执行任务时，就不行了。

毛人凤马上派人调查，发现朱山猿没有叛变，也不是贪生怕死，而是为一个人，那个人就是张寡妇。原来朱山猿遇上张寡妇，两个一见钟情。

那天半夜，朱山猿和张寡妇在一起，特工张子岳带人冲进来，开枪打中张寡妇。张子岳说："奉毛局长的命令。如果明天不去上海，就把你带回台湾接受军事审判。"

朱山猿这时也管不了情妇的死活，自己保命要紧，因为他知道毛人凤心狠手黑，回到台湾难以活命，去上海可能还有一丝生机。

朱山猿要去上海，可是一点头绪也没有。此时，赵自强带来好消息，他的女友小杨进了上海越剧团当演员，陈毅为了与知名人士联络感情，经常去拜访团长。小杨与团长秘书是同乡，又是非常要好的小姐妹。

朱山猿兴奋得手舞足蹈，喜形于色，说："天助我也，我们只要打通团长秘书的关节，就可以干掉陈毅。"

赵自强连连说："嗯嗯。"

朱山猿伸出一只手，张开手掌，然后将五指一收说，坛子里抓乌龟，十拿九稳。

朱山猿马上给毛局长发电报，让毛局放心，自己有了行动计划。毛人凤看到这份计划，比较满意。

毛人凤相信许多人是逼出来的，林冲逼上梁山就是最生动的实例，如果不上梁山，林冲怎么会成为家喻户晓的公众人物。

朱山猿给手下分配任务：赵自强回上海，探明情况，着重策反团长秘书；薛忠英去无锡找长江下游支队，命令他们来上海待命。陈斌与舟山防卫司令部联系，专门派船只接送。

然而意外也发生了，薛忠英联络长江下游支队后，回到上海就很牛，很有底气，带着枪支进入上海，被上海公安局检查发现了逮捕。

朱山猿在上海约定地左等右等不见薛忠英，特工的直感告诉他，薛兄弟可能出事了，必须马上离开这里。朱山猿转移进浦东永乐村 16 号，这里相当安全，居住者多是外来谋生的苏北民工，朱山猿操一口苏北乡音，混在其中，神仙也难辨真假。

赵自强马上过来向朱山猿汇报，有好事也有坏事。好事就是他建立了五个反共小组，有 200 多号人。坏事就是团长秘书策反不成。

朱山猿说："你给我实地观察，去团长家一次，你在团长家放一个热水瓶就行。"

赵自强说："热水瓶，难道在热水瓶里放毒药吗？"

朱山猿说："不是的，我在热水瓶底藏了烈性炸弹，只要外界稍稍有震动，就会在几秒钟内爆炸的。"

上海公安从薛兄弟嘴里掌握了朱山猿潜入了上海，要暗杀上海首长。公安相当吃惊，感觉任务艰巨，分析来分析去，最好的办法就是采用保密局常用的办法，潜伏。公安派出的侦察员叫沈伍。

沈伍经常出入茶楼酒馆，总是流露对社会、共产党的不满情绪。这让不断寻找猎物的赵自强发现了，两人一见如故，谈得很投机。沈伍很大方，多次请赵自强喝酒吃饭，这把赵自强乐得找不到北，平时拉兄弟下水，好说歹说，赔笑脸，请客花钱，现在有人主动投怀入抱。赵自强一下子感觉这个行当相当吃香的。

不久，赵自强通知沈伍去茶楼，当即介绍了朱山猿大哥。朱山猿脸上露着笑容，眼光阴森森的。他说："原来警察局的行政处长方志颖，现在一心跟着共产党走，在报馆任编辑部主任，写文章鼓吹共产党如何如何好。"

沈伍显出一位行家里手的水平，问："给多少钱？"

朱山猿本来也是考察此人，想知道此人跟着国民党一路走到底的，还是共产党的卧底。发现两者都不是，而是为钱而来，他很放心啊。人为财死，鸟为食亡，没有钱谁还会替你卖命啊。

朱山猿说："500大洋。"

沈伍说："十天内，给你佳音。"

过了七天，上海报纸刊出方志颖主任遇刺了，但是生死不明。方志颖主任到底怎么样了？朱山猿有点坐不住了，这是他和手下的功劳，得向毛局长汇报请功。这次朱山猿大哥上当了。

朱山猿请沈伍来严家阁，严家阁表面是普通的老式民居，这是一个易藏易逃之处，每垛墙都有一扇门窗，通往外面。

沈伍来严家阁就是探路的。他表面向朱山猿汇报暗杀行动，还说方志颖身中三刀，没有活下来的可能。朱山猿相当开心，当即表示向毛局长请功。两人谈得非常投机，离开时，朱山猿亲自送他到大门口。这种待遇就是领导待遇。沈伍享受的待遇规格相当高。

方志颖当然没有受伤，这只不过是他配合公安放出的烟雾弹。当天半夜，沈伍带领公安包围了严家阁。朱山猿听到外面响动声，他猜测公安来了，但是他对逃命还有是信心的，这个严家阁有十几道门，每一道门都通向不同的地方。

朱山猿打开用报纸糊着的天窗，他轻轻一跃，飞在瓦片上，站稳身子，有一种东西顶着他的脑袋，他转过脸来，见身穿制服的公安举着的手枪正对着他。

朱山猿被抓，公安还逮捕了 40 多名特工，对朱山猿等罪大恶极的首犯处以死刑。

这样，毛人凤刺杀陈毅的计划彻底失败。

刺杀不成，自己被杀，自己种恶果，自己来尝，这就是恶有恶报的因果关系。

【羊城行动】

广州市又称为羊城。

一位神秘的港客来这里执行一项重要的任务。他进入广州北京路的红棉舞厅惠如楼，与先行等候的三个人会合。他们四人围坐在一只桌子，一阵闲聊后，港客低声说，我代表毛局长，对兄弟尽职尽责表示感谢。毛局长很看重你们，给了一个光荣而神圣的任务——干掉广州市市长叶剑英，不让中共在广州站稳脚跟。

港客就是保密局驻香港特工，也是暗杀叶剑英小组负责人黄强武。那位中等的男子叫钟嘉，另外两个男子是广州人，一个叫陈星群，另一个叫梁中华。

大家听到黄领导代表毛局长说话，比较兴奋，台湾领导没有忘记他们，当听到要刺杀叶剑英，特工们相当紧张，叶剑英是中共的领导，平时想见个面都难，怎么杀啊？

大家表面是品茗聊天，暗中热火朝天地商讨刺杀方案。然而说来说去，束手无策。黄强武说："毛局长教导我们从工作生活细节着手。"

陈星群脑袋出窍了，说："我有点子，叶市长平时坐轮船去视察，我们是不是从船上做做文章？"大家一致认为这是条妙计。黄强武却说："一个方案不行，我们要用两条腿走路的。"

梁中华也来抢功劳了，说："市政府领导经常在西园酒家招待贵宾，这也不失一个好地方。"

黄克武与大家研究来研究去，最终定下两个暗杀方案，一是让陈星群严密监视叶剑英乘坐的珠江轮，发现叶剑英上轮船，特工登上汽艇，投手榴弹炸沉轮船。二是让混进西园酒家当厨师的特工在叶剑英饭菜里投毒，也可以在其座椅下安放定时炸弹。如果这两套方案不能得手，黄强武还有一个万无一失的方案，就是在叶剑英出门时，向他投掷手榴弹。黄强武为了完成任务，什么办法都想啊。

初步方案确定，但是需要领导批准。黄强武必须回到香港，在这里发电报不安全，以前几次刺杀行动失败还不是吃了这个亏，让共产党截获了电报。

毛人凤自从上海三次暗杀行动失败，没有退缩，而是向其他地方派遣特工，他相信东边不亮西边亮。当看到黄强武上报刺杀方案，毛人凤高兴得差点从椅子上跳起来，手下还有这等能人，国民党是大有希望的。他认为黄强武出人意料的计划、缜密的思考，仿佛是当年的自己。

叶剑英作为市长，很忙，再忙也不会知道特工的枪口对准了他，他还是老样子，外出视察坐珠江轮，宴请宾客还在西园酒家。

国民党失败的根本原因就是失去民心，三十八年江山坐下来，不是为老百姓服务，而是为当官、有钱的人服务。失民心就失天下。有一个无钱无势的百姓虽然怕保密局的枪，但是他也敢向保密局使暗枪，他写匿名信举报广州德路善庆里 13 号 2 楼陈星群是保密局特工。公安从陈星群家搜出了枪支、手榴弹。陈星群也是老特工，吃透了形势，认为坦白交代，牢底坐穿。不管公安如何审讯，他就是不说话。

陈星群被抓虽然没有供出同伙，但是发生了意外，一个胆小鬼吓倒了，此人就是钟嘉。他认为陈星群与自己一样，为国民党服务无非多挣几个钱，在强力部门的审讯下，他一定竹筒倒豆，全都倒出来。钟嘉面对棘手问题，想出解决的最佳办法——投案自首，主动交代，可以戴罪立功，争取做个自由人。自由对一个人来说太重要了。

当钟嘉向公安交代他们暗杀叶剑英的计划，公安同志也大吃一惊啊，该来的没有来，不该来的却来了。他们立即向叶市长汇报，叶市长也是老江湖了，叫公安不动声色，等香港那条大鱼过来，就收网吧。

黄强武来到广州，共产党正在轰轰烈烈进行政治宣传，让他意想不到的是，几天不来，两位得力的兄弟进了笼子，他作出了最坏的判断，兄弟极可能投诚，广州公安知道暗杀方案。

黄强武决定离开这个是非之地，来日东山再起。他带领兄弟搭乘着一艘英国货轮回香港，因为中国人从清朝开始就是怕洋人，在英国货轮上遇上中国公安也不用怕，相信他们也不敢来检查。

公安见黄强武要逃，向叶市长汇报，叶市长指示广州卫戍区海军司令部派出三艘军舰出海追击。

黄强武面对英国货轮被三艘军舰团团围着，傻眼了，中国公安怎么敢动英国人？船长见势不妙，不敢与公安对抗，同意配合中国公安检查，公安在轮船上抓住了黄强武等特工，黄强武所谓的强大威武如菜瓜一样黄了。

【克什米尔公主号空难】

毛人凤领导的暗杀中共领导人活动，在上海、广州等地开花，有的开过好几次花，但是没有结果实。毛人凤脸上无光，难以向蒋介石汇报啊。没有成绩并不代表毛人凤不努力，做梦也想立功的毛人凤是相当努力的，只是中国共产党太强大了。

1954 年 4 月，周恩来、陈毅为正副团长要带队去印度尼西亚首都万隆出席亚非首脑会议。这对毛人凤来说不只是机会，更是雪中送炭。前段时间，蒋介石催毛人凤做点实绩出来，毛人凤只是点头，却没有进展。陈毅这个眼中钉一定要干掉。中共领导人周恩来更不能放过，他非常睿智，提出平等、友好、合作的外交方针，很受发展中国家的欢迎，代表中国与许多国家建交。毛人凤想，如果不给中共点颜色看看，还以为保密局特工是病猫。

毛人凤派出特工精英赵斌成去香港执行任务。赵斌成来到香港庙街 113 号底层的就记电料行，找到了保密局香港站负责人张耀灵。两人调查一番，初步掌握一些情况，周恩来专机去万隆开会，又不能用高射炮打飞机，打了会引起国际的公愤。

赵斌成和张耀灵如热锅上的蚂蚁，忙来忙去，总找不到突破点。此时，一个情报让他们振奋不已，周恩来率中国代表团坐克什米尔公主号飞往雅加达，专机将在香港短暂停留。这个短暂的停留，让赵斌成看到了希望，有杀死周恩来的理想办法，计划就是派人在专机里放进炸药，炸毁专机，达到机毁人亡的目的。这是一个几乎不可能实现的计划，谁有能力带炸药上飞机？万一带上去，炸毁了飞机，自己不是当场炸成肉块？还有几个人肯为国家牺牲性命？但是，对精英特工赵斌成来说，这不是困难，有办法解决的。

赵斌成将计划上报给毛人凤，毛人凤看计划当即批准同意，要求赵斌成务必完成任务。毛人凤非常开心，近几年来，他虽然不断努力，但是收效甚微，他把这次任务看得相当重，派出特工去香港，向赵斌成传达实施计划的秘诀。

赵斌成得到毛人凤教导后，他感觉实力大增。携带炸药最理想人选就是机场工作人员。很快他们看中了机场工作人员周驹，20多岁，做事没有主见，与嗜赌如命的父亲共同生活，父子的共同点就是贪财。

有爱好就行，就怕没有爱好。

赵斌成找到周驹，只要他把炸药放进飞机里，给50万港币。周驹面见这么大的一堆钱，吓了一跳。他问：“这个钱真的会给我吗？”

赵斌成说：“这几条命值钱，给你50万是按价支付的。”

周驹望着一堆纸币，数了一遍无误后，就爽快地答应了，他认为很合算啊，自己的小命不值5万港币，多给了十倍啊。

4月11日，周驹和往常一样去机场上班，携带的炸药顺利通过例行检查。原来这个炸药是美国中情局提供给保密局的，炸弹特别做成牙膏模样。而工作人员是可以带牙膏等工具的。

说来也巧，周驹负责三架飞机的清洁工作，其中一架是克什米尔公主号飞机。周驹打扫克什米尔公主号机舱时，悄悄在行李舱里安装了定时炸弹。然后迅速撤离，乘坐不远处等待的民用客机，马上离开香港，去了台湾。

下午6时30分，克什米尔公主号客机飞越北婆罗洲沙捞越北100海里的上空爆炸，坠入大海。中国代表团3人、记者5人全部遇难，但是，周恩来同志没有遇难，是一个人救了他，此人就是缅甸总理吴努，他要求周总理在万隆开会前，先去缅甸，会商要事。周恩来听说商议要事，就改变了线路，与陈毅先去了缅甸。

毛人凤见如此绝佳的机会没有除掉周恩来同志，他非常自责，连续一个月没有出门。蒋介石知道了，亲自上门，对毛人凤褒奖说："这次空难给他们一个下马威，你要继续努力啊。"

毛人凤也知道这是蒋介石安慰自己的，当然，如果自己不自责，蒋介石也会责骂他一顿，其实他装装自责的样子，反而得到蒋介石的肯定和表扬。

能让领导的批评转变成表扬，这种人一定有过人之处！

【一物降一物】

毛人凤一生只有去制裁别人，当真制裁他时，他完全受不了。制裁他的不是人，也不是魔鬼，而是一种病症，叫癌症。那是1956年5月5日，在国民党七届七中全会上，毛人凤突然吐血，他自己吓得脸色发白。毛人凤被送进台北的荣民医院，诊断为肺癌。

毛人凤躺在床上，指着柜子要拿东西。向影心走向柜子，仔细一看便知道了，柜子里有一只鬶，鬶里是江山泥水。毛人凤接过鬶，用手捏着家乡的泥土，热泪而下，叶落归根已经不可能了。

毛人凤怎么也想不通啊，怎么会得癌症啊？毛人凤相当悲伤，情报工作需要他，兄弟需要他，家庭更需要他。患了癌症就如法院判决死刑一样，但是他不知道死刑判决中还有一种可以不死的情况，叫死缓。

向影心说我去想办法。第二天，向影心请来了一批人，都是男人，这些人除了没有头发外，与普通人没差别。他们念经诵佛，他们要求观音菩萨、如来佛祖前来保佑毛人凤。

可是半个月后，毛人凤还是老样子，该痛的地方还是痛，该难受的地方还是难受。

向影心说："和尚请不来菩萨帮助，我们可以求神仙啊。"次日，请来了一批道士，在他家做了七天法术。请求太上老君等各路神仙帮个忙，让毛人凤渡过这一难关。

向影心等了半个月，神仙也没有带给她好消息，毛人凤还是痛苦难受啊。

向影心说："人凤啊，这次菩萨、神仙也不来相助了，我们怎么办啊？"

毛人凤说："你傻了，我杀了这么多人，阴界有多少冤鬼在告我，菩萨神仙怎么会来帮我？"

向影心问："我可离不开你，我也不会看着你死呀。"

这些天，毛人凤一直在思考一个问题，大千世界，万物相克相成，他相信一物能降一物，一定有一种药可以治癌症的。

向影心开始四处打听治疗癌症的秘方，终于打听到了一位江湖郎中，此人姓黄，有祖传偏方，医治了不少癌症患者，尤其对肺癌治疗效果格外佳。

向影心亲自去找到黄郎中，黄郎中同意治疗，但是要求重金支付。这个重金数量相当大，十万大洋。向影心回家后，与毛人凤一合计，不要说十万大洋，就是一百万大洋也得给，救命要紧，当然以毛人凤的处世经验，钱给了你，也许是让你保管的。

向影心支付了钱，从黄郎中手里拿到了秘方，药里有新生小鼠的外衣、人参等。次天，黄医生被暗枪打死，家中贵重财产失窃。这起案件当然是毛人凤指使人干的，毛人凤认为自己得了癌症也是受害者，你小子心太黑，敢敲竹杠，比抢劫还凶，觉得自己很无辜。毛人凤拿到了药，就派人干掉黄郎中，拿回了自己的钱！毛人凤认为这是替民除害。

地地道道的过河拆桥！

当毛人凤满怀希望地喝上热乎乎的偏方药水，感觉身子暖洋洋的，很舒服，渐渐地有了睡意。

毛人凤连续吃了七天药，舒服了七天，身上没有疼痛症状。毛人凤和向影心都以为药到病除了。可是，到了第八天，毛人凤把喝下去的药水吐了出来，头也不回地在黄泉路上狂奔，去了阴界报到。

向影心见毛人凤断气，吓得不行了，慌忙送他去了三军总医院，经检查，他的肝、肺都已衰竭。医生问："你们给他吃了什么药？"

向影心说："是黄郎中的偏方。"

医生说："这是乱吃药造成的，不然他不会这么早离世的。"

这一年，毛人凤 58 岁，这位双手沾满鲜血的保密局长结束了他传奇的一生。

蒋介石还是够意思的，死了还给他加官，还说好话，追授毛人凤为陆军二级上将，并亲自给写了挽联：忠勤永念。这对一个从未带兵打仗，致力于秘密杀戮的特工头子来说是罕有的殊荣。毛人凤墓前立有三座骈碑，一个人多高，都是大理石料，中题"毛人凤将军之墓"。

毛人凤去了阴界，另一个人比他还难受数十倍，此人就是向影心，她感冒发烧一周，病情好转后，不知哪里来的命令，她被转到精神病院检查。检查期间，向影心大喊，我没有疯，这是阴谋。她越是这样喊，越表现得像精神病人，精神病专家在她的诊断书上写上"严重精神病"，需要强化治疗。后来，她被送进香港一家全封闭疗法的疯人院。

毛人凤从一位热血青年、抗战智多星演变成杀人恶魔，他不信报应，不信邪不压正，不信人民群众的伟大力量。他迷信自己，迷信利益，迷信权威，迷信将取得永远的胜利。

自然界从诞生那刻起，有了永恒的规律，春天成长，冬天凋谢，周而复始。人世间也一样，从他的出生，到他的灭亡，规则恒久不变。

无数的尸山血河，生生死死背后，自有天道，它始终在那里，静静地注视这个世界，无论兴衰更替，无论岁月流失；无论是英雄，还是罪人；无论是伟人，还是普通人。